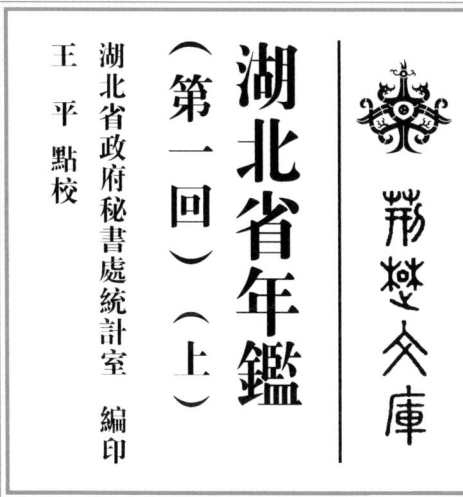

湖北省年鑑
（第一回）（上）

湖北省政府秘書處統計室 編印

王 平 點校

荆楚文庫編纂出版委員會

華中科技大學出版社

湖北省年鑑(第一回)
HUBEISHENG NIANJIAN (DIYIHUI)

圖書在版編目（CIP）數據

湖北省年鑑. 第一回 / 湖北省政府秘書處統計室編印. -- 武漢：華中科技大學出版社，2025.3. -- （荆楚文庫）. -- ISBN 978-7-5772-1215-9

Ⅰ. Z526.3

中國國家版本館 CIP 數據核字第 2024W49A91 號

項目編輯：張馨芳　周清濤　李　鵬
責任編輯：李　鵬
整體設計：范漢成　曾顯惠　思　蒙
責任校對：封力煊
責任印製：周治超
出版發行：華中科技大學出版社
地址：武漢市東湖新技術開發區華工科技園華工園六路
電話：027-81321913　郵編：430223
錄排：武漢正風天下文化發展有限公司
印刷：湖北新華印務有限公司
開本：720 mm×1000 mm　1/16
印張：96.75　插頁：7
字數：1395 千字
版次：2025 年 3 月第 1 版　2025 年 3 月第 1 次印刷
定價：598.00 元（全三册）

ISBN 978-7-5772-1215-9

9787577212159 >

出版説明

　　湖北乃九省通衢，北學南學交會融通之地，文明昌盛，歷代文獻豐厚。守望傳統，編纂荆楚文獻，湖北淵源有自。清同治年間設立官書局，以整理鄉邦文獻爲旨趣。光緒年間張之洞督鄂後，以崇文書局推進典籍集成，湖北鄉賢身體力行之，編纂《湖北文徵》，集元明清三代湖北先哲遺作，收兩千七百餘作者文八千餘篇，洋洋六百萬言。盧氏兄弟輯錄湖北先賢之作而成《湖北先正遺書》。至當代，武漢多所大學、圖書館在鄉邦典籍整理方面亦多所用力。爲傳承和弘揚優秀傳統文化，湖北省委、省政府決定編纂大型歷史文獻叢書《荆楚文庫》。

　　《荆楚文庫》以"搶救、保護、整理、出版"湖北文獻爲宗旨，分三編集藏。

　　甲、文獻編。收錄歷代鄂籍人士著述，長期寓居湖北人士著述，省外人士探究湖北著述。包括傳世文獻、出土文獻和民間文獻。

　　乙、方志編。收錄歷代省志、府縣志等。

　　丙、研究編。收錄今人研究評述荆楚人物、史地、風物的學術著作和工具書及圖册。

　　文獻編、方志編錄籍以 1949 年爲下限。

　　研究編簡體橫排，文獻編繁體橫排，方志編影印或點校出版。

《荆楚文庫》編纂出版委員會

2015 年 11 月

前　言

　　《湖北省年鑑（第一回）》於民國二十六年（1937 年）六月由湖北省政府秘書處統計室編印。本次點校根據湖北省檔案館藏原本進行。

　　統計工作爲政府機關搜集、整理、分析各類統計資料而進行的專門活動，此類統計資料更是政務資訊資源的重要組成部分，是治國理政、推行政務的重要基礎。民國十七年（1928 年）四月，湖北省政府成立，在省政府秘書處第二科下設有統計股，專門負責處理統計檔案及辦理統計調查與編纂。民國二十二年（1933 年）八月將統計事務併入第三科編審股兼辦。同年十一月依照行政院令頒布的《地方統計組織暫行規則》，另行設立湖北省政府統計委員會，作爲推進統計業務的輔導機關。民國二十三年（1934 年）九月一日，省政府實行合署辦公，開始設立統計室，配備專職工作人員四人。全省統計業務的推進，主要依靠成立的統計委員會機構，聯絡各機關負責辦理統計的人員共同進行。抗戰期間，省府鑑於統計工作的重要性，舉辦了統計訓練班，培訓的學員全部充實統計室。統計室主任先後由倪德剛、陳鴻謨擔任。民國三十六年（1947年）七月，統計室改組爲湖北省政府統計處，並派闞家駱代理統計長。闞於同年七月三十日到職並於同日啟用印章。民國三十八年（1949 年）三月，湖北省省級機構簡化，統計、人事等六處一律裁併，統計處改爲統計室，隸屬於省政府秘書處，負責指揮監督全省各級統計工作，統計室主任由原統計處第一科科長陳鴻謨代理。

　　民國二十五年（1936 年）五月，湖北省政府秘書處統計室開始編輯《湖北省第一回年鑑》，同年底印製 1500 册，分送各機關參考，首開鄂省編印統計年鑑之先河。民國二十六年（1937 年），在上次編印本的基礎上，正式定名爲《湖北省年鑑（第一回）》，由漢口華美楷書印刷鑄字所承印。全書分爲土地、氣象、人口等十六大類，所録資料起自民國十五年（1926 年），至民國二十六年（1937 年）六月底止，其主要内容以統計圖表爲主，每類冠以概説，揭示源流及綱要。類之下分綱，部分加入沿革，明晰流變脈絡，尤爲珍貴。原書内文近 900 頁，彙編一册，蔚爲大觀，具有極高的史料價值。

本次點校遵循荆楚文庫編輯部統一要求，對正文及表格内文字作了重新標點。原稿如有明顯錯誤之處，徑予改正，如"淅川"直接改爲"淅川"；原稿模糊不清之處，則以注釋説明；排印中明顯錯誤亦根據題意予以更正；缺漏文字則以 〔 〕標注；原稿缺損而無法考據者，以□標示；原稿中"後"與"后"，"谷城"與"穀城"等時常混用，一仍其舊，未作更改。

浙東鄞州王平謹識於武漢盤龍城寓所

目　　録

編 輯 例 言

　　本室依照湖北省二十五年度統計工作大綱，編輯《湖北省第一回年鑑》，藉供政府及社會之參攷。爰將此次編輯方法，撮述於下：

　　壹、本年鑑資料來源，計有三方面：一、本室直接調查所獲者；二、各機關團體之公務登記及統計報告；三、各專家之著述。

　　貳、本年鑑初稿，係於二十六年四月初旬彙齊付印，在排版期間，經各主辦人員隨時補充修正，故最近材料，係截至二十六年六月底爲止。

　　叁、本年鑑於編輯時，先將蒐集所得之資料詳加審核，遇有疑點，即由主辦人員親赴原機關查明更正，力求準確；在付梓前，所有表式，復經通盤整理，以昭劃一。

　　肆、本年鑑全部分爲土地、氣象、人口等十六類；類之下分綱，每綱之首冠以大寫數字壹、貳等；綱之下分目，每目之首冠以小寫數字一、二等；目以下之細分則先用天干，次用地支，再次用加括弧之小寫數字如（一）、（二）等以資識別。

　　伍、本年鑑內容，以統計圖表爲主，惟每類冠以概說，用簡明之文字，揭示綱要。

　　陸、本年鑑應用之單位，悉依政府頒佈之度量衡制；原始材料，其有單位參差者，均經換算。

　　柒、本省年鑑以茲篇爲創舉，編印倉卒，舛誤恐所难免，尚祈閱者指正。

土 地

壹、疆 界

一、概說

　　湖北位於長江中部，扼漢水下游，東西闊七百七十七公里，南北長四百八十七公里。全省舊轄六十八縣並一市，民國二十一年，劃孝感、黃陂、黃安及河南之羅山等四縣各一部份，增設禮山縣；同時復將安徽之英山縣，劃歸湖北；又於二十五年，將江西九江縣屬之江北部份，劃歸湖北黃梅縣管轄，故現在全省共轄七十縣並一市。西北：竹谿、竹山、鄖西、鄖縣等四縣，與陝西交界。北：鄖縣、均縣、光化、襄陽、棗陽、隨縣、應山、禮山、黃安、麻城等十縣，與河南交界。東：麻城、羅田、英山、蘄春、黃梅等五縣，與安徽交界。東南：黃梅、廣濟、陽新、通山、崇陽、通城等六縣，與江西交界。南及西南：通城、崇陽、蒲圻、嘉魚、監利、石首、公安、松滋、五峯、鶴峯、宣恩、來鳳等十二縣，與湖南交界。西南及西：來鳳、咸豐、利川、恩施、建始、巴東、房縣、竹山、竹谿等九縣，與四川交界。極西爲利川縣西部黃土池附近之大山，當東經一百零八度二十五分，北緯三十度。極東爲黃梅縣東部之陶家嶺，當東經一百一十六度零九分，北緯三十度零六分。極北爲鄖縣北部，與陝豫兩省交界地方，當東經一百一十度五十五分，北緯三十三度二十一分。（上述三項經緯點，係根據湖北省陸地測量局繪製之四十萬分一地圖推算。）極南爲來鳳南部，與川湘兩省交界之雞籠潭，當東經一百零九度

一十分，北緯二十八度五十四分。（上述經緯點，係根據丁文江等合編之
《中華民國新地圖》內所載，但該圖在雞籠潭之西南，尚有地方突出，未
註地名，參照陸地測量局地圖，此突出地方，當爲與川省交界之智勇關，
其經緯點，適當東經一百零八度五十八分，北緯二十八度五十九分，是
緯度反比新地圖內所載雞籠潭之緯度爲高，兩圖對照，顯有疑義，故以
雞籠潭爲本省極南之地。）綜計本省地位，在北緯三十度上下，跨經度七
度四十四分，在東經一百一十度左右，跨緯度四度二十七分。

附註：主計處統計局編印之統計提要內，所列湖北省四極經緯，係
根據《中華民國新地圖》測算，茲照錄於下，以備參考。

				°	′		°	′
極西	十字路西	東經		108	31	北緯	29	58
極東	張家灣	〃		116	10	〃	29	54
極北	河南省之荆紫關南	〃		110	48	〃	33	24
極南	雞籠潭西	〃		109	6	〃	28	53

二、全省疆界

邊縣	邊界或附近地名	鄰省縣		界線經過
		省	縣	
竹谿	雞心嶺，小關子，東界嶺，光頂山，竹葉關	陝西	鎮坪	自竹谿西南界之雞心嶺，蜿蜒北行
	曾家壩，火龍埡，關埡子，小界嶺，十八盤，銅錢關		平利	
竹山	東西蓬山，界嶺坡		洵陽	自銅錢關，轉向東行
	四莊坪，聖母山，站房，吉陽關，左吉關		白河	至吉陽關附近，復折向西北

| 邊縣 | 邊界或附近地名 | 鄰省縣 | | 界線經過 |
		省	縣	
鄖縣	太平店，石門子，石板寨，木瓜溝	陝西	白河	
鄖西	老關廟，甲河關，大泥溝口，烏江渡		〃	
	藍河舖，雙廟子，牛心石，關防舖，陝西廟，天池嶺		洵陽	
	湖北口（湖北關），坎子山，將台，七里砭		鎮安	至湖北口轉向北行
	漫川關（山南山脈），東任嶺（東任山脈），七葉山，接官廳，老水井		山陽	循山南山脈折向東行
鄖縣	城牆埡，界牌埡，石門關，柴家店		商南	至界碑埡，折向東
	白浪街（荆紫關附近），水磨庵，韓成溝，李家嶺，人和砦，北亭街，馬塘關	河南	淅川	至白浪街折向東南
均縣	火龍觀，楊峪河，賈家寨，玉皇頂，李家河		〃	
光化	三尖山，老泉埫，二劈山		〃	至三尖山向東略偏南
	冢子岡，吉家嶺，張店，孟家樓，秦家集		鄧縣	

續表

邊縣	邊界或附近地名	鄰省縣		界綫經過
		省	縣	
襄陽	西趙集，金灣	河南	鄧縣	
	黃渠舖，黃家集，上泥河，鄢家埠		新野	
棗陽	狗皮店，湖河店，紫微山，岷山，三角腦		唐河	
	老龍峽		桐柏	
隨縣	界牌口，桐柏山，固城山，田王砦，出山店，淮河店，朱華嶺		〃	至桐柏山折向南，復折向東北
	紗帽嶺，仰天窩，三道河，雞冠朵		信陽	由朱華嶺折向南兼西南
應山	岡上，黃土山，平靖關，北界嶺，武勝關，雞公山，大孤山		〃	至岡上復向東南，過武勝關，轉向東北
禮山	黃龍砦，界牌岡		〃	至黃龍砦向東
	九里關（羅山境），鐵舖集（羅山境），跤馬崖，定遠店		羅山	
	紅石崖，劉家冲		經扶	至紅石崖南下
黃安	老君山，清風嶺，黃石砦，檀樹岡，蓮花背，鯉魚山		〃	自老君山折向東
麻城	項家河，楊家河，朱家河，天古山，鹿鳴庵，夫子嶺，齊頭山，于家凹		〃	至夫子嶺折向東北

續表

邊縣	邊界或附近地名	鄰省縣		界綫經過
		省	縣	
麻城	朝陽寺（光山屬），雙門關，小界嶺，大界嶺	河南	光山	至朝陽寺向東
	馬家嶺，九歇山		商城	至馬家嶺向東南
	隘門關，長嶺關	安徽	立煌	
羅田	松子關，檀香山，銅鑼關，栗子關，青苔關		〃	至栗子關折向東北
	甕門關，僧塔寺		霍山	至青苔關南下
英山	西界嶺，中界嶺，東界嶺		〃	至西界嶺復向東北，過東界嶺南下
	多夫尖		潛山	
	明堂山，土門河，隘口嶺		太湖	過明堂山，偏向西南
蘄春	將軍山，羅浮山，白洋關，甘羅尖，桐山冲，上界嶺，王家砦		〃	至桐山冲向東南
	長和卡，無氣嶺，土坡砦		宿松	
黃梅	回斾山，長溪山，界嶺，踏石潤，蕭家舖，陶家嶺，柴家嶺，松梅嶺，感湖		〃	至蕭家舖南下
	楊穴鎮，清江，二套口，圍洲，陳家洲	江西	九江	過楊穴鎮溯江西上

續表

邊縣	邊界或附近地名	鄰省縣		界線經過
		省	縣	
廣濟	新洲，上龍坪，中廟，武穴	江西	瑞昌	
陽新	上巢，黃橋舖，大德山，黃嶺山，下馬關，小巷		〃	自上巢南下，至黃橋舖轉向西南
	洋港，黃土洞，金竹尖，太平山，石艮山，陵洞		武寧	
通山	皇婆嶺，爱頭山，太陽山		〃	
	黃荊嶺，三界尖		修水	
崇陽	大原山，居北山，小山界，大盤山		〃	
通城	仙人山，南樓嶺，黃龍山，天岳關		〃	
	幕阜山，棋盤山，伏龍山，古嵩峯	湖南	平江	至幕阜山折向西行
	雲陽山，昭明關，摩天嶺		岳陽	自古嵩峯轉而蜿蜒北上
	楚門界山，大界，和事嶺		臨湘	
崇陽	馬頭，雲車嶺		〃	
蒲圻	羊樓峝，廖平舖，羊樓司，新店舖，何家嶺，象山，黃蓋湖		〃	至新店舖折向西
嘉魚	月堂嘴，陳家湖		〃	

續表

邊縣	邊界或附近地名	鄰省縣		界線經過
		省	縣	
	王家堡，鴨南磯，螺山，白螺市	湖南	臨湘	過鴨南磯，折向西南
監利	荆河腦，觀音洲，東茅嶺，荆河淤道，何家埠，宏廟，尺八口，孫家舖，廣興洲		岳陽	過東茅嶺，轉向東北。循荆河淤道，折向西北。過孫家舖折向西南，至廣興洲市，復轉向東北
	殷馬洲，車灣，南新洲，天鵝洲		華容	至車灣，蜿蜒西行
石首	塔市驛，古井口，江波渡，補湖口 梅田湖，上三汊河		〃	過塔市驛，折向西南，復蜿蜒而西 過補湖口，折向西南，過上三汊河，復向東北
	白湖口，晃湖市，黃田湖		安鄉	過白湖口，轉向東北
公安	山頭，大門土地，楊家廠，何家潭，甘家廠，虎渡河		〃	
	牛浪湖，界溪橋，關山舖		澧縣	
松滋	官橋，鄧家舖，敖家嘴，界澧山，暖水街，烏溪溝，泗潭河		〃	
	指南坪，界山，向家坪		石門	
五峯	松樹坪，大峯埡，謙敬坪，清水灣，壺瓶山，大東坪，白家坪，麻池，帥家山，黃楊山，柏木山，香花山		〃	過松樹坪，漸折向西 至黃楊山，折向西南

邊縣	邊界或附近地名	鄰省縣		界線經過
		省	縣	
鶴峯	下洞堡，南北墩，細沙坪	湖南	石門	過下洞堡，折向東南，過細砂坪南行
	范彭岩，江口，山羊隘，天屋山，堰埡		慈利	過范彭砦，蜿蜒而西
	桐木山，野山埡，公望溪，川星坪，杉木界		桑植	至杉木界，復蜿蜒折向西南
宣恩	黃連界，燕家山		〃	
	樂哥坪，經歷砦，野熊關，勝水關，李家河		龍山	
來鳳	佛沄河，官渡口，紅砦坨，旗彭砦，灣塘，漫水，界址溝，望遠峯，雞龍灘		〃	
	智勇關，苗溶，梅子坳，仁育關	四川	酉陽	過智勇關，仁育關，乃折而蜿蜒北上，略偏西北
	蕭洞，漫水塘，白砦山		黔江	
咸豐	深溪關，新場，苟家營，几山子，朝陽寺，鉗子口，大路壩		〃	
	龍盤溪，土皇埡		彭水	

續表

| 邊縣 | 邊界或附近地名 | 鄰省縣 | | 界線經過 |
		省	縣	
利川	門頭場	四川	彭水	
	黃土池，石門坎，白羊塘，魚泉口，冷槽口，鳥梢溪		石砫	
	雞鳴關，蘿葡店，白龍灘，白羊渡，上毛槽，得勝場，太平壩，南坪，營上，水角千，小箐，黑洞		萬縣	過蘿葡店，復蜿蜒折向東。過太平壩，折向東南。至黑洞，復蜿蜒而東北
恩施	雙水井，瀑布水，新橋板，郭路水井，新開壩，石乳關		奉節	
建始	當陽山，千丈崖		〃	
	十字路，黑灣，銅鼓凸，官渡河，飯碗堆，大岩嶺，界石嶺，黃鵠嶺		巫山	
巴東	石久廠，關口山，培石場，鯿魚溪，萬流驛，炮台口，界嶺		〃	過石久廠，折而北上
	烏雲頂		巫溪	至烏雲頂，折向西北
房縣	夜人塘，卸甲套，陰條嶺		〃	
竹山	黃龍山		〃	
竹溪	鳳凰龍，轉角橋山，轎頂山，梁家山，界埡，肖家坡		〃	過轎頂山，復蜿蜒北上，與雞心嶺接

附註：本表所用之參考資料，係丁文江等合編之《中華民國新地圖》，陸地測量局繪製之《四十萬分一湖北省輿圖》，亞新地學社繪製之《四十二萬分一湖北形勢圖》《中華析類分省圖》《湖北分縣詳圖》，湖北省政府民政廳編印之《湖北縣政概況》，各邊縣縣政府繪製之縣地圖，及有關於湖北整理行政區域之檔案等。

三、各縣經緯度

縣市	東經		北緯		縣市	東經		北緯	
	°	′	°	′		°	′	°	′
武昌（省會）	△ 114	15	△ 30	32	石首	* 112	27	* 29	43
					公安	112	2	29	56
漢陽	114	14	30	31	松滋	111	46	30	20
嘉魚	113	55	29	58	枝江	111	32	30	17
咸寧	114	20	29	55	江陵	112	13	30	18
蒲圻	113	57	29	46	荊門	112	4	31	1
崇陽	* 114	3	* 29	34	宜城	△ 112	15	△ 31	44
通城	113	54	29	17	棗陽	112	44	32	10
通山	114	30	29	38	襄陽	112	4	32	1
陽新	115	9	29	51	光化	111	40	32	24
大冶	114	56	30	5	穀城	111	35	32	17
鄂城	114	53	30	23	保康	111	17	31	57
黃岡	* 114	52	* 30	26	南漳	111	43	31	48
浠水	* 115	18	* 30	26	遠安	111	33	31	6
蘄春	* 115	22	* 30	1	當陽	111	41	30	52
廣濟	* 115	39	* 30	5	宜都	△ 111	29	△ 30	24
黃梅	* 115	58	* 30	1	宜昌	△ 111	17	△ 30	42
英山	* 115	42	* 30	38	興山	110	49	31	12
羅田	* 115	28	* 30	53	秭歸	△ 110	40	△ 30	59
麻城	115	7	31	12	長陽	111	11	30	29
黃安	114	43	31	19	五峯	110	38	30	12
黃陂	114	29	30	54	鶴峯	109	51	29	53

縣市	東經		北緯		縣市	東經		北緯	
	°	′	°	′			°	′	°	′
禮山	114	13	31	31	宣恩	△ 109	29	△ 29	59
孝感	113	55	30	56	來鳳	109	24	29	34
雲夢	113	44	31	1	咸豐	* 109	9	* 29	44
漢川	113	48	30	37	利川	* 108	55	* 30	20
應城	113	33	30	54	恩施	109	29	30	17
安陸	113	42	31	16	建始	* 109	44	* 30	41
應山	113	52	31	37	巴東	△ 110	24	△ 31	2
隨縣	113	23	31	42	房縣	110	45	32	6
鍾祥	△ 113	35	△ 31	10	均縣	* 111	8	* 32	42
京山	113	7	31	2	鄖縣	110	48	32	49
天門	113	15	30	39	竹山	* 110	21	* 32	14
沔陽	113	22	30	10	竹谿	* 109	52	* 32	21
潛江	112	55	30	25	鄖西	110	22	33	4
監利	* 112	56	* 29	49	漢口市	△ 114	17	△ 30	33

附註：一、本表所列經緯度，除省會採用陸地測量局精測之數字，及禮山縣根據陸地測量局四十萬分一地圖推算外，其餘均係採用《中華民國新地圖》內所載，據稱精確程度略分三種，本表分別誌明如次：

△　係曾經應用天文方法測定之經緯點，精確可靠。

*　係利用各種較精地圖，或實測路綫，由圖解方法推算，精確程度次之。

無號　係由該新地圖量出，精確程度又次之。

二、按清康熙時，命天主教士製一統輿圖，即以測量經緯度爲首務，曾於康熙五十三年十一月，命學習算法官員，分往各省測北極高及日景，此實爲大規模之經緯測量，六七年間，測定六百三十處之多。湖北各縣之經緯，即在當時測定，其數字詳載通志。惟詳加核對，則與《中華民國新地圖》內所列天文測定之數，略有出入，此當係因施測地點不同，或技術有精粗之故。茲以新地圖內所列，係曾經搜集多數資料參證，故採用之。

四、已測定衝要地方之經緯點

縣市別	地點	東經			北緯			附註
		°	′	″	°	′	″	
武昌	蛇山	114	15	1.24	30	32	41.51	
	陸地測量局內天文台	114	14	50.72	30	32	11.63	
	珞珈山	114	18	33.28	30	32	14.57	
	南湖毛家港	114	14	31.12	30	29	36.72	
	青山	114	21	51.54	30	39	6.59	
	紙坊鎮西八分山	114	14	4.94	30	21	42.88	
	豹子澥鎮西老虎山	114	28	30.18	30	27	37.00	
漢口	劉家廟	114	15	48.88	30	37	53.98	
	戴家山	114	15	25.28	30	40	40.90	
漢陽	龜山	114	12	41.34	30	33	25.74	
	黃陵磯鎮西珠山上	114	1	40.44	30	25	28.62	
	金口對江大軍山	114	3	16.34	30	21	57.72	
嘉魚	縣城外馬鞍山	113	52	27.94	29	59	45.00	
	寶塔洲	113	39	26.48	29	56	54.80	
陽新	縣北門外夏家壪	115	10	37.33	29	51	47.91	
	富池口	115	21	10.76	29	51	46.24	
大冶	縣城內天花宮	114	54	18.76	30	5	44.49	
	道士袱	115	6	5.79	30	12	46.92	

縣市別	地點	東經			北緯			附註
		°	′	″	°	′	″	
鄂城	葛店白滸山	114	32	24.94	30	33	17.82	
黃岡	陽邏鎮潘家墩	114	30	3.48	30	38	50.74	
浠水	縣北門外白石山	115	12	31.64	30	30	5.86	
蘄春	縣城西北龍章寺	115	16	45.17	30	5	47.76	
	鎮河西張家塝（天子凹）	115	42	43.41	30	24	31.94	
廣濟	縣城西官山寨	115	29	55.12	30	8	13.88	
	武穴鎮北馬尾山	115	28	25.91	29	52	52.77	
	田家鎮北陽城山	115	23	22.80	29	55	21.93	
黃梅	孔壠鎮西廣王廟	115	50	16.32	29	52	59.82	
	胡世柏	115	42	23.69	29	52	46.92	
羅田	縣城外老塔山	115	22	5.16	30	46	4.28	
麻城	縣城東門外望城岡	115	0	13.22	31	11	13.08	
	宋埠汽車站旁	114	44	59.25	31	3	57.20	
黃安	縣城東北大山寨	114	35	26.06	31	18	12.38	
黃陂	縣城東門外雙鳳亭	114	19	38.60	30	52	14.25	
	潙口	114	17	34.80	30	42	28.48	
	橫店	114	14	13.41	30	48	18.60	
禮山	南新店	113	56	42.82	31	19	52.66	
孝感	縣城外文昌閣	113	51	28.76	30	54	50.49	
漢川	縣城外仙女山	113	45	43.74	30	38	41.86	

續表

縣市別	地點	東經			北緯			附註
		°	′	″	°	′	″	
應山	縣城西門外團山頂	113	43	51.16	31	37	20.99	
	馬坪	113	30	19.33	31	35	45.80	
隨縣	陽和門外	113	19	1.91	31	42	40.34	基綫端點
	厲山城外牛王廟	113	13	57.24	31	51	2.28	
	唐縣鎮小南門城樓	113	3	22.78	31	58	48.72	
	淅河鎮南岸老虎山	113	23	52.12	31	40	0.25	
鍾祥	小東門外半頭街口	112	32	45.32	31	9	39.78	基綫西點
沔陽	新堤	113	23	11.16	29	48	7.16	
	峯口	113	16	17.63	30	5	18.55	
	沙湖鎮外寶塔	113	37	31.24	30	10	15.96	
公安	東門外	112	1	18.62	29	55	4.12	基綫北點
松滋	西門外	111	38	15.84	30	21	11.62	基綫東點
枝江	西門城樓	111	29	38.27	30	18	5.46	
江陵	草市楊泗廟西堤上	111	10	10.97	30	21	20.12	
荊門	團林舖北大路西坟園內	112	7	16.52	30	53	28.93	
棗陽	三里汉縣城北門外	112	41	52.74	32	9	32.26	
	齊家集集北	112	36	36.17	32	9	37.56	
	七房崗鎮西	112	29	33.94	32	13	23.82	
	官莊鎮北	112	26	57.78	32	10	25.20	
襄陽	樊城鎮內天主堂	112	5	23.70	32	2	34.20	

續表

縣市別	地點	東經			北緯			附註
		°	′	″	°	′	″	
光化	老河口城東三里	111	37	36.54	32	22	25.26	
宜都	詹王宮南門外	111	26	0.62	30	23	51.45	
宜昌	茶庵嶺城東慈雲寺	111	15	21.77	30	42	51.94	
興山	小李溪南門外	110	41	46.67	31	12	50.92	
秭歸	香溪嶺川漢鐵路王姓旁	110	41	21.62	30	57	53.92	
長陽	觀音閣縣城外	111	10	28.67	30	28	31.91	
	資坵鎮向王灘岩上	111	42	59.12	30	25	11.31	
	青崗坪街頭	110	50	29.27	30	37	54.02	
五峯	南門外	110	36	34.37	30	11	59.87	
	漁洋關鎮西宮廟前	111	2	14.87	30	10	38.15	
鶴峯	東門外關帝廟	109	58	30.32	30	53	20.66	
宣恩	縣署東頭	109	23	31.79	29	59	29.55	
	沙道溝	109	27	50.57	29	41	34.94	
	李家河	109	21	36.17	39	35	19.46	
來鳳	城隍廟廟前	109	18	34.22	29	30	32.19	
咸豐	縣署旁邊	109	1	45.62	29	40	55.42	
利川	縣署左側	108	50	36.77	30	17	47.03	
恩施	東門外天娥宮	109	22	30.32	30	15	13.35	
	崔家壩武聖宮旁	109	46	27.32	30	30	24.15	

縣市別	地點	東經			北緯			附註
		°	′	″	°	′	″	
建始	龍潭河譚姓屋前	110	9	45.62	30	46	22.03	
	高店子火星廟側	110	0	59.72	30	39	44.50	
巴東	縣署東	110	20	16.82	31	2	3.95	
均縣	北門外下關門	111	5	16.87	32	10	52.08	
鄖縣	東門外王家嶺	110	46	48.62	32	47	57.92	

附註：本表係根據陸地測量局二十六年元月抄送之資料編列，其數字係由天文測量測定。

貳、面　　積

一、概説

　　湖北全省面積，向無精確數字，足資參考。湖北省陸地測量局，頻年根據實地測量及調查所得之材料，曾兩次發表各縣面積數字。最近於二十五年十月抄送省府之面積統計，全省爲一十八萬六千三百六十三方公里，此項數字，比較可靠，因已有多數縣份，係根據實地測量推算故也。其他各機關及個人所發表之數字，有多至二十餘萬方公里，小至十七萬餘方公里，相差太鉅，不知所從。本編所列各縣面積，概係採用湖北省陸地測量局最近發表之數字，計全省面積，約佔全國總面積百分之二弱（實爲 1.67％），與各省面積比較，佔第十九位。至全省耕地面積，在全省土地測量尚未完成之前，所有數字，多不敢信。據《湖北省通志》所載舊有額田數，約合四千五百餘萬市畝，計佔全省總面積百分之十六，據各縣政府所報按粮推畝之數，約合三千八百餘萬市畝，計佔全省面積百分之十四，據最近各縣查報畝捐所得之數，約合三千四百餘萬市畝，計佔全省面積百分之十三。本編參照上列各項數字，及山川形勢，荒地荒山，各種報告，重爲假定，約計五千二百萬市畝，佔全省面積百分之十九。以上各種數字，皆屬估計，本編斟酌假定，比較接近事實。再如山地、林地、河流、湖蕩等類面積之數字，此時更無從假定。

二、本省總面積各說之差異

數字來歷	全省總面積		附註
	原列單位	折合方公里	
湖北省陸地測量局二十四年計算數	186 257.03　方公里	186 257.03	
湖北省陸地測量局二十五年計算數	186 363.48　〃	186 363.48	
丁文江等合編《中華民國新地圖》	183 725.00　〃	183 725.00	
曾世英推算數（二十二年申報年鑑載）	182 110.00　〃	182 110.00	英山未劃歸湖北，禮山未設
內政部二十三年內政調查統計表	207 690.52　〃	207 690.52	
內政部造送主計處資料（二十三年七月）	207 692.00　〃	207 692.00	見主計處編印之統計提要
內政部內政調查統計表（二十三年九月）	559 897.00　方舊里	185 760.25	英山未劃歸湖北，禮山未設
豫鄂皖三省剿匪總部	750 873.52　方市里	187 718.38	英山未劃歸湖北，禮山未設。見廿三年九月內政調查統計表第十三期

續表

數字來歷	全省總面積		附註
	原列單位	折合方公里	
參謀本部陸地測量總局	626 000.00　方舊里	207 691.76	〃
北平地質調查所	580 383.00　　〃	192 557.00	〃
亞新地學社《中華析類分省圖》	611 900.00　　〃	203 013.72	英山未劃歸湖北，禮山未設
內政部各縣土地人口調查（二十四年）	743 034.00　方市里	185 758.50	〃
農商部農業統計	311 883 000.00　舊畝	191 619.00	〃
清政府推測數	71 410.00　　方哩	184 951.13	英山未劃歸湖北，禮山未設。見《第一回中國年鑑》
William 氏之説	70 450.00　　〃	182 464.74	〃
G. F. Browne 氏之説	65 900.00　　〃	170 680.29	〃
Colquhoun 氏之説	70 000.00　　〃	181 299.24	〃

附註：一、本省自二十一年劃鄂豫兩省地方，增設禮山縣，並於是年接管安徽之英山縣後，面積增大。本表所列各説面積數，有係於英山、禮山劃定後計算者，有係根據未劃以前情形計算者。除已將根據未劃以前情形計算之數字，於附註欄內註明外，茲將英山、禮山兩縣面積，附列如次，以備增減比較。

英山縣面積 1 295.14 方公里

禮山縣面積 1 620.47（內由河南劃併約 483.23）方公里
- 由河南羅山劃出約 30%
- 由湖北孝感劃出約 48%
- 由湖北黃陂劃出約 16%
- 由湖北黃安劃出約 6%

二、二十五年將江西九江縣屬之封廓鄉等處，約三百餘方公里，劃歸湖北黃梅縣管轄，本表所列各説，均未將此項數字計入。

三、各縣市面積比較

縣市別	面積		百分比
	方公里	方市里	
總計	186 363.48	745 453.92	100.00
第一區	20 753.51	83 014.04	11.14
武昌	2 605.50	10 422.00	1.40
漢陽	2 226.50	8 906.00	1.20
嘉魚	1 383.50	5 534.00	0.74
咸寧	1 325.10	5 300.40	0.71
蒲圻	1 564.75	6 259.00	0.84
崇陽	1 952.90	7 811.60	1.05
通城	1 096.10	4 384.40	0.59
通山	1 460.70	5 842.80	0.78
陽新	3 770.83	15 083.32	2.02
大冶	1 530.00	6 120.00	0.82
鄂城	1 837.63	7 350.52	0.99
第二區	25 160.81	100 643.24	13.50
黃岡	2 950.59	11 802.36	1.58

續表

縣市別	面積		百分比
	方公里	方市里	
浠水	1 939.31	7 757.24	1.04
蘄春	2 657.75	10 631.00	1.42
廣濟	1 552.79	6 211.16	0.83
黃梅	1 784.99	7 139.96	0.96
英山	1 295.14	5 180.56	0.70
羅田	2 331.90	9 327.60	1.25
麻城	4 651.04	18 604.16	2.50
黃安	2 218.55	8 874.20	1.19
黃陂	2 158.28	8 633.12	1.16
禮山	1 620.47	6 481.88	0.87
第三區	**28 297.82**	**113 191.28**	**15.18**
孝感	2 634.00	10 536.00	1.41
雲夢	620.40	2 481.60	0.33
漢川	1 464.48	5 857.92	0.79
應城	1 024.00	4 096.00	0.55
安陸	1 401.36	5 605.44	0.75

續表

縣市別	面積		百分比
	方公里	方市里	
應山	2 615.65	10 462.60	1.40
隨縣	6 847.96	27 391.84	3.67
鍾祥	5 495.88	21 983.52	2.95
京山	3 905.29	15 621.16	2.10
天門	2 288.80	9 155.20	1.23
第四區	**23 482.99**	**93 931.96**	**12.60**
沔陽	4 678.18	18 712.72	2.51
潛江	1 451.24	5 804.96	0.78
監利	2 594.23	10 376.92	1.39
石首	1 656.22	6 624.88	0.89
公安	1 690.34	6 761.36	0.91
松滋	2 359.88	9 439.52	1.26
枝江	1 176.47	4 705.88	0.63
江陵	3 537.51	14 150.04	1.90
荆門	4 338.92	17 355.68	2.33
第五區	**18 828.48**	**75 313.92**	**10.10**

續表

縣市別	面積		百分比
	方公里	方市里	
宜城	1 551.62	6 206.48	0.83
棗陽	3 590.13	14 360.72	1.93
襄陽	3 981.83	15 927.88	2.14
光化	986.97	3 947.88	0.53
穀城	2 361.31	9 445.24	1.27
保康	2 282.20	9 128.80	1.22
南漳	4 074.37	16 297.48	2.18
第六區	**19 243.89**	**76 975.56**	**10.33**
遠安	1 580.95	6 323.80	0.85
當陽	2 502.54	10 010.16	1.34
宜都	1 543.02	6 172.08	0.83
宜昌	3 982.38	15 929.52	2.14
興山	2 011.97	8 047.88	1.08
秭歸	1 828.88	7 315.52	0.98
長陽	3 579.61	14 318.44	1.92
五峯	2 214.54	8 858.16	1.19
第七區	**23 509.84**	**94 039.36**	**12.62**

續表

縣市別	面積		百分比
	方公里	方市里	
鶴峯	3 532.97	14 131.88	1.90
宣恩	2 085.33	8 341.32	1.12
來鳳	2 233.44	8 933.76	1.20
咸豐	2 479.29	9 917.16	1.33
利川	2 970.30	11 881.20	1.59
恩施	4 468.55	17 874.20	2.40
建始	2 820.88	11 283.52	1.51
巴東	2 919.08	11 676.32	1.57
第八區	**2 695.43**	**107 809.72**	**14.46**
房縣	7 405.58	29 622.32	3.94
均縣	3 661.72	14 646.88	1.97
鄖縣	5 968.67	23 874.68	3.20
竹山	2 669.13	10 676.52	1.44
竹谿	2 634.47	10 537.88	1.42
鄖西	4 612.86	18 451.44	2.49
漢口市	**133.71**	**534.84**	**0.07**

四、各縣市耕地及荒地

縣市	全縣面積		耕地面積折合萬市畝			前列耕地面積佔全縣面積百分比		
	方公里	合萬市畝	（一）通志	（二）縣政概況	（三）畝捐查報	（一）	（二）	（三）
總計	186 365	27 956	4 532	3 870	3 496	16	14	13
第一區	20 756	3 115	603	313	419	19	10	13
武昌	2 606	391	125	36	97	32	9	25
漢陽	2 227	334	93	47	62	28	14	19
嘉魚	1 384	208	54	75	40	26	36	19
咸寧	1 325	199	32	12	34	16	6	17
*蒲圻	1 565	235	55	21	22	23	9	9
崇陽	1 953	293	30	24	23	10	9	8
通城	1 096	164	29	29	27	18	18	16
通山	1 461	219	12	6	6	5	3	3
陽新	3 771	566	50	26	28	9	5	5
大冶	1 530	230	67	4	36	29	2	16
鄂城	1 838	276	56	33	44	20	12	16
第二區	25 161	3 776	654	455	455	17	12	12
*黃岡	2 951	443	120	112	81	27	25	18
浠水	1 939	291	70	83	57	24	29	20
蘄春	2 658	399	55	52	54	14	13	14

土地情形	荒山荒地（市畝）	假定耕地面積		水田旱地假定數（萬市畝）		縣市
		萬市畝	百分比	水田	旱地	
	2 615 796	**5 199**	**19**	**3 111**	**2 088**	**總計**
	365 686	**639**	**21**	**478**	**161**	**第一區**
襟山帶湖	10 875	125	32	112	13	武昌
湖港交錯，山佔什一，水居其半	260 352	93	28	88	5	漢陽
山澤參半，仟陌繡錯	10 082	75	36	45	30	嘉魚
東南多山，西北平衍	2 304	34	17	24	10	咸寧
岡嶺起伏，湖港交錯	30 391	55	23	50	5	*蒲圻
崇山環繞，中土平衍	14 192	30	10	12	18	崇陽
岡陵起伏，中展平疇	5 428	29	18	12	17	通城
大山環繞，平原鮮少	7 170	12	5	9	3	通山
東南北三面崇山，東部湖港交錯	15 492	63	11	21	42	陽新
湖汊甚多，岡陵起伏	6 543	67	29	55	12	大冶
外鄉湖汊，內鄉山池肥沃	2 857	56	20	50	6	鄂城
	17 842	**689**	**18**	**495**	**194**	**第二區**
地勢東北高而西南低	470	120	27	96	24	*黃岡
東北多山，西南濱江平衍	1 475	83	29	66	17	浠水
西南平衍，東北高阜	3 530	55	14	44	11	蘄春

縣市	全縣面積		耕地面積折合萬市畝			前列耕地面積佔全縣面積百分比		
	方公里	合萬市畝	（一）通志	（二）縣政概況	（三）畝捐查報	（一）	（二）	（三）
廣濟	1 553	233	56	39	39	24	17	17
黃梅	1 785	268	67	34	66	25	13	25
英山	1 295	194	7	6	6	4	3	3
羅田	2 332	350	25	22	22	7	6	6
麻城	4 651	698	96	31	35	14	5	5
黃安	2 219	333	42	25	25	13	8	8
黃陂	2 158	324	116	29	54	36	9	17
禮山	1 620	243		22	16		9	7
第三區	**28 297**	**4 244**	**1 225**	**962**	**775**	**29**	**23**	**18**
孝感	2 634	395	138	69	62	35	18	16
雲夢	620	93	52	24	24	56	26	26
漢川	1 464	220	84	46	68	38	21	31
應城	1 024	154	70	43	44	45	28	29
安陸	1 410	210	34	39	36	16	19	17
應山	2 616	392	69	44	44	18	11	11
＊隨縣	6 848	1 027	111	116	112	11	11	11
鍾祥	5 496	824	207	211	129	25	26	16
京山	3 905	586	270	154	91	46	26	16

續表

土地情形	荒山荒地（市畝）	假定耕地面積		水田旱地假定數（萬市畝）		縣市
		萬市畝	百分比	水田	旱地	
西北多山，東南多水	4 142	56	24	19	37	廣濟
北枕叢嶺，湖港交錯，水鄉居半		67	25	60	7	黃梅
山嶺重疊，清流曲繞	461	7	4	5	2	英山
東北萬山重疊，境內河流交錯	949	25	7	18	7	羅田
東北多山，西南平曠		96	14	54	42	麻城
縣南地勢平衍，東西北三面多山	553	42	13	29	13	黃安
北部列岫攢峯，南則川湖交錯	1 843	116	36	97	19	黃陂
重巒疊嶂，土質磽确	4 419	22	9	7	15	禮山
	211 563	1 239	29	723	516	第三區
西北多山，東南平原，湖港交錯	553	138	35	55	83	孝感
地勢平衍，土池肥沃	737	52	56	37	15	雲夢
地勢平衍，多湖沼	3 681	84	38	28	56	漢川
川原平曠，岡阜周環	1 115	70	45	49	21	應城
西北層巒，東部岡陵，南部平陸	922	39	19	31	8	安陸
東西兩山並峙	3 511	69	18	28	41	應山
南部平原較多，北部岡陵起伏		116	11	46	70	*隨縣
東北西羣山，東南西南平衍	57 116	211	26	126	85	鍾祥
三面阻山，南方濱湖	137 914	270	46	135	135	京山

縣市	全縣面積		耕地面積折合萬市畝			前列耕地面積佔全縣面積百分比		
	方公里	合萬市畝	（一）通志	（二）縣政概況	（三）畝捐查報	（一）	（二）	（三）
天門	2 289	343	190	216	163	55	64	47
第四區	23 482	3 523	1 114	949	1 102	30	27	31
沔陽	4 678	702	374	266	375	53	38	53
潛江	1 451	218	34	74	93	16	34	43
監利	2 594	389	111	85	78	29	22	20
石首	1 656	248	53	32	52	21	14	21
公安	1 690	254	60	58	71	24	23	28
松滋	2 360	354	53	92	47	15	26	13
枝江	1 176	176	40	28	42	23	16	24
*江陵	3 538	531	239	184	220	45	35	42
荆門	4 339	651	150	130	124	23	20	19
第五區	18 828	2 824	617	723	392	22	25	14
宜城	1 552	233	35	58	35	15	25	15
棗陽	3 590	539	192	243	52	36	45	10
*襄陽	3 982	597	239	276	200	40	46	33
光化	987	148	73	46	41	49	31	28
穀城	2 631	354	40	61	33	11	17	9
保康	2 282	342	2	9	9	1	3	3

續表

土地情形	荒山荒地（市畝）	假定耕地面積		水田旱地假定數（萬市畝）		縣市
		萬市畝	百分比	水田	旱地	
地勢低窪，堤港交錯	5 714	190	55	188	2	天門
	29 031	**1 226**	**35**	**864**	**362**	**第四區**
河川四通八達，湖沼星羅棋布		375	53	188	187	沔陽
平坦低窪		93	43	36	57	潛江
地勢平衍	2 765	111	29	78	33	監利
田原平曠，湖池相望	14 377	53	21	43	10	石首
地勢平衍，湖陂甚多	922	71	28	57	14	公安
西南丘陵起伏，東北皆垸田		92	26	74	18	松滋
西北多山，東南平坦		42	24	34	8	枝江
境內平坦，湖港交錯		239	45	234	5	*江陵
南部平曠，北部崇山	10 967	150	23	120	30	荊門
	136 418	**792**	**28**	**309**	**483**	**第五區**
河東多山，河西高阜，沿河平衍	19 907	58	25	35	23	宜城
東南多山，西北平漫	14 561	243	45	72	171	棗陽
西北多岡地，東南多平原	39 292	276	46	111	165	*襄陽
境內多山	57 692	73	49	15	58	光化
西南叢嶺，東北平曠	461	61	17	24	37	穀城
全境山嶺重疊	178	9	3	2	7	保康

縣市	全縣面積		耕地面積折合萬市畝			前列耕地面積佔全縣面積百分比		
	方公里	合萬市畝	（一）通志	（二）縣政概況	（三）畝捐查報	（一）	（二）	（三）
南漳	4 074	611	36	30	22	6	5	4
第六區	**19 245**	**2 885**	**151**	**138**	**137**	**6**	**5**	**5**
遠安	1 581	237	26	11	10	11	5	4
當陽	2 503	375	57	66	49	15	18	13
宜都	1 543	231	19	8	24	8	4	10
*宜昌	3 982	597	20	12	33	3	2	6
興山	2 012	302	1	2	4	0.3	1	1
秭歸	1 829	274	7	5	5	3	2	2
長陽	3 580	537	17	10	10	3	2	2
五峯	2 215	332	4	24	2	1	7	1
第七區	**23 509**	**3 527**	**55**	**247**	**97**	**2**	**7**	**3**
鶴峯	3 533	530	8	28	5	3	5	1
宣恩	2 085	313	6	22	9	2	7	3
來鳳	2 233	335	6	28	11	2	8	3
咸豐	2 479	372	7	24	9	2	6	2
利川	2 970	446	6	7	15	1	2	3
*恩施	4 469	670	4	46	14	1	7	2
建始	2 821	423	15	74	19	4	18	4

續表

土地情形	荒山荒地 （市畝）	假定耕地面積		水田旱地假定數 （萬市畝）		縣市
		萬市畝	百分比	水田	旱地	
西南崇山，東北較平坦	4 327	72	12	50	22	南漳
	45 104	**201**	**7**	**127**	**74**	**第六區**
東西重山，中部沿沮平原	599	26	11	24	2	遠安
北部多山，南部平坦	1 835	66	18	56	10	當陽
山多田少，沿江平衍	26 081	24	10	16	8	宜都
四境多山，較平之地，多係水田		33	6	23	10	*宜昌
峯巒連亘	10 598	4	1	1	3	興山
沿江南岸，重巒疊嶂		7	3	2	5	秭歸
巖谷險峻，絕少平衍	461	17	3	3	14	長陽
全境皆山	5 530	24	7	2	22	五峯
	8 479	**255**	**7**	**75**	**180**	**第七區**
山嶺叢峻，絕少平地		28	5	9	19	鶴峯
萬山環列，地瘠田少	461	22	7	2	20	宣恩
西北多山，東北東南平曠	2 028	28	8	13	15	來鳳
山多水少		24	6	10	14	咸豐
山嶺叢錯，平原甚少	1 382	15	3	4	11	利川
四境皆山	1 659	46	7	17	29	*恩施
萬山稠疊	2 949	74	18	15	59	建始

縣市	全縣面積		耕地面積折合萬市畝			前列耕地面積佔全縣面積百分比		
	方公里	合萬市畝	（一）通志	（二）縣政概況	（三）畝捐查報	（一）	（二）	（三）
巴東	2 919	438	3	18	15	1	4	3
第八區	26 953	4 042	113	83	119	3	2	3
房縣	7 406	1 111	3	5	26	0.3	0.5	2
均縣	3 662	549	17	13	21	3	2	4
鄖縣	5 969	895	27	27	28	3	3	3
竹山	2 669	400	17	13	12	4	3	3
竹谿	2 634	395	12	18	14	3	5	4
鄖西	4 613	692	37	7	18	5	1	3
漢口市	134	20						

附註：一、本表所列"全縣面積"，係採用湖北省陸地測量局最近測算之數字。

二、"土地情形"，係根據縣政概況內所載。

三、荒山荒地，係二十四年本府調查數。惟蒲圻、公安、光化、保康、宜都、興山、竹山、鄖縣等八縣，則係縣政概況內所載二十三年調查數或該概況所敍及數。

四、各縣耕地面積，向無確數。本表所列（一）、（二）、（三）三項記載，均係納稅之田地。（一）爲前清原額田地，距今已久。（二）爲各縣縣政府按粮推畝之報告。（三）爲最近徵收田畝捐所查報之數。各項總數，以（一）項爲較大，據理揣想，當時丈量未全，疏漏自多，加以歷年墾闢，數亦不少，所有現在耕地面積，應超過（一）項總數以上，則（二）、（三）兩項總數之不合，更無論矣。惟土地既未整理，畝制又極複雜，不能據以推算，重新估定，亦難得適當之標準。本表爲不敢多造出不可靠之數字起見，暫於三項數字中，擇其較爲近合實際情形者，以爲初步假定數，此項假定，不過比較上，或爲接近耳。至求再進一步之準確，有待於全省土地測量，非本室所能擬造也。按主計處所編印之廿四年統計提要，內載湖北耕 [地] 面積 376 178 千公畝（加入英山），折合 5 643 萬市畝，與本表所假定之總數，略爲相近，若就各縣比較，出入仍鉅。究以孰爲比較近似，留待以後校正。

續表

土地情形	荒山荒地（市畝）	假定耕地面積		水田旱地假定數（萬市畝）		縣市
		萬市畝	百分比	水田	旱地	
山高嶺峻，土脈磽瘠		18	4	5	13	巴東
	1 801 673	147	3	36	111	第八區
四周萬山叢塞，土質肥沃	737	26	2	6	20	房縣
崇山峻嶺，水田少，旱地多	158 054	21	4	7	14	均縣
山嶺重疊，平原較少		28	3	8	20	*鄖縣
山嶺重疊	560 000	17	4	5	12	竹山
全境多山，平原極少	1 380	18	5	6	12	竹谿
萬山環列	1 081 502	37	5	4	33	鄖西
		11	55	4	7	漢口市

五、各縣水田與旱地畝數，係根據縣政概況內所載水旱比例及所敍土地情形而假定。

六、漢口市水旱田面積，係根據該市登記實數折合。其全市面積，仍係採用陸地測量局所計算。該局以前發表漢口市面積爲 279 方公里，此次發表爲 134 方公里，據聲明以前係照舊夏口縣區計算，此次係照現市區計算。

七、表內於縣名左誌 * 者，係表示行政督察專員駐在地。

五、本省與各省區面積比較

省區別	面積總數 方公里	佔全國總面積 百分比
全國	**11 176 198**	**100.00**
湖北	186 363	1.67
新疆	1 641 554	14.69
外蒙古	1 612 912	14.43
西藏	904 999	8.10
青海	728 198	6.52
黑龍江	577 964	5.17
西康	472 704	4.23
四川	403 634	3.61
雲南	398 583	3.57
甘肅	380 863	3.41
綏遠	304 058	2.72
寧夏	302 451	2.71
吉林	282 332	2.53
察哈爾	258 815	2.32
遼寧	250 813	2.24
廣東	223 844	2.00
廣西	219 876	1.97
湖南	215 457	1.93
陝西	195 076	1.74

續表

省區別	面積總數 方公里	佔全國總面積 百分比
貴州	176 480	1.58
熱河	173 960	1.56
河南	169 782	1.52
江西	168 236	1.50
山西	161 842	1.45
山東	153 711	1.37
安徽	143 477	1.28
河北	140 526	1.26
福建	121 050	1.08
江蘇	105 605	0.94
浙江	101 061	0.90

附註：本表所列各省區面積數，除湖北省面積，係採用湖北省陸地測量局最近發表之數字外，
其餘各省區面積，均係丁文江等合編之《中華民國新地圖》內所列載。

叄、地　勢

一、概説

　　本省西北及西南兩部，山勢巍峨，峯巒重疊，較高之處，在海平二千公尺以上，蓋西南屬雲貴高原之餘波，而西北則大巴山地之間尾。東北屬淮陽山地，有大別山橫亘邊境，爲江淮兩大流域之分水。東南屬太湖平原，但沿鄂贛兩省交界，則有幕阜山隆起，以作屏障。就全省大勢

觀之，四周山脈環繞，中部或爲邱陵，或爲平原，或爲盆地。如隨、棗、荊、鍾一帶，大都山勢平緩，邱陵起伏，陵夷下趨；至潛、沔、天、漢等縣，則地勢低窪，江漢匯流，古所謂雲夢澤，蓋即指此一帶盆地而言。在盆地附近，以及東南沿江一帶，多屬平原，湖澤相連，港渠交錯，向稱沃壤。惟江漢兩水，自西北挾數省若干巨流，或數千里，或數百里，由萬山奔騰中，馳入境内，一遇平衍，任意奔瀉。而東南邊境，復有大別、幕阜兩山脈，夾岸對峙，約束出口，雖境内有不少湖泊可資吞吐，但水量有時過大，即不易消納，所以歷年輒遭水災，亦地勢使然也。

全省山脈分兩大系：在江北者，屬北嶺山系；在江南者，屬南嶺山系。江漢兩流之間，有大巴山脈，自西北川陝邊地入境，分武當及荊山兩大支。武當山脈，分佈於南河以西；荊山山脈，分佈於南河以東。漢水流域之東，有桐柏山脈，及大別山脈，分佈於與豫皖兩省交界之邊境，而漢水以西之大洪山脈，爲其別出（桐柏餘支）。至丹江以西，則另屬終南餘支。凡此，皆出自北嶺。西南有武陵山脈，自湖南入境，分石門、荊門兩大支，石門山脈，分佈於清江之南，荊門山脈，分佈於清江之北。此脈另於川鄂邊境，別出一支，北與大巴山脈，成聯絡形勢，夾江對峙，構成巫峽之險，是爲巫山山脈。東南有幕阜山脈，自湘贛邊地入境，分佈於崇、通、武、蒲等縣，主幹東北迤邐，爲與贛省接壤之界山。凡此，皆屬南嶺。

全省河流，概屬長江流域，惟漢水爲長江最大之支流，故恒以江漢並稱。長江西自巴東縣西，與川省交界之培石場入境，橫貫而東，至黃梅東南，與皖省交界之楊穴鎮出境（南岸在陽新東北隅之上巢出境），計在境内長度，約一千一百七十四公里。漢水自鄖西西南之仙河口入境，委蛇向東南奔流，至漢口會入長江，計在境内長度，約八百八十六公里。在境内入江支流之大者，除漢水外，有清江自西南來，至宜都入江，長約四百餘公里，佔本省河流第三位。其次爲沮漳河，長約三百餘公里，佔第四位。再次則爲澴河、陸水、巴水等。至洞庭湖納湖南全省之水，自南疆來會，亦爲入江巨流，惟其流域，全在境外。入漢支流之大者，在境内首推溳水，長約三百餘公里。其次爲東荊河及堵河，長約三百餘公里。再次爲南河，長二百餘公里。至丹江長五百餘公里，唐白河長三百餘公里，其上游大部份，均不在本省境內，尚不能全稱爲本省巨流。至於全省湖泊，大小要以數百計，分佈東南半壁，羅列江漢兩岸，其較著者，在江北有洪湖、汈汊湖、白水湖、武湖、張渡湖等。江南有梁子湖、保安湖、魯湖、黃蓋湖、漳源湖等。

　　附註：按山之構成，由於層岩變動，地形起伏，其自然趨向，並不隨乎水道，固無所謂山脈，亦不如舊説以河流劃分之系統。惟就説明便利起見，不能不如此強爲劃分，藉明大勢！故本編列舉山脈系統，一仍舊説。

二、主要山脈系統

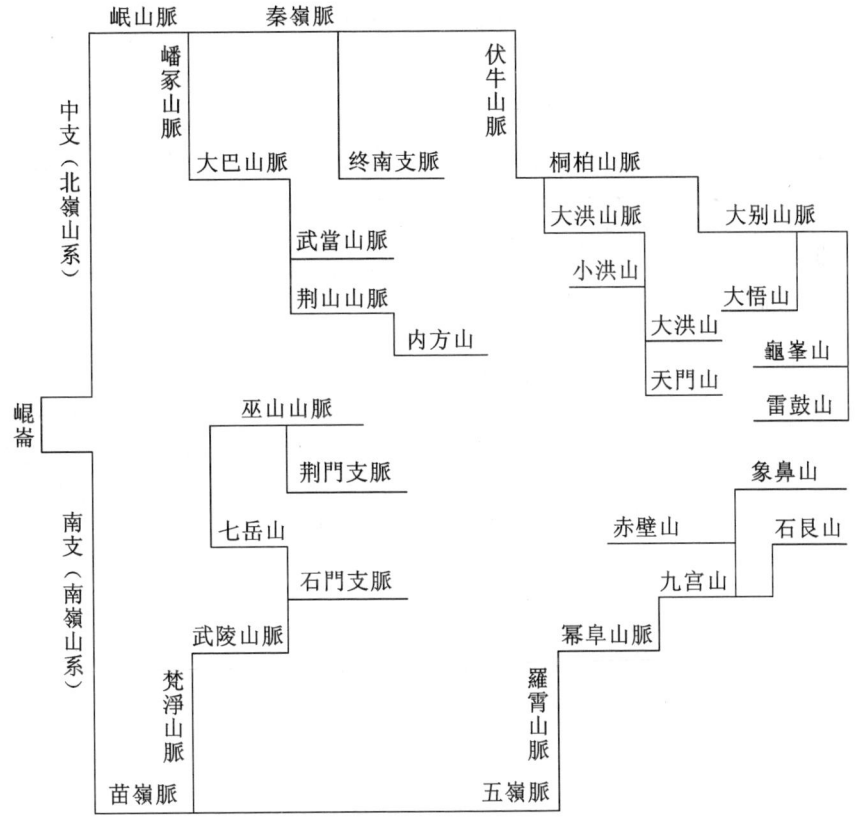

　　附註：上項山脈名稱及其系統，係根據亞新地學社繪製之《湖北省形勢輿圖》《中華析類分省圖》，陸地測量局繪製之《湖北省輿圖》，及丁文江等合編之《中華民國新地圖》等項資料，參合編列。

三、主要山脈分佈地方及高度

山脈系統	主要山名	分佈地方	高度 （高出海面公尺）
大巴山脈入鄂正幹	雞心嶺	竹谿南部，與川陝交界地方	1 645
	鳳凰嶺	竹谿南部，與四川交界地方	1 500—2 000
	烏雲頂	房縣西南部，與四川交界地方	2 000—2 500
	長嶺	巴東西北，房縣西南	2 400
	珍珠頂	巴東北，房縣西南	2 100
大巴山脈北出小支	摩天嶺	竹山西南，竹谿東南	1 000—1 500
	同慶山	竹谿西部	700
	蓬山	竹谿西北部	700—1 000
	聖母山	竹山北部	700—1 000
	梁家山	竹山東北部	700—1 000
大巴山脈南出小支	仙女山	巴東東北，與興山秭歸交界地方	1 000
	五寶山	巴東北部	700—1 000
大巴山脈武當支	沙子嶺	房縣西南，珍珠嶺北	1 500—2 000
	關門山	房縣東南，粉青河北	1 000—1 500
	武當山	均縣南	1 600

續表

山脈系統	主要山名	分佈地方	高度（高出海面公尺）
大巴山脈武當支	界山	鄖縣東南，與均縣交界地方	1 500—2 000
	鳳凰山	鄖縣南	400—700
	摩天嶺	房縣東，與穀城、保康交界地方	700—1 000
	土地坳	均縣東南，與光化交界地	400—700
	臥牛山	光化西	200—400
	四祖山	穀城西南	200—400
大巴山脈荊山支	將軍山	房縣東南，興山北	1 500—2 000
	望佛山	保康西南	1 000
	馬鞍山	〃	700
	集龍山	保康東南，南漳西南	1 000—1 500
	荊山	南漳南	1 000—1 500
	紫山	〃	400
	五指山	興山東南，宜昌西北	1 000—1 500
	香爐山	宜昌西北	1 000—1 500
	鳳陽山	宜昌東北，遠安西南	1 000—1 500
	隆中山	襄陽西	200—400
	虎頭山	襄陽南	200—400

續表

山脈系統	主要山名	分佈地方	高度 （高出海面公尺）
大巴山脈荆山支	覆船山	宜城西南，及與鍾祥、荆門、南漳交界地方	200—400
	尖山	宜城南，與荆門交界地方	200—400
	獅子山	鍾祥西	200—400
	三尖山	〃	200—400
	羅漢山	荆門西北	200—400
	東山	荆門東	200—400
	内方山	荆門東南	50—200
終南支脈	紅岩山	鄖西西	1 000—1 500
	嵩山	〃	700—1 000
	新開嶺	鄖西北，鄖縣西北	700—1 000
	雲臺山	鄖縣北	400—700
	青龍山	鄖縣東	700—1 000
桐柏山脈	太白山	隨縣北，與河南交界地方	700—1 000
	七尖山	隨縣北	400—700
	晃山	〃	200—400
	霸山	棗陽東	200—400
	應山嶺	隨縣東，應山北	200—400

續表

山脈系統	主要山名	分佈地方	高度 （高出海面公尺）
桐柏山脈	真武山	隨縣東北	200—400
	兩仙山	隨縣東	200—400
大洪山脈	石虎山	襄陽東南，隨縣西	200—400
	大峯山	襄陽東南，與襄陽、宜城交界地方	400—700
	排山	襄陽東南，與宜城交界地方	200—400
	小洪山	〃	200—400
	鳳凰山	宜城東	200—400
	戴紫山	鍾祥北，與隨縣交界地方	400—700
	大洪山	隨縣西南，鍾祥東北交界地方	400—700
	紗帽山	鍾祥東北	200—400
	大尖山	京山西	200—400
	七寶山	京山西南	200—400
	大脊山	〃	200—400
大別山脈	雞公山	應山東北，與河南交界地方	200—400
	朝天山	禮山北	400—700
	中華山	應山東北	200—400
	錫山	應山西南	200—400

續表

山脈系統	主要山名	分佈地方	高度（高出海面公尺）
大別山脈	壽山	應山西南	200—400
	大悟山	禮山南，與孝感交界地方	400—700
	黃草山	黃安西	400—700
	仙居山	黃安西北，與禮山交界地方	400—700
	木蘭山	黃陂北	400—700
	鯉魚山	麻城西北，與黃安交界地方	200—400
	紫雲山	黃安東，與麻城交界地方	200—400
	玉閣山	麻城西南	200—400
	龜峯山	麻城東南	1 500—2 000
	茅城山	羅田西北，與麻城交界地方	400—700
	望省山	黃岡東北	50—200
	五峯山	英山東北	700—1 000
	雷鼓山	羅田東，與英山交界地方	700—1 000
	望家山	黃梅北	700—1 000
	紫雲山	〃	1 000—1 500

續表

山脈系統	主要山名	分佈地方	高度 （高出海面公尺）
幕阜山脈	大原山	崇陽東南，與江西交界地方	700—1 000
	九宮山	崇陽東南，與江西交界地方	700—1 000
	石艮山	崇陽西南，與江西交界地方	700—1 000
	象鼻山 （陽新）	陽新東南	400
	大墓山	陽新西，與咸寧、鄂城交界地方	400—700
	紫荆山	陽新西南	400
	青鴉山	鄂城西南，與咸寧交界地方	50—200
	沼山	鄂城西南，大冶西	200—400
	金山	大冶西	200—400
	象鼻山 （大冶）	大冶西北	200—400
	青山	武昌東北	200—400
	雲山	武昌南	50—200
	九嶺	通城西南	200—400
	梧桐山	〃	400—700

續表

山脈系統	主要山名	分佈地方	高度 （高出海面公尺）
幕阜山脈	翡姑山	崇陽西南，與湖南交界地方	1 000—1 500
	赤壁山	嘉魚西南	50—200
武陵山脈	仙人山	來鳳西南	1 000—1 500
	南木山	來鳳南	1 000—1 500
	大頭山	咸豐西北	1 500—2 000
	景山	咸豐西	1 500—2 000
	白岩山	利川南	1 500—2 000
	五馬山	利川西南	1 500—2 000
	七岳山	利川西	2 000—2 500
武陵山脈石門支	雲霞山	利川西南，與恩施交界地方	1 500—2 000
	石板頂	利川西，與恩施交界地方	1 500—2 000
	鴛鴦頂	鶴峯西北	1 000—1 500
	石寶山	鶴峯東北	1 000—1 500
	橫壁山	宣恩東，與恩施交界地方	700—1 000
	董家荒	巴東南	2 000—2 500

續表

山脈系統	主要山名	分佈地方	高度 （高出海面公尺）
武陵山脈石門支	白峯埡	五峯西南	1 500—2 000
	壹瓶山	五峯南，與湖南交界地方	700—1 000
	黃柏山	長陽西南	1 000—1 500
	三角山	〃	1 500—2 000
	馬鞍山	長陽南	1 100
	麻石坡	五峯東，與枝江交界地方	1 500—2 000
	誥賜山	宜都東南	200—400
武陵山脈荊門支	筆架山	恩施西北	2 000—2 500
	黃鵠嶺	建始東北	1 000—1 500
	九龍山	巴東西南，與建始交界地方	1 000—1 500
	巴山	巴東南（縣治附近）	400—700
	百里荒	秭歸南	2 000—2 500
	荊門山	宜昌東南，與宜都交界地方	200—400

附註：本表所列山名及高度，係採用丁文江等合編之《中華民國新地圖》內所載。

四、主要河流系統

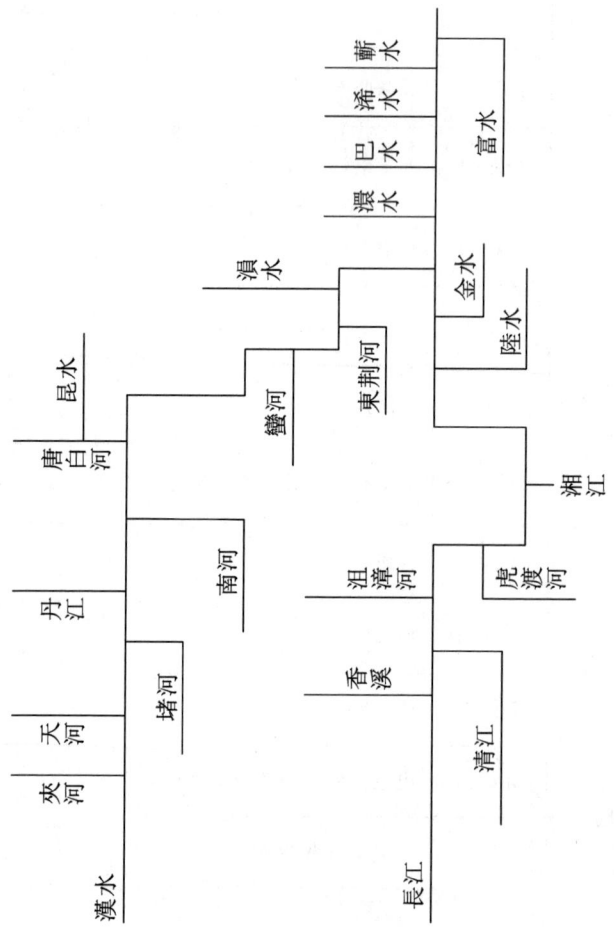

附註：本系統爲略示梗概起見，所有分流、小支，一概從略。

五、本省境内江漢兩幹流長度

長江			漢水		
地點	各段長度（公里）	距漢口長度（公里）	地點	各段長度（公里）	距漢口長度（公里）
培石場		855	仙河口		886
巴東	44[①]	841	冷水河	19	867
牛口鎮	13	828	夾河關	15	852
洩灘	19	809	白河縣東	12	840
沙溪鎮	13	796	將軍河口	13	827
秭歸	10	786	天河口	17	810
太平溪	62	724	曲遠河口	23	787
三斗坪	10	714	堵河口	12	775
平善壩	37	677	鄖縣城	26	749
宜昌	21	656	神定河	9	740
古老背	18	638	遠河口	23	717
紅花套	7	631	曾口	32	685
宜都	13	618	浪河口	17	668

① "各段長度"一列數字表示上一行中的地點至該行中地點的距離。

續表

長江			漢水		
地點	各段長度 （公里）	距漢口長度 （公里）	地點	各段長度 （公里）	距漢口長度 （公里）
枝江	15	603	丹江口	19	649
洋溪	7	596	老河口	27	622
董市	14	582	南河口	21	602
江口	16	566	太平店	16	585
涴市	23	543	茨河市	8	577
沙市	24	519	竹葆舖	16	561
觀音寺	12	507	泥咀鎮	3	558
阧湖堤	19	488	樊城	11	547
馬林嘴	6	482	張家灣	8	539
郝穴	15	467	東津灣	5	534
新廠	14	453	宜城	34	500
藕池	19	434	倒口	37	463
石首	12	422	鍾祥	61	402
調弦口	57	365	沙洋	105	297
塔市驛	37	328	多寶灣	11	286

續表

長江			漢水		
地點	各段長度 （公里）	距漢口長度 （公里）	地點	各段長度 （公里）	距漢口長度 （公里）
監利	11	317	長陀垸	16	270
上車灣	39	278	張礒港	28	242
洪水港	17	261	岳口	23	219
新堤	88	173	彭市湖	20	199
太平口	13	160	蔴洋潭	11	188
陸溪口	13	147	多祥河	10	178
寶塔州	3	144	仙桃鎮	10	168
龍口	6	138	雞鳴場	14	154
嘉魚	13	125	脈旺嘴	12	142
簰州	48	77	分水嘴	12	130
窰頭溝	14	63	城隍港	14	116
大嘴	16	47	繫馬口	28	88
金口	17	30	漢川	11	77
漢口	30	0	新溝	23	54
五通口	19	19	蔡甸	22	32

長江			漢水		
地點	各段長度 （公里）	距漢口長度 （公里）	地點	各段長度 （公里）	距漢口長度 （公里）
陽邏	13	32	漢口	32	0
葛店	15	47			
趙家磯	11	58			
團風	15	73			
西河埠	8	81			
三江口	3	84			
黃州	11	95			
鄂城	5	100			
巴河	14	114			
蘭溪	12	126			
黃石港	12	138			
石灰窰	5	143			
毛山	10	153			
漳源口	10	163			
圻州	12	175			

續表

長江			漢水		
地點	各段長度 （公里）	距漢口長度 （公里）	地點	各段長度 （公里）	距漢口長度 （公里）
田家鎮	20	195			
武穴	19	214			
碼頭鎮	4	218			
龍坪	13	231			
二套口	35	266			
九江	6	272			
楊穴鎮	17	289			
本省境內共長 1 174 公里			本省境內共長 886 公里		

附註：一、本表所列長江各段之長度，自九江至巴東，系根據內河航輪管理局二十五年五月編製航綫圖內所載之數字；自巴東至培石場，及自九江至楊穴鎮兩段，則係根據陸地測量局四十萬分一地圖略算。

二、漢水各段長度，自鍾祥以下，係採用內河航輪管理局航綫圖內所載之數字；自老河口以上，係採用江漢工程局查勘報告內所載之數字；自老河口以下至倒口，則係參照兩項資料填列，其中彼此所列數字，不無互相出入之處，留待以後校正。

三、江漢兩流，在本省境內長度，與其全長之比，如次：

	全長 （公里）	在本省境內長度 （公里）	境內長佔全長 百分比
長江	5 890	1 174	20
漢水	1 500	886	59

六、江漢重要支流長度及流域面積

河流別	重要支流名稱	長度（公里）	流域面積（方公里）	備註
長江	清江	420	20 800	
	沮漳河	319		沮河長約 232 公里 漳河長約 194 公里 兩河合流至入江長約 87 公里
	漢水	1 500	175 800	就全長約計，上游部份，在陝西境內
	陸水	170	3 000	
	巴水	170	5 000	
	浠水	160	4 360	
	蘄水	110	2 000	
	富水	145	4 800	
漢水	湖北境內入漢支流	湲水	309	11 680	支流漳水長 134 公里
		東荆河	298		
		蠻河	135	4 380	
		昆水	130	3 100	
		唐白河	320	26 000	上游在河南境
		南河	209	8 760	

續表

河流別		重要支流名稱	長度（公里）	流域面積（方公里）	備註
漢水	湖北境内入漢支流	丹江	524	15 200	大部份在陝西及河南境内
		堵河	298	15 330	
		天河	100	3 760	
		夾河	110	7 490	
	陝西境内入漢支流	洵河	200	6 500	以下全在陝西境内
		閭河	94	1 400	
		黃洋河	80	900	
		月河	65	2 160	
		嵐河	73	2 600	
		任河	160	5 500	
		西鄉河	95	2 960	
		子午河	93	3 240	
		湑水河	88	2 250	
		太白河	110	3 700	
		寧羌河	82	1 230	

附註：一、本表係根據江漢工程局勘查各河流報告編列。除漢水自嵐河以上之支流，其長度及流域面積，係根據《江漢水道圖》計算外，其餘均係根據勘查隊之調查。惟東荊河長度，則係根據水準測量隊之實測。

二、按江漢工程局查勘河流工作，尚未完竣，如長江流域之澧水，亦屬重要支流之一，本表以現在尚無查報數字可用，故付闕如。

七、較大湖泊

名稱	地點
洪湖	沔陽南，長江北岸
長湖	荆門南，江陵東北，兩縣分轄，長江北岸
武湖	黄陂南，長江北岸
黄塘湖	咸寧北，嘉魚東，武昌南，三縣分轄，長江南岸
黄蓋湖	蒲圻西，長江南岸，與湖南臨湘共有
梁子湖	武昌東，鄂城西，兩縣分轄，長江南岸
汈汊湖	漢川西北，與應城毗連，漢水北岸
張渡湖	黄岡西，長江北岸
東湖	武昌東，長江南岸
魯湖	武昌西南，長江南岸
大沙湖	沔陽東南，漢陽西南，二縣分轄，長江北岸
排湖	沔陽北，漢水南岸
白鷺湖	江陵東南，監利北，二縣分轄，長江北岸
白水湖	孝感東南，與漢陽北之東西湖相連
東湖 西湖	漢陽北，漢水東岸，與白水湖連
沉湖	天門東南，沔陽東北，二縣分轄，漢水北岸

名稱	地點
㵲源湖	大冶東南，陽新西北，兩縣分轄，長江南岸
保安湖	大冶西北，長江南岸

附註：各湖之面積及深度，現乏數字根據，暫從略。

肆、地　　質

　　長江流域之地質調查，當以前清同治三年（西曆一八六三）美國崩派萊（R. Pumpelly）氏爲始。嗣後歐西之地質學者調查及於湖北省者，先後有李希霍芬（F. von Richthofen 1868—1872），洛采（L. V. Loczy 1877—1880），維理士（B. Willis 1903—1904），阿本丹南（E. C. Abendanon 1904），石井八萬次郎與杉本（1904—1911）及野田（1913—1914）諸氏。自中國地質調查所成立，國人始從事於地質之調查，且一改昔人局部觀察之辦法，而致力於整個區域之地質調查及較精細地質圖之測製。民國十二年冬，地質調查所派謝家榮、劉季辰、趙亞曾等調查湖北省地質。民國十三年春，李四光教授又率領北大地質系同學赴宜昌一帶實習，對湖北西部之地層貢獻甚多。民國十三年及十四年，謝、劉、趙三氏又兩度赴鄂調查，於是湖北省地質乃漸次明瞭。民國十七年，中央研究院成立，首即應湖北省建設廳之請，派員赴鄂調查地質鑛產。計十七年春派葉良輔、趙國賓等赴大冶、陽新、鄂城諸縣，李捷、舒文博、俞建章等赴蒲圻、嘉魚、咸寧、崇陽等縣。同年秋又派孟憲民調查南漳、當陽、遠安等縣煤田地質，俞建章、舒文博等調查襄陽、宜城、荆門、鍾祥、京山等縣地質，李捷、朱森等調查湖北西北部之興山、房縣、穀城、均縣、鄖縣、鄖西、竹山、竹谿等縣地質。自此項調查次第完畢後，鄂省之地質調查成其大半矣。民國二十二年秋，中央研究院復派孟憲民調查大冶、興山、應城、京山等縣鑛產。二十二年秋中央研究院復派喻德淵赴鄂北調查，至二十五年春始克竣事，其間陳旭、張祖還亦協同調查焉。調查範圍計包括鍾祥、京山、棗陽、隨縣、安陸、應城、天門、雲夢、孝感、黃陂、黃安、麻城、羅田、黃岡、浠水、蘄春、廣濟、黃梅等十餘縣。此外近數年來對湖北省地質作局部觀察者尚多，如哈安姆（Arn Heim）之於揚子峽谷構造，巴爾博之於地文，鄭厚懷、朱熙人、許榮森等之於大冶、陽新銅鑛，均有所闡述。現在尚未調查之區域，僅餘鄂西及鄂南之一部分而已。但鄂南諸縣乃揚子河道經過之地，多係冲積平原，湖沼密佈，地質簡單，故無甚重要也。

　　附註：本府於二十五年夏間，委託中央研究院地質研究所代爲編製本省地質圖及鑛產分佈圖，承研究所於二十五年十月編製完竣，寄鄂應用，更附說明書一本，至爲詳盡，書存湖北省政府圖書館。至編輯該圖所根據之材料，均採取最近之調查結果。其中尚有一部分未曾發表之材料，亦經原作者之允許後列入。關於宜昌秭歸間，所謂峽區之地質，該圖以李四光、謝家榮、趙亞曾、哈安姆諸氏之調查爲依據。湖北省西北部者，根據李捷、朱森之調查；西南部者，依據謝家榮、劉季辰之調查；東南部者，依據葉良輔、李捷、舒文博、趙國賓諸氏之調查；襄陽、南漳、當陽、宜城、荊門一帶依據孟憲民、俞建章、舒文博等之調查；其餘鄂北之十餘縣，則悉係喻德淵氏所調查者。至湖北省底圖，係以丁文江先生百萬分一之湖北省地圖爲根據。

伍、縣治沿革

　　武昌　唐虞夏前屬荊州域，周爲鄂王城，春秋時稱鄂渚，及三國改爲武昌郡，魏黃初築城沙羨稱邑，晉爲江夏郡，後改爲汝南縣，迨南北朝之南齊稱爲郢州，梁爲北新州，隋改名鄂州，旋改爲江夏縣，嗣後各朝皆因之，民國二年改爲武昌縣，現隸第一行政督察區。

漢陽　古屬《禹貢》荆州之域，秦稱南郡，漢置江夏郡，三國時，吳立石陽縣，晉改爲曲陵，後改沙羡，又稱汝南，梁爲梁安郡，西魏稱魏安郡，隋爲漢津縣，大業二年，改稱漢陽，宋初爲漢陽軍，元初復稱縣，旋改爲府，明初改縣併隸武昌，清屬漢陽府，現隸第一行政督察區。

嘉魚　古荆州地，至漢併入沙羡，及晉始定名爲沙陽縣，梁升爲州，隋廢入蒲圻爲鮎瀆鎮屬鄂州，南唐改鎮爲場，升場爲縣，始改嘉魚縣，元改鄂州爲武昌道以嘉魚屬之，明改路爲府，嘉魚爲府屬縣，清仍之，民國置縣，現隸第一行政督察區。

咸寧　古爲荆州地，漢屬江夏沙羡，吳屬武昌郡，西晉屬蒲圻，東晉屬汝南，南北朝屬郢州及北新州，隋屬鄂州，至唐復屬江夏，改置永安鎮，南唐復升爲縣，宋景德四年，避永安陵名，改爲咸寧縣，元屬武昌路，明改路爲府，仍屬之，現隸第一行政督察區。

蒲圻　在唐虞三代隸荆州，春秋戰國屬楚，秦爲南郡，兩漢稱沙羡，三國吳赤烏中，始名蒲圻，晉初屬長沙郡，旋改隸武昌郡，東晉屬汝南，梁爲上雋郡，隋屬江夏郡，唐稱純川，宋隸武昌軍，元改武昌路，明屬武昌府，清分湖廣爲兩省，蒲圻隸湖北武昌府，民初屬江漢道，現隸第一行政督察區。

崇陽　《禹貢》爲荆州域，春秋屬楚，漢稱下雋，三國時屬吳隸南郡，所謂下雋，係併崇陽、通城而言，迨南梁，始析爲二，唐置唐年縣，五代改宗陽，宋開寶八年，始名崇陽，元屬武昌路，明屬武昌府，清因之，現隸第一行政督察區。

通城　周屬楚，秦屬南郡，漢置下雋縣，屬長沙，六朝以降，或隸巴郡，或改雋州，唐置唐年縣，設通城鎮，宋改爲崇陽，屬鄂州，熙寧五年，始升鎮爲縣，元明及清屬武昌府，民國初屬江漢道，現隸第一行政督察區。

通山　漢爲下雉縣，屬江夏郡，吳析置陽新縣，隸武昌郡，六朝因之，隋併爲永興縣，唐仍之，南唐爲通羊鎮，宋初改通山縣，隸江南道，旋改羊山，尋復稱通山，隸興國軍，元隸興國路，明改興國府，清隸武昌府，民初屬江漢道，現隸第一行政督察區。

陽新 初名下雉，西漢時始置縣，屬江夏郡，三國析爲下雉、陽新，隸武昌郡，晉併下雉入陽新，宋齊梁因之，隋改名富川、永興，唐及五代沿用永興，而隸屬不一，宋置興國軍，元升爲興國路，隸江西，旋割隸湖廣行省，明降爲州，清仍之屬武昌府，民元改稱陽新，三年屬江漢道，現隸第一行政督察區。

大冶 在《禹貢》屬荊州域，春秋爲楚地，周稱鄂，秦屬南郡，漢屬下雉，晉隋各代，隸屬紛更，南唐始置大冶縣，隸鄂州，宋置興國軍，大冶屬焉，明洪武間，改興國州，領大冶通山二縣，屬武昌府，清仍之，後改直屬武昌府，民初屬江漢道，現隸第一行政督察區。

鄂城 唐爲樊國，夏爲鄂郡，殷爲鄂國，漢時稱爲鄂縣，三國及兩晉南宋梁陳均稱武昌郡，隋唐五代及宋初，均稱武昌縣，旋改爲壽昌軍，元明以來，武昌、壽昌之名，迭經改易，民國初始定今名，現隸第一行政督察區。

黃岡 《禹貢》爲荊州域，在周爲弦子國，併於楚，曰邾城，秦改邾邑，屬南郡，漢分南郡爲江夏郡治，西陵、西陽、邾縣屬焉，魏晉六朝，時有變更，隋改梁安曰木蘭，改南安曰黃岡，唐併木蘭入黃岡，宋元明清迄今，皆仍之，現隸第二行政督察區。

浠水 春秋戰國屬楚地，秦屬九江郡，南北朝以豫部蠻民置浠水、蘄水等十八縣，嗣後即沿浠水之名，唐時更名蘭溪，嗣改稱蘄水，迄民國二十二年六月，仍復名浠水，現隸第二行政督察區。

蘄春 爲《禹貢》荊州域，春秋戰國皆屬楚，秦屬九江郡，漢屬江夏郡，東漢屬蘄春國，厥後爲郡，爲路，爲府，爲縣，爲州，析合不常，明清兩代均爲州，民國改置縣，現隸第二行政督察區。

廣濟 漢蘄春地，至唐德武四年，析蘄春置永寧縣，天寶年間更名廣濟，宋屬蘄春郡，紹興初廢縣爲鎮，尋復置，元屬蘄州路，明初屬蘄州，清屬黃州府，民國十五年前屬江漢道，現隸第二行政督察區。

黃梅 漢爲尋陽縣，屬盧江郡，南朝時名永興，隸齊昌郡，隋開皇改永興爲新蔡，十八年改名黃梅，屬蘄州，清仍之，隸黃州府，民國初屬江漢道，現隸第二行政督察區。

英山 宋咸純初年始置縣，隸盧州，元明仍舊，清初改隸六安州，此後隸皖隸鄂，時有變更，於民國二十一年十一月，復改隸鄂，現隸第二行政督察區。

羅田 在《禹貢》屬荊州境，春秋爲黃國地，戰國屬楚，漢隸江夏郡，三國屬蘄春郡，至隋始置縣，宋以石橋鎮陞爲羅田縣，明清均隸黃州府，民初屬江漢道，現隸第二行政督察區。

麻城 夏商時屬荊州域，春秋爲弦黃二國地，秦置邾縣，漢置西陵縣，三國時魏置西陽縣，晉置西陽國，屬豫州，後趙石虎使其將麻秋築城，爲麻城命名之始，南宋①置西陽郡，隋置麻城縣，爲麻城建治之始，唐初名亭州，又改陽城縣、仙居縣，後仍改爲麻城，五代及宋元明仍之，清屬黃州府，現隸第二行政督察區。

黃安 漢爲西陵，屬江夏郡，晉屬弋陽郡，南北朝屬齊安郡，唐屬淮安節度，宋屬淮安路，元屬黃州路，隸河南行省，明洪武時，屬黃州治，嘉靖時始設黃安縣，割麻城之泰平、仙居三鄉二十里甲，黃陂之灄鄉八里甲，黃岡之上和鄉十二里甲屬焉，前清屬黃州府，現隸第二行政督察區。

黃陂 春秋爲黃國，魏晉爲石陽，以黃陂名邑，自北齊始，前隸黃州府，清雍正七年，改隸漢陽府，民國十五年以前屬江漢道，現隸第二行政督察區。

禮山 向爲豫鄂兩省邊區，於民國二十二年元月劃湖北之黃安、黃陂、孝感及河南之羅山，四縣各一部，置縣，現隸第二行政督察區。

孝感 漢爲安陸縣地，南北朝宋武孝置孝昌縣，嗣後名稱隸屬，屢有變更，至唐朝始改名孝感，相沿至今，秦時屬南郡，漢屬江夏郡，隋屬荊州，清屬漢陽府，民國十五年前屬江漢道，現隸第三行政督察區。

---

① 此處應爲南朝宋。

雲夢　古爲澤藪，春秋戰國皆屬楚，西魏大統十六年置縣，隋以後，屢行廢置，或隸安陸，或隸應城，明洪武十年始復舊，清屬德安府，民國十五年前屬江漢道，現隸第三行政督察區。

漢川　古爲澤藪，本漢江夏郡地，梁置梁安郡，西魏改魏安郡，置江州，尋改郡曰汊川，北周置甑山縣，唐德武四年，復析置汊川縣，五代周隸安州，宋初曰義川，後改漢川，元明清因之，清屬漢陽府，民國十五年前屬江漢道，現隸第三行政督察區。

應城　周爲軫鄖二國，又爲蒲騷地，南北朝始析安陸南境置應城縣，唐省入雲夢，自宋後復置縣，清屬德安府，民國十五年前屬江漢道，現隸第三行政督察區。

安陸　古爲雲夢澤，漢置安陸縣，屬江夏郡，隋改稱吉陽，唐稱安州，元爲安陸縣，明清均爲德安府置安陸縣，民國屬江漢道，現隸第三行政督察區。

應山　漢爲鄖縣，晉爲義陽縣，劉宋爲永陽縣，梁大同二年，分置永陽縣兼置隨州，隋開皇十八年，改縣爲應山，相沿至今，清隸德安府，民國初屬江漢道，現隸第三行政督察區。

隨縣　周初建國千八百，見於《春秋》經傳者六十有五，而隨稱大，秦漢而後，爲郡，爲州，爲縣，建置不一，而隨之名，歷久未易，清爲隨州，屬德安府，民國改爲隨縣，現隸第三行政督察區。

鍾祥　《禹貢》時屬荊，春秋爲楚郊郢，秦時隸南郡，漢爲郢縣，晉置竟陵郡，西魏稱長壽，歷周隋，迄明初，雖州郡之制屢更，惟縣名仍舊，明嘉靖十年始設鍾祥縣，迄清無改，民國初屬襄陽道，現隸第三行政督察區。

京山　古爲荊州域，三國屬魏，曰角陵，隋改京山，隸安州安陸郡，元升爲府，縣隸如故，明改安陸爲隸州，清順治時屬荊西道，康熙時改轄荊南道，民國十五年前屬襄陽道，現隸第三行政督察區。

天門　古爲風國，周名竟陵，秦始置縣，漢晉宋齊梁因之，西魏改名霄城縣，後周復名竟陵，五代天福初改名景陵，宋元明因之，清初雍正四年，改名天門，隸安陸府，民國初屬襄陽道，現隸第三行政督察區。

沔陽　梁置沔陽郡，唐改爲復州，宋爲沔陽縣，明改爲沔陽州，清承其舊，民國復稱沔陽縣，屬於江漢道，現隸第四行政督察區。

潛江　古稱潛沱，肇於《禹貢》，春秋戰國皆屬楚，古稱安遠鎮，宋乾德三年建縣，清隸安陸府，民國十五年前屬江漢道，現隸第四行政督察區。

監利　周以前爲州國，漢名華容，屬南郡，迨三國吳，始改今稱，宋齊屬巴陵郡，後周廢郡爲縣，屬復州，梁宋隸江陵，元爲中興路，明清屬荆州府，民國十五年前屬荆南道，現隸第四行政督察區。

石首　古爲荆州域，《禹貢》屬雲夢澤，商屬荆楚，商末爲濮國，周時屬楚地，秦滅楚改爲南郡，西漢屬荆州，併入華容縣，晉武帝時始析華容爲石首、監利、華容三縣，縣境有山突出江流，如石之首，故名，隋改隸荆州，唐復置縣，自後因之，民國十五年前屬荆南道，現隸第四行政督察區。

公安　古稱孱陵，兩漢時屬荆州，建安十四年，改名公安，屬南平郡，晉改江安，梁復舊名，沿稱至今，民初屬荆南道，現隸第四行政督察區。

松滋　在春秋戰國時皆屬楚，東晉始置縣，隸河東郡，隋以後改隸荆州府，初名茲方、祝茲、鳩茲、言程、上明、樂鄉、高成，後因宿松縣流民避兵至此，日見繁盛，改名松滋，民國初屬荆南道，現隸第四行政督察區。

枝江　爲楚開基地，線①始置縣，中間縣治屢遷，今之縣治即宋所遷下沱也，清屬荆州府，民國十五年前屬荆南道，現隸第四行政督察區。

江陵　春秋時爲楚郢都，秦分郢，置江陽縣，漢時改江陵縣爲南郡治，晉兼荆州治，劉宋蕭齊因之，隋爲南郡治，唐爲江陵府治，五代宋元因之，明爲荆州府治，清仍之，民國十五年以前屬荆南道，現隸第四

---

①　疑爲"漢"之誤。

行政督察區。

荆門　周屬周南之羅都，春秋爲楚權國，秦漢屬南郡，晉隸荊州，迨六朝均置縣，更稱不一，隋名長林，屬荊州鎮，唐貞觀八年，始立荊門縣，五代稱荊門軍，元改爲府，嗣改爲州，明初仍置縣，清改爲直隸州，民國復稱縣，隸襄陽道，現隸第四行政督察區。

宜城　古屬豫州，夏屬邿國，周爲羅都鄀等地，後併於楚，秦置鄀縣，漢惠帝時改名宜城，隸南郡，迄南北朝，宋改稱華山，西魏名爲漢南，自後名屬變更，唐復稱宜城，隸襄州襄陽郡，宋明清因之，民國屬襄陽道，現隸第五行政督察區。

棗陽　周以前屬豫州域，周屬唐國，併於楚，秦置蔡陽縣，漢改爲襄鄉縣，魏稱安昌縣，晉、宋、齊、梁復名襄鄉，至隋始改名棗陽，沿稱至今，現隸第五行政督察區。

襄陽　古爲襄國，春秋戰國皆屬楚，秦以漢北爲南陽郡，置南郡，號襄陽爲北郡，漢初置襄陽縣，晉六朝唐五代因之，宋改隸襄陽府，元爲總管府，旋復舊，明清均沿稱襄陽縣，屬襄陽府，民國十五年前屬襄陽道，現隸第五行政督察區。

光化　古爲陰國，夏屬豫州，置酇縣，隋置陰城縣，宋置光化軍，熙寧五年，廢軍改爲光化縣，元、明、清仍之，民國初屬襄陽道，現隸第五行政督察區。

穀城　在周代爲穀國，嗣爲楚所滅，秦平鄀郢，置筑陽縣，隋代改爲穀城，相沿至今，民國初屬襄陽道，現隸第五行政督察區。

保康　舊屬房縣，宋初置保康軍，明置保康縣，清沿明稱，隸鄖陽府，民國初屬襄陽道，現隸第五行政督察區。

南漳　春秋時爲盧羅二國，併於楚，秦置南郡，漢隸荊州，晉改上黃，南北朝曰思安，隋開皇十八年始改稱南漳，隸襄陽郡，唐隸襄州，宋隸襄陽府，元隸襄陽路，明清均屬襄陽府，民國初隸襄陽道，現隸第五行政督察區。

遠安 西漢置臨沮縣，屬南郡，晉置高安縣，屬襄陽郡，劉宋初屬汶陽郡治，後周改爲遠安，始隸峽州，以後屢有變更，或隸彝陵，或隸峽州，或隸荆州，清時升荆門爲直隸州，遂隸荆門，民國十五年前屬襄陽道，現隸第六行政督察區。

當陽 春秋時爲楚境，秦置鄀縣屬南郡，漢析江陵地，別置當陽，魏隸荆南州，晉改長林，南朝時復名當陽，自唐以後旋改旋復，隸屬迭有變更，而名稱則未之易，民國初屬襄陽道，現隸第六行政督察區。

宜都 後漢爲夷道，屬南郡，三國魏置宜都郡，轄夷道、巫山、秭歸、彝陵等四縣，隋以夷道屬彝陵郡，唐改夷道爲宜都縣，屬峽州，明屬荆州彝陵州，清屬荆州，民國十五年前屬荆南道，現隸第六行政督察區。

宜昌 在《禹貢》屬荆州域，商時爲楚地，秦置南郡，漢置夷陵，屬南郡，蜀漢稱宜都，晉改稱夷陵縣，至梁改爲宜州，西魏爲拓州，後周爲峽州，隋改爲夷陵郡，此後各朝，對峽州、夷陵二稱，輒有更變，郡路府縣，代置制均不同，清初稱夷陵州，隸荆州府，雍正間升爲宜昌府，民國初始府廢爲縣，現隸第六行政督察區。

興山 古爲楚始封地，後爲夔國，漢置秭歸縣，吳分秭歸之北界置興山縣，周爲長寧縣，隋改隸秭歸，唐分置興山，宋復合爲秭歸，元初復分置，明初併入巴東，宏治①間再置縣，清因之，屬宜昌府，民國十五年前屬荆南道，現隸第六行政督察區。

秭歸 古后夔國，春秋爲夔子國，楚滅夔，乃屬楚，秦郡縣天下，置秭歸縣，隸南郡，縣爲屈原故鄉，原被放，秭女嬃聞而來歸，故名，漢晉宋齊仍沿此稱，自後名屢更改，至民國復名秭歸縣，十五年前屬荆南道，現隸第六行政督察區。

長陽 古爲楚地，漢置佷山縣，屬武陵郡，蜀改隸宜都郡，吳因之，晉平吳，改興山，尋復爲佷山，隋始定今名，屬南郡，唐末屬峽州，五代及宋元因之，明改併陵州，領長陽隸，清初仍明制，後改隸宜昌府，

---

① "宏治"應爲"弘治"。

民國十五年前屬荊南道，現隸第六行政督察區。

　　五峯　前屬土司管轄之地，至清雍正十三年，改土歸流，撥長陽、石門、松滋、枝江、宜都五縣之地立爲縣治，取名長樂，隸屬宜昌府，民國三年，始改今名，屬於荊南道，現隸第六行政督察區。

　　鶴峯　縣經匪亂，志佚無存，詳細沿革待考，據傳清以前，均爲土司地，稱容美司，雍正十三年，改土歸流，始置鶴峯州，民初改縣，十五年前屬荊南道，現隸第七行政督察區。

　　宣恩　古爲凛君國，周屬夔子國，春秋爲巴國界，戰國屬巫郡地，秦改屬黔中，漢屬南郡，三國屬新城，唐先後爲舞州、鶴州、珍州、夜郎縣、麗皋縣、東源縣、港溪縣諸稱，宋改西高州，元時土酋佔據，乃設十五土司，明及清初因之，雍正十三年，率土歸流，始置縣治，屬施南府，現隸第七行政督察區。

　　來鳳　上古爲蠻夷國，唐、虞、夏、商爲巴子國地，秦隸黔中郡，漢屬武陵郡，晉屬夜郎郡，隋隸施州，唐隸清化郡，宋時爲富州、柔遠州，並改置散毛司，元明及清初，均分置各宣撫司，乾隆元年，先後歸流，始廢各司爲來鳳縣，隸施南府，民國復屬荊南道，現隸第七行政督察區。

　　咸豐　古屬蠻夷國，周初爲巴子國，後爲夔子國地，戰國屬楚巫郡地，秦屬黔中郡，漢屬武陵郡，三國迄晉屬建王郡，唐爲清江縣，迨宋歷改爲富州，霸糜柔遠州、懿州、安定州，元廢州爲散毛府，明爲大田所，清雍正間，改土歸流，始設咸豐縣，現隸第七行政督察區。

　　利川　古爲南郡蠻地，後周爲鹽水縣亭州，隋爲清江郡，唐省入清化郡，五代爲清江縣，元爲都亭鄉，明爲施州衛都亭里，置三司一所，清雍正十三年，始併各土司，置利川縣，隸施南府，民國屬荊南道，現隸第七行政督察區。

　　恩施　古爲巴子國地，後爲夔子國地，戰國屬楚，三國吳爲巫縣地，晉宋時爲沙渠縣信陵縣，齊梁爲巴山縣，後周爲鹽水縣烏飛縣江州，隋唐宋元爲清江縣，明置施州衛，領轄各司，清康熙三年，改土歸流，雍正六年始稱施縣，後設施南府，置邑於此，現隸第七行政督察區。

建始 古爲廩君國地，晉始置建始縣，後周改爲業州，隋時廢州，復稱建始，唐及後五代仍之，宋元屬四川夔州府，明屬施州衛，清乾隆元年，撥歸施南府屬，民國改元，屬荊南道，現隸第七行政督察區。

巴東 《禹貢》屬荊州城，周爲夔子國地，後入楚，秦置巫山縣，隸南郡，漢隸荊州南郡，晉隸建平郡，梁置信陵郡，後周曰樂鄉縣，隋始名巴東縣，隸信州，唐隸山南東道，宋隸巴東郡，元設行中書省，明改彝陵州，清雍正間改隸宜昌府，現隸第七行政督察區。

房縣 古稱房陵，唐虞時爲房子國，周爲召南，秦置房陵縣，晉爲魏新，旋復稱房陵，惟隸屬屢易，唐建房州，宋初稱保康軍，嗣仍置縣，元復名州，明建鄖陽府，房縣隸焉，清仍明制，現隸第八行政督察區。

均縣 古屬《禹貢》豫州域，周爲楚北境，戰國時爲均陵，秦屬南陽郡，自漢至晉爲武當縣，後魏爲豐州，隋改爲均州，縣名始此，唐仍之，歷五代以及宋元無異，明成化時州隸襄陽府，清因之，民國初屬襄陽道，現隸第八行政督察區。

鄖縣 古爲麇國，春秋錫穴，前漢析爲錫及長利二縣，後漢省長利，晉改鄖鄉，明建鄖陽府，置鄖縣，清因之，民國初屬襄陽道，現隸第八行政督察區。

竹山 古爲庸國，春秋併入楚，秦置上庸縣，漢末置郡，中屢變更，至宋齊仍復郡制，梁析上庸置安城、新豐，西魏改安城曰竹山，又析置羅州，改新豐爲上庸，迨宋朝始省上庸入竹山，隸房州，明洪武初省竹山入房州，後復舊置，成化年建鄖陽府，竹山屬焉，清因之，民國屬襄陽道，現隸第八行政督察區。

竹谿 古庸國地，春秋屬於楚，後併入秦，至明成化十二年，以竹山尹店社置縣，稱竹谿，屬鄖陽府，民國屬襄陽道，現隸第八行政督察區。

鄖西 古爲麇商二國之地，春秋屬晉地爲晉陰，戰國時麇屬楚，商屬秦，漢置長利，南北朝爲上津縣，隋改商州，宋元復爲上津縣，明置鄖西縣，隸鄖陽府，清因之，民國十五年前屬襄陽道，現隸第八行政督察區。

陸、古蹟及風景

武昌　（一）黃鶴樓在縣西，面臨大江，號爲天下絕景，舊制，樓外圓內方，中三層，迭經修燬，已改舊觀。（二）白雲樓（即今之奧略樓）在黃鵠山頂，制度閎偉，登眺尤勝。（三）奇章閣舊名楚觀樓（即南樓），宋知州陳邦光建，清末漸頹圯，今改建蛇山公園新式橋梁。（四）孟宗宅在縣南，舊爲靈竹寺，即宗泣竹處。（五）陳友諒墓在臬署後黃鵠山，或曰疑冢也。（六）寶通寺在縣東洪山下，唐寶歷中靈濟慈忍禪師所建，肉身尚存，寺後有七層寶塔，爲唐尉遲鄂公監造，及近代諸名人墳。（七）寶像塔在黃鶴樓前，有元威順王世子墓。（八）蛇山抱冰堂，珞珈山之武漢大學，及東湖、西湖，均爲風景之區。

漢陽　（一）晴川閣位大別山麓濱江處，明知府范之箴建，民國二十四年秋，被風摧圯。（二）伯牙臺在大別山麓，傳鍾子期聽琴於此，離縣城五十里馬鞍山集賢村，爲其故居。（三）魯肅墓在大別山下，墓碑尚存可考。（四）鸚鵡洲有禰正平祠，墓即在祠內。（五）西鄉九真山及城西北之月湖，皆爲風景之區。

嘉魚　（一）沙陽城在縣北，江中之沙陽洲，即其址。（二）赤壁在縣西南六十里，與烏林相對，即周瑜敗曹操處。（三）祭風臺，相傳諸葛亮祭風於此。（四）呂蒙墓在縣西南石頭口。（五）果老石在鴨兒湖，相傳張果老煉丹於此。

咸寧　（一）鐘臺山在縣東南六十里，上有石室、石臺、石鐘，爲唐李邕讀書處。（二）相山在東門外半里許，上有讀書台，爲宋馮京讀書處。（三）城南之潛山，有葛仙巖，傳爲葛洪煉丹處，山麓出溫泉，可浴，地極幽靜。（四）筆峯塔在北門外三里許，山環水繞，風景極佳。

蒲圻 （一）寶塔山位居城西，塔係前清道光年間所建。（二）風雲洞在一區所屬之茅山，清名儒張聞東讀書於此。（三）三區之蓮花寺，建於明代，寺內有石一方，赤紅如龍舌，傳爲古蹟。（四）蒲圻古城，在城西鄉，三國時孫權擬築城於此，旋以土鬆移地，址尚可尋。

崇陽 （一）黃巢城在縣西七十里白沙嶺上，俗名其地爲城下。（二）清遠樓在十字街，明知縣陳彧建。（三）黃庭堅讀書堂，在縣東全城山。

通城 （一）黃龍山有石田三畝，石塊如犂轉，內產紅蓮。（二）雲溪有溫泉可浴。（三）又銀山積翠、秀水迴瀾、太平春耕、興賢夜誦、雋溪映月、雁塔穿雲、龍平曉鐘、九峯暮鼓傳爲本縣八景。

通山 （一）縣城西門外風梓山有兩崖洞，爲明禮部侍郎朱延立讀書處，城東管家山石壁亦有朱公題刻"銅肝鐵胆"四字。（二）二區之九宮山，以晉安王兄弟造九宮於此得名，有古松、古井、石碑、大鐘、鐵香爐等古物。（三）牛跡嶺，相傳老子騎牛留跡於此故名，嶺上古廟，傳流寇李自成敗竄，爲邑人程九伯殲瘞於此，李劍尚存。（四）此外又有羅阜嵐光、翠屏塔影、石橋秋月、雙溪春水、犀港晨耕、焦岩晚渡、新嶺樵歌、衢潭魚照等八景，均見縣誌。

陽新 （一）北郭蓮花池內有甌甎洞，爲清儒吳國倫讀書處。（二）東郭謝公墩，有疊山書院，宋謝枋得曾講學於此。（三）懷坡橋在東門外，蘇東坡自黃適筠，曾至興國，建閣修橋懷之，閣已廢。（四）五區坡山嶺有蘇學士洗墨池，銀山右峽口懸崖，鐫"鐵壁"二字亦東坡書。（五）縣東南二十五里有牛湖洞，中有石牀百畝田諸勝。（六）石尖山在縣西九十里，頂有三石盆，蓄泉，不涸不溢，俗傳旱則居民洗盆，常致雲雨，名浴泉。（七）巖泉在縣治西二十餘里雲山東南麓，巉岩懸空，有潭深不可測，溢可數畝。（八）鳳棲洞在陽辛鎮石角山麓，內有珍珠塔雨山雪山等諸勝。

大冶 縣治有元真子釣台、東方朔讀書堂、元結書堂、仙人馱石、鐵鎖橫江、西塞磯頭石等遺蹟，有金湖湛月、東方覽勝、雉山烟雨、鳳嶺松風、西塞懷古、鹿頭夕照、圩洞飛雲、龍角朝暾等八景。

鄂城 （一）陶侃讀書堂在縣寒溪寺後，又侃舊居在縣西北。（二）落星臺在縣西南，距黃金山口南里許，有石形正圓，色黝黑，世傳星隕於此，土人築臺其上。（三）解劍亭在縣東北，今在通淮門外江次，云爲子胥解劍授漁父處。（四）節度石在江中，石三段，廣百步，高可五六丈。

黃岡 （一）赤壁本名赤鼻山，在縣城西北江濱，屹立如壁，其色赤，宋蘇軾遊此作賦。（二）東坡在縣治東，宋元豐三年，蘇軾謫黃，故人馬正卿爲守，贈以故營地數十畝，賦詩紀事，因號東坡居士，名沿至今。（三）元妙觀在縣清源門外，唐貞觀間建，宋爲天慶觀，即東坡作《易傳》與《論語說》處。

浠水 （一）伍員井在縣西，傳伍子胥適吳過此淬劍。（二）縣東二里清泉寺有洗筆池，世傳王羲之洗筆於此。

蘄春 （一）鄱車城在縣東南八十里，爲漢黥布所築舊址。（二）安平上鄉大泉山，有明荊憲王墓、荊靖王墓、都昌惠靖王墓。

廣濟 （一）徐平章城在縣西，元末縣人徐興築城禦紅巾賊，縣因得全，興官平章，故以名城，今遺址猶存。（二）魯肅洑在縣鐵船山下，即《入蜀記》之艫臍洑。

黃梅 在縣城外西池西岸有宋鮑照墓，又高塔寺、石人院，均爲本縣名勝。

英山 待查。

羅田 （一）東坡井在縣治西，相傳蘇文忠訪燕國王公經此，取水飲，嘆其清冽，得名。（二）如翠屏樓、玉泉寺均爲本縣名勝。

麻城 （一）麻姑洞在縣城西十五里，傳爲麻秋之女修真處，巖石聳峭，風景清幽，洞內有泉，極清冽。（二）縣西南六十五里，有杏花村，爲宋陳慥隱居處。（三）白臬山在縣南二十五里，明儒周道一潛修於此，磨崖石刻猶存。（四）桃林河在縣南二十里，夾岸十餘里，均係桃林，花時燦爛如錦。（五）釣魚臺在縣東北二十五里，爲明邑人瓊州太守周思久退隱處，巨石突出河心，下成深潭，上有寒碧堂。（六）龜峯山在縣東六十里，宋邑令張毅禱雨處，岩前巨石突出，如龜首狀。（七）龍潭衝在縣東九十里，溪水下注成潭，清初于成龍勦平土寇，勒石十六字紀事，今尚存。

黃安 石林樵洞在縣東南二十里，明秦鳳儀等十七人從耿定向著書講學處，耿墓即在縣北之袁英河。

黃陂 （一）仙侶臺縣北五里，俗傳有仙侶遊此。（二）青雲塔在縣河口，明萬歷戊申歲建，清道光戊申歲重修。

禮山 待查。

孝感 （一）黃香墓在縣東四十里鳳凰山。（二）伏波將軍墓，清雍正時白雲鄉大新店土人剷地得斷碑發見。（三）泉水寺在縣治北八十里，寺藏金字經數卷，祈雨誦之輒應。

雲夢 （一）千金塚在縣北鄉，舊傳爲楚平王疑塚，多古石槨。（二）東閣在縣東門外，明時建，憑高遠眺，可據一邑之勝，鄒觀光作記。

漢川 （一）元胡丞相墓在縣周陂鄉，墓磚有“大元胡丞相之墓泰定三年”十一字，尚可辨。（二）垌冢在縣西百里，俗傳曹操敗於烏林，僞作此冢。（三）黃崗堡寺在縣西南梅城鄉，明熊廷弼未達時，曾寓於此。

應城 （一）歐陽修讀書處，在縣西花園廟。（二）楚王墓在縣南三十里馬旺嘴蒲騷廟南，相傳楚武王卒於樠木之下，即葬其地。（三）縣西四十里，有溫泉，可浴，見《隋地理志》。

安陸 （一）虎子巖在城南十里，傳爲春秋時虎乳子文處。（二）縣府東首，有漢孝子黃香墓。（三）讀書堂在白兆山山麓寺，爲李太白讀書處。（四）晒書台在城西府河左岸，山崗突起，傳爲司馬溫公晒書處。（五）毓秀閣在城西南三里許，邑人祀宋遺民趙江漢於此，閣年久失修，半殘廢。（六）城北浮雲樓、城西南文昌閣、邀月台，均縣治遊憩勝地。

應山 （一）渡蟻橋在城南，傳爲宋代宋郊宋祁兄弟以藁渡蟻處。（二）大龜山在縣北七十里，一峯插天，瀑下注成三潭，明楊大洪讀書處在其上。（三）寶林寺，舊傳爲明太祖剃度處，規模閎壯，藏經甚多，近經兵燹，荒廢大半。

　　隨縣　　（一）神農洞、斷蛇邱、夜光池、季良基、宗愨墓、漢東樓等均爲縣內古蹟。（二）縣府後之矩園與厲山鎮均有風景可觀。

　　鍾祥　　（一）縣之西門爲晉羊祜抗吳所守之石城舊址。（二）東門外里許楠木山，傳爲春秋楚武王伐隨返經此蕘其下，上又有漢梅福卜隱地。（三）縣府後進，爲明楚望樓，其東阜孟亭，內有王孟唱和諸詩石刻。（四）附郭有明故宮元佑。（五）城東十餘里，有明顯陵，規制宏偉。

　　京山　　（一）有明董其昌翠微菴及青蔦岩石刻，在第一區白谷洞。（二）在縣城昭忠祠有明郝楚望黃鷹兔撲石。（三）縣城查冠五家，存有宋米芾所書碑石。（四）城關鄉之勉園及白谷洞，京觀鄉之觀音岩，風景均佳，可供遊覽。

　　天門　　（一）晉高僧支公祠，唐陸羽祠，均在城西西塔寺內，去年寺經水災，二祠冲荡無存。（二）走馬嶺在北門外，相傳高僧支遁試馬於此，得名。（三）五華山在皂市，上有明鍾惺讀書處。（四）史家嶺在乾驛北數里，岡陵起伏，河流交錯，名人墳墓，多卜葬於此，遠眺松石華巖等湖盡收眼底，風景極佳，又繞城東西兩湖亦爲納涼佳處。

　　沔陽　　（一）元妙觀在縣城東北隅，初爲陳友諒故宅，明洪武間改爲觀。（二）報恩寺在城治東隅，明洪武時建幷賜額，地如崇阜，高與城峙，可遠眺。（三）城北十里，有古城，爲陳友諒興兵處。（四）又東門外之蓮花池，新堤鎮之江峯閣，均堪遊賞。

　　潛江　　（一）俞潭城舊址在縣西四十里棠林岡處，傳爲關羽守南郡時築。（二）漢馬良墓在磚橋院，清乾隆時曾掘得隸書漢侍中馬良之墓七字石碣，或謂墓在馬氏宗祠左。

　　監利　　（一）楚伍員宅在縣西北，有倒插槐，傳爲員奔吳時所植。（二）明伍文定宅，在縣西關內，遺址猶存，又伍墓在縣南雲臺山。

　　石首　　（一）董王臺在縣北五十里，相傳董允與諸葛亮駐兵處。（二）繫馬臺在縣南八十里，相傳岳飛討楊么時在此繫馬。

　　公安　　（一）刴湖堤爲明袁宏道故里。（二）二區東岳廟有後漢劉璋墓。（三）三區楊家廟隔江之五彩洲，產卵石呈五彩，日晒洲上，燦爛炫目，爲本縣第一風景。

松滋　（一）射垛岩在縣治西南十五里，峙江中，相傳漢昭烈帝入蜀過此，戲射没羽，故名。（二）誥賜山在本縣西南八十里，相傳唐明皇過此，呼爲仙山，故又名誥賜。（三）縣城西街，有伍公亭，爲明伍忠襄公文定故宅，碣猶存，又東街，有登雲樓，明正嘉間建，今尚巍立。（四）風景佳者又有月嶺殘陽、江亭晚釣、萊洲霽月、靈濟曉鐘、劍峯丹鼎、樓雲龍窟、苦竹甘泉，一柱蓬萊諸勝。

枝江　（一）養由基射臺在縣東陳家渡。（二）楚懷王墓在縣東百里洲。

江陵　（一）絳帳臺在西南，即今子城鼓角樓之西，爲漢馬融授徒遺蹟。（二）縣北四十里紀山，有宣帝陵、愍懷太子、明帝陵諸勝諸蹟。（三）本縣寺觀甚多，皆堪遊覽。

荆門　（一）城區有宋陸文安公之講經台，隋文獻皇后之鳳凰台，智者禪師所修之東山塔，漢漢壽亭侯之望兵台，周老萊子之山莊諸蹟。（二）縣東南有內方山，三國時馬良讀書於此。（三）縣南有漢漢壽亭侯之掇刀石。（四）縣東北有東漢嚴子陵之客星井。（五）黄歇塚、羊角寺、長林故城、石聖山、磨劍石等，均著名古蹟。（六）仙居寺、上泉寺、文明湖、羅漢山、白雲樓、普惠洞、千佛洞，均爲本縣名勝。

宜城　（一）聖廟內有唐吳道子所繪孔子像碑。（二）杜康台在城內東北隅，傳爲杜康造酒處。（三）昭王墓在縣南十五里之故襄城地址，墓前穹碑尚矗立，字已残剥不辨，又有淳于髡墓、宋玉墓、黄憲墓、馬良墓等蹟。

棗陽　（一）漢世祖舊宅，在縣南四十里，地名白水村，又曰皇村，建有廟宇，祀世祖，及雲臺二十八將，現已傾祀。（二）縣北岑彭城已廢，惟彭墓尚在王菴村後。（三）石室在紫玉山上，俗傳復漢樊重母畏雷，重建室奉母處，頂有笑佛崖、黄龍潭諸勝。（四）仙人曬藥台及洗藥池在縣東北大阜山，俗傳陰長生採藥於此。（五）習洞在縣南青峯山下，崖石谽谺如屋，晉習鑿齒，嘗往來其地，故名。

襄陽　（一）文選樓在縣治南，梁昭明太子遺蹟，清前有南平樓、鎮南樓、昭明樓等稱，順治間改建爲明臺古高齋，今名文選樓。（二）諸葛亮舊居在縣西隆中山東。（三）縣治尚有龐德公宅、司馬徽宅、徐庶宅、龐統宅、蔡瑁宅等蹟，見通誌。（四）杜甫故里在縣城南，道旁有碑，又樊城西北有杜甫岡。

光化　（一）伍子胥故里，在四區富鄉村，距城三十里，有碑在城西關，蹟已漫滅，復刻者立於新光馬路旁，又漢南陽處士婁壽故里，碑記亦在是處。（二）城內漢鄧侯蕭何祠，西關外鄧禹祠，城東馬窟山宋歐陽修祠，均名蹟。（三）馬窟山、雲台山，風景亦可觀。

穀城　（一）張飛城在縣西南五里，相傳城係飛所築，址尚存。（二）金竹園在縣西南一百二十里，以產竹色皆金黃得名。

保康　（一）鐵佛寺在縣西二里，明弘治三年建，燬於匪，鑄像猶存，清同治三年重建。（二）湯陽觀在縣西三十里，舊名興隆觀，明正德六年建，清代增葺，觀側有湯泉，可以療疾。

南漳　（一）第一區玉溪山下白馬洞（又名水鏡莊）及附近珍珠泉，傳爲漢司馬德操棲隱處。（二）第五區抱璞岩，傳爲卞和泣玉處，卞和墓在第四區重陽坪旁。（三）徐庶故里距縣城約二里許之單家莊，現僅存破廟一所。

遠安　（一）縣西南五十里仙居洞，產竹葉作文如籀，俗傳鬼谷子遺蹟。（二）石馬槽在縣東三十里，蜀漢關羽屯兵，鑿石爲槽以飲馬，故名，回馬坡在羅漢峪，亦關侯遺蹟。

當陽　（一）城東五十里有麥城，位漳沮二水之間，與麥城對峙，有驢城及磨城，傳爲春秋時伍員所築，以攻麥城者。（二）官橋爲張翼德橫矛拒曹處。（三）玉陽山之仲宣樓、龍泉寺後之遠公洞、方山之唐介讀書臺，均屬縣治名蹟。（四）距城西五里有關陵，規模宏壯。（五）玉泉山高可九百丈，山有異氣，非烟非霧，錫名堆藍。（六）如翠寒山下之珍珠泉，城東之文峯塔，及翠蓋山、梳妝池、新闢之長板公園，均爲本邑勝景。

宜都　（一）吳相臺在縣南三里，吳相陸遜引兵屯此，因建，又有將軍臺亦遜建，在縣北五里沙灣村。

宜昌　（一）爾雅臺在縣治西北隅，臺前有明月池，傳爲晉郭璞註《爾雅》處。（二）孝子岩在大江對岸，有祠，祀漢姜詩，祠側之甘泉井，傳即詩妻龐氏汲泉得鯉處。（三）石門洞在西南四十里，廣約百餘丈，深約四十丈，高約十丈，可容千人。（四）三遊洞在縣西北十五里，濱大江之左，俯瞰下牢溪，洞形如覆篷，高六十餘尺，長十二丈餘，頂石乳下垂，扣之，聲如鐘，曰天鐘，以石頓地作鼓音曰地鼓，唐白居易偕弟行簡及元稹遊此，故名。（五）城東舊有東山寺，建於唐代，內有攬勝樓，歲久傾圮，近修闢爲東山公園。

興山　（一）漢王嬙即本邑人，見《清一统志》。（二）洗墨池在縣北二十里，爲宋奂狀元遺跡。

秭歸　縣東北數十里有屈原舊宅及田，雖町畦屢更，居民猶沿屈田舊稱（即玉米坵）。屈原墓即在縣東五里廟後。

長陽　（一）藏書洞在縣西北三十里，宋處士郭雍藏書處。（二）昌貴塔在縣東三里昌貴巖上，明時建。

五峯　（一）龍洞在縣城北五里。（二）距南關外三里，有興文塔、天生藤橋、白溢寨（即土司皇殿之故跡）、採花臺（長芳司所屬）等古蹟。（三）風景較著者，如城內之化橋觀圖、書院文興、隍廟曉鍾，城外之南坡煙雨、鰲州楠樹、紗帽晴嵐等。

鶴峯　無可敍述。

宣恩　（一）高羅附近之李溪鄉有太白祠，舊傳李白流夜郎時，謫居於此。（二）城西之雙龍洞，東鄉之仙女池及三區仙佛寺，風景均佳。

來鳳　（一）卯峝在縣南百二十里，穿巖成峝，深可四里許，林木四時蔥翠，中分正大二峝，大峝內有石磨龕棋杆香爐諸跡，正峝廣可半畝，多象形怪石，其下飛湍激越，不能逼視。（二）落印潭、三烈士墓、飛來閣、天然三塔，均爲本縣古蹟。

咸豐　（一）縣東北及西北數十里，有各土司故宅，唐崖桓侯廟內，存有石人石馬。傳爲明時土司所鎸，工極精巧。（二）韓信坡之淮陰樓在縣城西門外半里許，傳信亡楚歸漢時寓此。

利川　（一）碧雲庵在縣南坪十四保中壩屯龜山，有明嘉靖時鐘二，庵前溪繞岩立，庵後古松一柱，大可數圍，數百年物也。（二）法光寺在縣東一保覆虎山下，有洞，又名岩洞寺，洞口古柏四銀杏一，皆數百年物，清嘉慶初土人掘得銅佛八，高三尺，祀之寺中。

恩施　（一）巴蔓子墓，在城南三里許山中，墓前神道碑，今尚完好。（二）連珠塔在東城外五峯山，清道光年間建，臨流矗立，風景清麗。（三）問月亭在城西北角碧波山，相傳唐李太白謫居夜郎時，問月於此，民十八年燬於匪，故址改建碉堡。（四）城東十里有通天洞，內可容二三百人，有穴可仰望天光。（五）龍洞在城東十五里，每日子午兩時有暗流自洞出，洞外瀑布三疊，風景極佳。

建始　（一）城西南五里許，有朝陽觀，居於山巔，寺旁一洞，內刻蘇東坡、黃山谷二公遺蹟。（二）全縣風景，則有建陽翠黛、五洞通天、靈泉甘雨、兩溪春漲、當陽旭日、五花暮靄、望坪堰月、大石峯巒諸勝。

巴東　（一）縣府後山，有壽寧寺，傳爲唐尉遲敬德督修，碑記已模糊不辨，寺前半里許，有秋風亭，傳宋寇萊公宰巴時所建，亭後白鹿洞，亦寇公遷治時發見，洞內所存明時碑刻，已剝蝕不可讀。（二）距縣治三十里，有地名大礁石，臨流壁立，即巫峽峽門也。

房縣　（一）縣城之東，有周尹吉甫故里及墓。（二）漢孝子黃香墓，在城西附郭二里。（三）縣境萬山環抱，風景之區特多，最著者爲銀綫穿珠、宜陽曲水、溫泉蒸露、南枧晚霞、澈瀨晴雷、鳳岡凝秀、龍堰潛靈、仙池月滿、粉河種玉、西皋早稻諸勝。

均縣　本縣第一區武當鄉有武當山，風景最著，寺廟林立，古蹟尤多，每年朝山者，盛時逢數萬人，惜迭經匪亂，頹廢不堪。

鄖縣　（一）天馬山在城南里許，下臨漢江，傳有白馬夜出嚙禾，被逐投巖下江中，巖忽崩裂如劈，顯有天馬王三字，馬不復見，字跡隱約猶存。（二）漢王城在縣東北百二十里，相傳漢光武嘗屯兵於此。（三）觀音堂、極星塔、摘星坡、赤壁山、寶盖山、錫義山、白馬山、白龍山、八仙巖、上天梯、魚藏巖、龍虎石、溫如玉墓、濮王墓、春雪樓、烟雨亭均爲本縣著名之風景古蹟。

　　竹山　　（一）子房城在縣東南五十里，傳張良曾居此。（二）楚子墓在麻家渡玉皇閣，有古柏百餘株，舊傳春秋時楚子之上庸，卒即葬此。

　　竹谿　　（一）漂水巖在縣西四十里，巖間有洞，中列石牀石几。（二）白雲崖在縣東，有呂洞賓以劍題詩蹟。

　　鄖西　　（一）天池菴，距城南五里，建於明成化年，菴位山嶺，以山上天池得司①，相傳池水百年間均無盈竭，菴外松柏環繞，風景幽雅。（二）有懸鼓觀，在縣南五里，建於明之中葉，觀傍岩建築，岩腹啣石如鼓，故名，下有泉，宜煑茗，觀外樹圍水繞，爲避暑勝處。（三）縣北之黃山晚照、北隅耕烟、柳橋春渡，城西之韭岩新雨，城南之老人石峯，城東之激浪雷門等處，皆爲著名勝地。

---

　　①　疑爲“名”之誤。

氣　　象

壹、概　　說

　　湖北省居全國中部，而氣候變化獨劇，春秋兩季尚稱温暖，冬則嚴寒，夏尤酷熱。緣地勢東、西、北三面多山，中部低窪，形成盆地，東西兩面山脉較高，北面山脉獨低，易受沙漠寒流影響，故冬季朔風一起，温度突降，全年最低温度多在攝氏表零下 1—10 度（華氏表 30—14 度）之間。民國二十二年一月，漢口氣温竟降至攝氏表零下 10.5 度（華氏表 13.1 度），幾與寒帶氣候相埒。夏季温度多達攝氏表 40 度（華氏表 104 度）左右，氣温特高，炎暑如焚，益以地處内部，不能得海洋風之調劑，晝夜温度無甚差異，尤令人感覺不適。氣壓平均在 750—760 公厘間，尚属適中。雨量頗多，各縣全年雨量均在 500 公厘以上，而超過 1 000 公厘者又居多數，故頗適於耕種，六、七兩月降雨最多，尤以民國二十四年爲甚，同年七月三日至七日，五日之間，各地雨量大都超過平均全年總雨量百分之五十，言之實足驚人。每當雨季，因無大森林吸收雨量，而河身復不足容納，故沿江沿漢各地常患水災，而水災之後，賴以蓄水之池塘悉遭摧毀，故往往繼之以旱災，水旱循環，斯誠本省建設前途之最大障礙。觀最近五年災荒之統計，則自二十年大水之後，繼之有二十三年之大旱，至二十四年復罹水災，證以十年九災之諺，信属不誣。

　　本篇所載，爲一年來竭力搜集之材料統計而成。本省氣象紀録，歷史最久者爲漢口、宜昌兩海關，均有五十年以上之歷史，其次爲武漢大學測候所，已有三年半之紀録。再次爲全國經濟委員會江漢工程局所屬之各測候所，計二十四、二十五兩年先後成立者已達一十六所，散佈於全省適當之區域，洵爲研究全省氣象之最好工具，惜歷史過短，有一年以上之紀錄者，僅蘄春、江陵、襄陽、鄖縣等四測候所而已。中央近鑒氣象觀測之重要，新設武漢測候所于武昌，設備頗爲完全，除觀測武漢氣象外，並預報長江上下游水位，將來本省氣象觀測事業，必有長足之進步，可預卜也。

貳、溫　　度

一、民國十六年至二十五年漢口逐月溫度

單位：攝氏度

月別	數別	高低及總平均	十六年(1927)	十七年(1928)	十八年(1929)	十九年(1930)
全年	最高	41.0	37.2	38.3	37.2	38.3
	最低	−10.5	−2.8	−3.9	−5.6	−8.3
	平均	18.2	18.1	18.5	18.8	18.5
一	最高	17.2	13.9	12.2	17.2	10.0
	最低	−10.5	−2.8	−1.7	−3.9	−8.3
	平均	4.4	5.6	5.3	6.7	0.9
二	最高	25.6	12.2	25.6	17.8	20.6
	最低	−5.5	−2.8	−3.9	−5.0	1.1
	平均	7.8	4.7	10.9	6.4	10.9
三	最高	30.0	23.9	26.7	30.0	27.2
	最低	−5.0	−0.6	2.2	0.0	2.8
	平均	13.1	11.7	14.5	15.0	15.0

二十年 (1931)	二十一年 (1932)	二十二年 (1933)	二十三年 (1934)	二十四年 (1935)	二十五年 (1936)	數別
36.7	38.0	39.5	41.0	38.0	38.5	最高
−7.2	−5.0	−10.5	−4.0	−2.0	−5.5	最低
17.7	18.0	17.8	17.9	19.0	18.0	平均
13.3	16.0	14.0	11.5	12.0	12.5	最高
−7.2	−2.0	−10.5	−4.0	−2.0	−3.0	最低
3.1	7.0	1.8	3.8	5.0	4.8	平均
16.1	14.0	15.5	15.0	20.5	19.0	最高
−2.2	−2.0	−1.0	−0.2	0.0	−5.5	最低
7.0	6.0	7.3	7.4	10.3	6.8	平均
26.7	25.0	29.0	25.0	25.5	21.5	最高
2.2	−5.0	−2.0	1.0	0.5	−1.0	最低
14.5	10.0	13.5	13.0	13.0	10.3	平均

月別	數別	高低及總平均	十六年 （1927）	十七年 （1928）	十八年 （1929）	十九年 （1930）
四	最高	33.9	33.9	28.3	32.2	26.1
	最低	3.5	5.0	9.4	7.2	7.2
	平均	17.9	19.5	18.9	19.7	16.7
五	最高	35.6	35.6	33.9	33.3	33.3
	最低	11.0	13.9	12.2	16.7	15.0
	平均	23.3	24.8	23.1	25.0	24.2
六	最高	38.5	33.9	34.4	35.6	34.4
	最低	17.2	17.2	18.3	21.1	20.0
	平均	27.1	25.6	26.4	28.4	27.2
七	最高	41.0	37.2	38.3	36.1	38.3
	最低	19.0	22.2	24.4	22.8	25.6
	平均	30.0	29.7	31.4	29.5	32.0
八	最高	39.5	35.6	36.7	37.2	38.3
	最低	19.4	19.4	20.0	23.9	19.4
	平均	29.7	27.5	28.4	30.6	28.9

續表

二十年 (1931)	二十一年 (1932)	二十二年 (1933)	二十三年 (1934)	二十四年 (1935)	二十五年 (1936)	數別
30.6	29.0	29.5	24.0	28.0	31.5	最高
8.3	5.0	6.0	3.5	8.0	5.0	最低
19.5	17.0	17.8	13.8	18.0	18.3	平均
31.7	31.5	30.5	33.0	35.0	31.5	最高
12.8	11.0	11.5	15.0	14.5	14.0	最低
22.3	21.3	21.0	24.0	24.8	22.8	平均
36.1	33.0	35.0	37.0	37.0	38.5	最高
21.1	18.0	17.5	17.5	17.5	18.0	最低
28.6	25.5	26.3	27.3	27.3	28.3	平均
36.7	37.0	37.5	41.0	37.5	38.5	最高
21.1	23.0	23.0	25.0	20.5	19.0	最低
28.9	30.0	30.3	33.0	29.0	28.8	平均
36.1	38.0	39.5	39.5	38.0	37.0	最高
23.3	20.5	23.0	21.0	24.5	22.0	最低
29.7	29.3	31.3	30.3	31.3	29.5	平均

月別	數別	高低及總平均	十六年 （1927）	十七年 （1928）	十八年 （1929）	十九年 （1930）
九	最高	37.0	32.8	35.6	32.8	34.4
	最低	12.8	15.6	13.9	16.7	13.9
	平均	24.9	24.2	24.8	24.8	24.2
十	最高	32.2	32.2	27.8	26.7	27.8
	最低	6.1	6.1	8.3	11.1	12.8
	平均	19.0	19.2	18.1	18.9	20.3
十一	最高	26.0	25.6	22.2	20.0	20.6
	最低	0.0	5.6	4.4	4.4	5.6
	平均	13.1	15.6	13.3	12.2	13.1
十二	最高	22.0	18.3	14.4	21.7	17.2
	最低	−5.6	0.0	−1.1	−5.6	−1.1
	平均	8.2	9.2	6.7	8.1	8.1

附註：一、本表材料係由江漢關記載之華氏度換算爲攝氏度。

二、最高最低係絶對數，各月平均係高低兩數之平均，全年平均及總平均係各平均數之平均。

續表

二十年 (1931)	二十一年 (1932)	二十二年 (1933)	二十三年 (1934)	二十四年 (1935)	二十五年 (1936)	數別
31.1	33.0	34.0	34.5	36.0	37.0	最高
12.8	17.5	16.0	16.5	16.5	17.0	最低
22.0	25.3	25.0	25.5	26.3	27.0	平均
28.9	28.0	23.0	26.0	28.0	29.0	最高
11.1	10.0	9.0	9.0	14.0	10.5	最低
20.0	19.0	16.0	17.5	21.0	19.8	平均
22.2	25.0	21.5	20.0	26.0	21.0	最高
0.0	3.5	3.5	4.0	4.0	3.0	最低
11.1	14.3	12.5	12.0	15.0	12.0	平均
13.9	22.0	17.0	16.0	15.0	16.0	最高
−1.7	0.0	5.0	−1.0	−1.5	−0.5	最低
6.1	11.0	11.0	7.5	6.8	7.8	平均

二、民國十五年至二十四年宜昌逐月温度

單位：攝氏度

月別	數別	高低及總平均	十五年 (1926)	十六年 (1927)	十七年 (1928)	十八年 (1929)
全年	最高	40.0	38.9	37.2	39.4	38.9
	最低	−6.7	−1.7	−3.3	−2.2	−3.3
	平均	18.8	19.0	18.7	20.0	19.4
一	最高	19.5	17.2	14.4	14.4	16.7
	最低	−6.7	−0.6	−3.3	−1.7	−2.8
	平均	6.0	8.3	5.6	6.4	7.0
二	最高	25.6	16.1	15.0	25.6	22.8
	最低	−2.2	−1.1	0.0	−2.2	−1.7
	平均	9.1	7.5	7.5	11.7	10.6
三	最高	32.8	27.2	23.3	27.2	31.1
	最低	−1.5	3.9	2.8	3.9	0.6
	平均	14.9	15.6	13.1	15.6	15.9
四	最高	35.6	31.1	35.6	35.6	35.0
	最低	5.0	8.9	6.7	8.9	9.4
	平均	19.7	20.0	21.2	22.3	22.2

十九年 (1930)	二十年 (1931)	二十一年 (1932)	二十二年 (1933)	二十三年 (1934)	二十四年 (1935)	數別
40.0	36.7	39.0	38.5	39.0	37.5	最高
−6.7	−6.7	−2.0	−6.0	−2.0	−2.5	最低
18.6	17.4	18.9	18.7	18.7	18.5	平均
14.4	15.6	19.5	17.0	13.0	12.5	最高
−6.7	−6.7	−2.0	−6.0	−2.0	−2.0	最低
3.9	4.5	8.8	5.5	5.5	5.3	平均
21.7	17.8	18.0	20.0	17.0	19.0	最高
−1.1	−1.7	−2.0	−2.0	1.0	0.0	最低
10.3	8.1	8.0	9.0	9.0	9.5	平均
27.2	32.8	27.0	30.0	26.0	28.5	最高
1.7	0.6	2.0	−1.5	2.0	1.0	最低
14.5	16.7	14.5	14.3	14.0	14.8	平均
28.9	28.9	31.5	32.0	27.0	31.0	最高
7.2	8.9	6.0	7.0	5.0	8.0	最低
18.1	18.9	18.8	19.5	16.0	19.5	平均

月別	數別	高低及總平均	十五年 （1926）	十六年 （1927）	十七年 （1928）	十八年 （1929）
五	最高	36.5	33.9	35.6	36.1	35.0
	最低	7.2	13.9	7.2	14.4	15.6
	平均	23.5	23.9	21.4	25.3	25.3
六	最高	36.7	35.6	33.9	36.7	36.1
	最低	15.0	16.7	19.4	18.9	21.1
	平均	26.7	26.2	26.7	27.8	28.6
七	最高	40.0	37.2	37.2	39.4	37.8
	最低	19.4	19.4	22.8	21.1	21.7
	平均	29.9	28.3	30.0	30.3	29.8
八	最高	39.0	38.9	37.2	38.3	38.9
	最低	18.9	22.2	21.7	21.1	22.2
	平均	29.6	30.6	29.5	29.7	30.6
九	最高	37.0	36.1	33.9	37.8	33.9
	最低	13.3	16.1	15.0	15.0	15.6
	平均	24.9	26.1	24.5	26.4	24.8

續表

十九年 (1930)	二十年 (1931)	二十一年 (1932)	二十二年 (1933)	二十三年 (1934)	二十四年 (1935)	數別
33.9	32.8	35.0	32.5	33.0	36.5	最高
13.3	12.8	14.0	10.5	12.0	12.0	最低
23.6	22.8	24.5	21.5	22.5	24.3	平均
33.3	36.7	34.0	35.0	35.0	34.5	最高
18.3	18.9	17.5	19.0	15.5	15.0	最低
25.8	27.8	25.8	27.0	25.3	24.8	平均
40.0	36.1	38.0	38.5	39.0	37.5	最高
23.9	20.1	23.0	22.0	22.0	20.0	最低
32.0	28.1	30.5	30.3	30.5	28.8	平均
37.2	36.1	39.0	38.0	38.0	37.0	最高
18.9	22.2	19.5	21.0	21.0	22.5	最低
28.1	29.2	29.3	29.5	29.5	29.8	平均
33.3	33.9	31.5	35.0	34.0	37.0	最高
13.9	13.3	15.5	16.5	17.0	14.0	最低
23.6	23.6	23.5	25.8	25.5	25.5	平均

月別	數別	高低及總平均	十五年 (1926)	十六年 (1927)	十七年 (1928)	十八年 (1929)
十	最高	34.4	26.7	30.6	34.4	27.8
	最低	8.5	10.0	9.4	12.2	10.0
	平均	20.7	18.4	20.0	23.3	18.9
十一	最高	26.1	23.3	26.1	24.4	21.1
	最低	2.2	5.6	2.8	4.4	4.4
	平均	13.6	14.5	14.5	14.4	12.8
十二	最高	19.5	18.3	19.4	14.4	17.2
	最低	−3.9	−1.7	1.1	0.0	−3.3
	平均	8.1	8.3	10.3	7.2	7.0

附註：一、本表材料係由宜昌關記載之華氏度換算爲攝氏度。

二、最高最低係絕對數，各月平均係高低兩數之平均，全年平均及總平均係各平均數之
平均。

續表

十九年 (1930)	二十年 (1931)	二十一年 (1932)	二十二年 (1933)	二十三年 (1934)	二十四年 (1935)	數別
28.3	31.7	29.0	26.5	25.5	29.0	最高
12.2	8.9	11.0	9.0	8.5	13.0	最低
20.3	20.3	20.0	17.8	27.0	21.0	平均
22.2	25.1	25.5	22.0	20.0	20.0	最高
6.1	2.2	2.5	6.0	3.5	4.0	最低
14.2	13.7	14.0	14.0	11.8	12.0	平均
16.7	15.0	18.0	19.5	16.5	15.0	最高
0.6	−3.9	0.0	2.0	−0.5	−2.5	最低
8.7	5.6	9.0	10.8	8.0	6.3	平均

三、民國二十三年至二十五年武昌逐月溫度

單位：攝氏度

月別	數別	高低及總平均	二十三年（1934）	二十四年（1935）	二十四年（1936）
全年	最高	40.1	40.1	37.2	37.2
	最低	−5.2	−4.5	−3.5	−5.2
	平均	17.3	17.2	17.5	17.1
一	最高	12.6	12.6	12.1	12.5
	最低	−5.2	−4.5	−2.8	−5.2
	平均	3.1	2.5	3.8	3.1
二	最高	18.9	15.6	18.9	18.3
	最低	−3.6	−2.8	−0.6	−3.6
	平均	6.0	6.4	7.2	4.3
三	最高	26.1	25.4	26.1	20.5
	最低	−2.4	0.1	0.1	−2.4
	平均	10.9	10.8	13.9	8.1

續表

月別	數別	高低及 總平均	二十三年 (1934)	二十四年 (1935)	二十四年 (1936)
四	最高	30.5	25.8	27.5	30.5
四	最低	2.9	2.9	7.8	6.0
四	平均	15.7	14.6	16.0	16.4
五	最高	34.0	33.4	34.0	31.0
五	最低	13.6	13.8	13.6	13.6
五	平均	22.7	23.9	22.6	21.7
六	最高	37.1	35.8	34.3	37.1
六	最低	15.8	15.8	17.6	16.6
六	平均	25.9	23.9	25.9	27.7
七	最高	39.8	39.8	37.2	36.4
七	最低	18.7	23.6	19.7	18.7
七	平均	30.1	32.8	29.5	27.9
八	最高	40.1	40.1	36.9	35.3
八	最低	20.5	20.5	24.5	20.7
八	平均	29.9	30.9	30.5	28.4

續表

月別	數別	高低及總平均	二十三年（1934）	二十四年（1935）	二十四年（1936）
九	最高	37.2	34.4	36.7	37.2
	最低	14.5	14.5	15.5	15.2
	平均	25.4	24.6	25.5	26.4
十	最高	30.2	26.9	28.2	30.2
	最低	7.1	7.1	13.0	9.4
	平均	19.6	16.6	20.3	22.0
十一	最高	26.4	25.3	26.4	22.4
	最低	0.6	0.6	3.4	1.1
	平均	12.3	11.7	11.3	13.8
十二	最高	17.7	17.7	15.5	16.3
	最低	−3.5	−1.1	−3.5	−1.1
	平均	5.4	7.2	3.5	5.5

附註：一、本表材料根據武漢大學測候所編製之氣象綱要。

二、最高最低係絕對數，各月平均係全月之平均，全年平均及總平均係各平均數之平均。

四、民國二十五年各地逐月温度

單位：攝氏度

月別	數別	蘄春	江陵	襄阳	鄖縣
全年	最高	39.8	38.6	40.9	43.0
	最低	−5.1	−4.0	−6.8	−6.4
	平均	16.7	16.3	15.5	16.4
一	最高	15.6	14.6	15.4	17.8
	最低	−5.1	−4.0	−6.8	−6.4
	平均	2.6	3.0	0.8	2.1
二	最高	19.1	20.4	22.1	23.5
	最低	−2.2	−3.6	−6.2	−3.1
	平均	3.7	3.6	2.8	4.0
三	最高	22.4	23.8	27.4	28.2
	最低	−1.7	−1.5	−3.1	−2.0
	平均	7.5	7.0	7.0	7.7

續表

月別	數別	蘄春	江陵	襄阳	鄖縣
四	最高	29.9	31.4	33.6	35.7
	最低	7.3	5.2	4.4	4.8
	平均	16.0	15.8	15.6	16.7
五	最高	32.8	36.7	34.9	34.5
	最低	14.9	12.8	10.8	10.7
	平均	21.8	21.4	20.4	21.3
六	最高	39.8	38.0	39.9	41.3
	最低	18.2	15.5	14.1	15.2
	平均	27.8	27.3	26.7	28.0
七	最高	39.8	38.6	40.6	43.0
	最低	18.4	19.0	19.8	18.5
	平均	28.4	27.9	27.4	28.9
八	最高	36.7	38.2	40.7	42.2
	最低	20.9	20.4	19.5	19.0
	平均	28.4	27.7	26.5	27.2

月別	數別	蘄春	江陵	襄陽	鄖縣
九	最高	37.5	37.2	40.9	40.5
	最低	14.2	10.6	12.6	15.0
	平均	26.1	25.0	24.2	24.8
十	最高	32.3	32.4	33.4	33.0
	最低	10.7	6.4	6.5	8.0
	平均	20.8	19.8	18.9	19.4
十一	最高	24.3	23.4	24.6	24.6
	最低	1.4	−3.0	−2.2	−2.7
	平均	12.3	11.8	11.3	11.6
十二	最高	16.4	16.8	16:5	17.5
	最低	−0.5	−3.8	−3.4	−3.1
	平均	5.3	5.5	4.2	4.8

附註：一、本表材料根據江漢工程局各測候所之記載。

　　　二、最高最低係絕對數，平均係全月或全年之平均。

叁、氣　　壓

一、民國十六年至二十五年漢口逐月氣壓

單位：公厘

月別	數別	高低及總平均	十六年 （1927）	十七年 （1928）	十八年 （1929）	十九年 （1930）
全年	最高	863.00	779.73	779.34	783.34	830.07
	最低	736.96	746.91	749.76	737.36	736.96
	平均	763.59	762.17	762.35	762.89	764.77
一	最高	787.00	777.95	779.78	779.93	786.69
	最低	737.36	754.94	758.65	737.36	764.54
	平均	769.77	766.45	769.22	758.65	775.62
二	最高	863.00	778.71	778.61	777.14	778.61
	最低	747.27	760.22	756.92	757.89	751.43
	平均	771.77	769.47	767.77	767.52	765.02
三	最高	778.61	774.09	773.43	778.61	776.99
	最低	749.76	753.77	749.76	751.84	754.89
	平均	765.33	763.93	761.60	765.23	765.94

二十年 (1931)	二十一年 (1932)	二十二年 (1933)	二十三年 (1934)	二十四年 (1935)	二十五年 (1936)	數別
863.00	783.90	787.00	782.00	781.20	781.00	最高
742.19	745.10	748.80	749.60	747.40	750.00	最低
765.83	763.51	763.38	764.85	762.42	763.72	平均
784.25	783.90	787.00	782.00	779.90	781.00	最高
742.19	760.30	765.00	765.00	760.90	764.00	最低
763.22	772.10	776.00	773.50	770.40	772.50	平均
863.00	778.30	773.70	779.00	775.80	776.10	最高
747.27	760.30	760.80	763.00	761.30	757.30	最低
805.14	769.30	767.25	771.00	768.55	766.70	平均
775.72	777.30	778.10	776.70	776.40	777.90	最高
754.23	752.70	754.20	755.40	752.80	761.70	最低
764.98	765.00	766.15	766.05	764.60	769.80	平均

月別	數別	高低及總平均	十六年 (1927)	十七年 (1928)	十八年 (1929)	十九年 (1930)
四	最高	774.80	770.69	769.42	774.80	770.48
	最低	746.76	749.96	753.11	755.14	746.76
	平均	761.13	760.33	761.27	764.97	758.62
五	最高	772.16	763.52	765.61	764.74	772.16
	最低	745.10	753.16	750.52	752.86	751.84
	平均	759.37	758.34	758.07	758.80	762.00
六	最高	762.77	760.43	761.19	759.31	762.25
	最低	747.78	749.30	750.06	749.55	750.72
	平均	755.33	754.87	755.63	754.43	756.49
七	最高	763.80	758.24	759.51	758.75	761.29
	最低	746.91	746.91	750.57	747.93	747.93
	平均	754.58	752.58	755.04	753.34	754.61
八	最高	766.20	759.76	761.09	759.87	765.56
	最低	747.40	750.93	750.37	749.25	749.30
	平均	755.97	755.33	755.73	754.56	757.43

續表

二十年 (1931)	二十一年 (1932)	二十二年 (1933)	二十三年 (1934)	二十四年 (1935)	二十五年 (1936)	數別
769.11	767.50	768.50	774.50	770.30	771.70	最高
751.79	753.35	750.50	752.70	752.00	750.30	最低
760.45	760.43	759.50	763.60	761.15	761.00	平均
766.52	769.00	771.80	768.70	767.00	767.20	最高
752.40	745.10	752.20	750.30	751.30	751.50	最低
759.46	757.05	762.00	759.50	759.15	759.35	平均
760.37	761.40	760.20	762.70	761.50	760.00	最高
747.78	750.00	748.80	751.40	748.00	751.60	最低
754.08	755.70	754.50	757.05	754.75	755.80	平均
759.71	759.00	759.20	763.80	761.50	759.50	最高
749.30	750.00	750.50	749.60	748.80	750.00	最低
754.51	754.50	754.85	756.70	754.90	754.75	平均
760.78	763.50	761.10	766.20	761.20	761.00	最高
748.54	749.80	749.80	752.50	747.40	751.50	最低
754.66	756.65	755.45	759.35	754.30	756.25	平均

月別	數別	高低及總平均	十六年 (1927)	十七年 (1928)	十八年 (1929)	十九年 (1930)
九	最高	783.34	767.79	768.86	783.34	770.13
	最低	752.09	752.09	754.28	756.62	758.19
	平均	762.45	759.94	761.57	769.98	764.16
十	最高	777.60	776.73	774.85	772.52	770.53
	最低	736.96	756.21	759.31	761.19	736.96
	平均	765.27	766.47	767.08	766.86	753.75
十一	最高	781.66	776.94	777.34	777.24	779.22
	最低	757.38	762.00	760.73	763.07	757.38
	平均	769.10	769.47	764.03	770.16	768.30
十二	最高	830.07	779.73	757.60	781.30	830.07
	最低	756.80	757.89	764.69	759.16	760.48
	平均	772.98	768.81	771.15	770.23	795.28

附註：一、本表材料係由江漢關記載之英寸數換算爲公厘數。

二、最高最低係絕對數，各月平均係高低兩數之平均，全年平均及總平均係各平均數之平均。

續表

二十年 (1931)	二十一年 (1932)	二十二年 (1933)	二十三年 (1934)	二十四年 (1935)	二十五年 (1936)	數別
771.09	766.20	766.10	766.60	771.60	767.20	最高
753.06	756.50	755.80	754.20	754.20	755.20	最低
762.08	761.35	760.95	760.40	762.90	761.20	平均
775.82	771.80	774.80	777.60	767.90	777.10	最高
758.70	760.00	757.90	761.50	754.00	760.00	最低
767.26	765.90	766.35	769.55	760.95	768.55	平均
781.66	779.00	776.80	777.80	778.20	776.70	最高
761.44	760.80	763.20	763.00	758.50	761.00	最低
771.55	769.90	770.00	770.40	768.35	768.85	平均
784.76	783.50	775.30	780.30	781.20	778.30	最高
760.48	765.00	759.70	761.80	756.80	761.50	最低
772.62	774.25	767.50	771.05	769.00	769.90	平均

二、民國十五年至二十四年宜昌逐月氣壓

單位：公厘

月別	數別	高低及總平均	十五年 (1926)	十六年 (1927)	十七年 (1928)	十八年 (1929)
全年	最高	783.59	783.59	767.38	762.25	766.22
	最低	703.83	703.83	733.55	730.76	728.98
	平均	753.11	748.42	748.23	747.98	748.20
一	最高	782.70	767.74	767.38	762.25	761.90
	最低	733.76	733.76	746.66	742.34	744.27
	平均	758.94	750.75	757.02	752.30	753.09
二	最高	775.30	762.00	763.78	759.97	760.68
	最低	734.97	734.97	748.03	740.66	742.54
	平均	756.47	748.49	755.91	750.32	751.61
三	最高	774.90	760.98	759.46	755.90	764.54
	最低	734.82	734.82	739.95	736.60	736.60
	平均	755.03	747.90	749.71	746.25	750.57
四	最高	772.20	763.27	755.65	758.24	758.19
	最低	732.03	736.60	738.17	735.38	741.17
	平均	751.93	749.94	746.91	746.81	749.68

十九年 （1930）	二十年 （1931）	二十一年 （1932）	二十二年 （1933）	二十三年 （1934）	二十四年 （1935）	數別
768.60	767.33	778.70	782.70	777.10	778.30	最高
732.03	733.04	742.90	747.80	748.40	746.80	最低
747.52	748.21	759.40	760.46	762.83	759.84	平均
768.60	766.11	770.70	782.70	777.40	774.30	最高
747.01	742.75	743.30	760.50	762.20	756.80	最低
757.81	754.43	757.00	771.60	769.80	765.55	平均
761.64	760.98	775.30	770.30	775.10	773.00	最高
735.23	739.14	754.50	758.50	758.00	755.00	最低
748.44	750.06	764.90	764.40	766.55	764.00	平均
760.73	759.10	773.40	774.90	772.50	769.60	最高
740.21	738.23	752.00	749.80	771.00	750.20	最低
750.47	748.67	762.70	762.35	771.75	759.90	平均
754.13	756.16	768.80	764.50	772.20	765.70	最高
732.03	738.23	749.10	748.00	751.50	751.50	最低
743.08	747.20	758.95	756.25	761.85	758.60	平均

月別	數別	高低及總平均	十五年 (1926)	十六年 (1927)	十七年 (1928)	十八年 (1929)
五	最高	769.80	739.14	750.82	759.97	750.82
	最低	727.71	727.71	737.87	730.76	737.36
	平均	748.31	733.43	744.35	745.37	744.09
六	最高	768.60	732.13	754.38	748.59	745.29
	最低	715.47	715.47	734.57	735.48	734.97
	平均	744.90	723.80	744.48	742.04	740.13
七	最高	761.59	716.74	742.95	744.63	761.59
	最低	703.83	703.83	733.55	736.09	728.98
	平均	742.21	710.29	738.25	740.36	745.29
八	最高	761.90	761.24	742.44	748.74	746.40
	最低	733.70	748.13	736.50	736.75	733.70
	平均	747.82	754.69	739.47	742.75	740.05
九	最高	781.20	781.20	760.73	758.24	753.92
	最低	736.60	751.43	736.60	739.55	741.93
	平均	754.60	766.32	748.67	748.89	747.93

續表

十九年 (1930)	二十年 (1931)	二十一年 (1932)	二十二年 (1933)	二十三年 (1934)	二十四年 (1935)	數別
749.71	753.11	761.50	769.80	764.70	765.50	最高
736.60	737.87	742.90	750.40	750.80	748.80	最低
743.15	745.49	752.20	760.10	757.75	757.15	平均
746.86	746.51	758.00	756.90	768.60	759.50	最高
736.04	733.04	748.50	747.80	748.40	747.00	最低
741.45	739.78	753.25	752.35	758.50	753.25	平均
742.95	748.84	755.50	756.40	758.50	756.50	最高
732.03	735.08	747.50	747.80	748.00	746.80	最低
737.49	741.96	751.50	752.10	753.25	751.65	平均
750.06	746.40	761.90	758.30	760.00	759.50	最高
734.16	735.33	748.10	750.20	750.80	747.70	最低
742.11	740.87	755.00	754.25	755.40	753.60	平均
756.16	755.50	764.40	764.00	763.00	768.10	最高
743.71	741.22	754.50	752.00	752.50	753.30	最低
749.94	748.36	759.45	758.00	757.75	760.70	平均

月別	數別	高低及總平均	十五年 (1926)	十六年 (1927)	十七年 (1928)	十八年 (1929)
十	最高	774.00	770.89	759.97	760.53	756.87
	最低	740.66	754.38	740.66	742.24	745.44
	平均	757.39	762.64	750.32	751.39	751.16
十一	最高	774.80	771.30	759.46	762.25	763.22
	最低	742.19	755.65	745.49	744.93	742.19
	平均	759.18	763.48	752.48	753.59	752.71
十二	最高	783.59	783.59	762.00	762.00	766.22
	最低	737.92	755.02	740.41	749.30	737.92
	平均	760.52	769.31	751.21	755.65	752.07

附註：一、本表材料係由宜昌關記載之英寸換算爲公厘數。

二、最高最低係絕對數，各月平均係高低兩數之平均，全年平均及總平均係各平均數之平均。

續表

十九年 (1930)	二十年 (1931)	二十一年 (1932)	二十二年 (1933)	二十三年 (1934)	二十四年 (1935)	數別
756.51	759.82	769.00	772.00	774.00	768.40	最高
743.20	743.25	757.00	755.40	760.30	757.80	最低
749.86	751.54	763.00	763.70	767.15	763.10	平均
763.27	761.75	772.70	774.80	773.50	773.80	最高
742.80	745.85	756.90	759.20	759.50	755.00	最低
753.04	753.80	764.80	767.00	766.50	764.40	平均
762.76	767.33	778.70	770.80	776.60	778.30	最高
743.97	745.39	761.30	756.00	758.80	754.00	最低
753.37	756.36	770.00	763.40	767.70	766.15	平均

三、民國二十三年至二十五年武昌逐月氣壓

單位：公厘

月別	數別	高低及總平均	二十三年(1934)	二十四年(1935)	二十五年(1936)
全年	最高	781.08	781.08	775.23	774.62
	最低	739.15	746.12	739.15	741.91
	平均	758.08	761.35	756.18	756.69
一	最高	781.08	781.08	772.16	774.62
	最低	755.73	762.51	755.73	757.90
	平均	767.04	771.30	764.72	765.10
二	最高	776.59	776.59	769.88	770.37
	最低	751.01	761.08	756.44	751.01
	平均	763.68	767.83	761.99	761.22
三	最高	773.78	773.78	767.38	771.61
	最低	747.21	752.67	747.21	755.81
	平均	761.41	763.03	757.80	763.41
四	最高	772.31	772.31	763.43	764.51
	最低	743.25	750.52	747.36	743.25
	平均	756.65	760.54	755.29	754.12
五	最高	765.70	765.70	760.00	760.05
	最低	744.01	749.53	744.01	744.51
	平均	753.62	755.61	752.36	752.88

續表

月別	數別	高低及總平均	二十三年 （1934）	二十四年 （1935）	二十五年 （1936）
六	最高	759.61	759.61	754.20	752.52
	最低	740.63	747.72	740.63	744.88
	平均	750.02	753.51	748.20	748.36
七	最高	759.35	759.35	752.39	751.79
	最低	741.10	746.12	741.10	741.91
	平均	748.43	751.46	746.55	747.27
八	最高	759.98	759.98	753.26	752.70
	最低	739.15	749.43	739.15	743.82
	平均	750.37	754.02	747.98	749.11
九	最高	764.01	763.39	764.01	760.16
	最低	746.52	749.60	746.52	747.00
	平均	754.79	757.15	753.68	753.55
十	最高	774.80	774.80	761.17	767.03
	最低	751.63	758.78	751.63	753.54
	平均	760.63	766.04	757.15	758.70
十一	最高	775.24	775.24	769.27	769.44
	最低	751.60	759.48	751.60	754.34
	平均	763.83	767.13	762.16	762.20
十二	最高	778.50	778.50	775.23	771.00
	最低	749.85	759.72	749.85	754.98
	平均	766.45	768.63	766.32	764.40

附註：一、本表材料根據武漢大學測候所編製之氣象綱要。

二、最高最低係絕對數，各月平均係全月之平均，全年平均及總平均係各平均數之平均。

肆、雨量及降雨日數

一、民國十六年至二十五年漢口逐月雨量及降雨日數

月別	數別	平均	十六年 （1927）	十七年 （1928）	十八年 （1929）	十九年 （1930）
全年	公厘	1 272.82	1 541.76	1 143.51	1 199.30	1 199.41
	日	109	117	96	113	104
一	公厘	65.04	315.21	41.15	115.57	0
	日	8.5	10	10	12	1
二	公厘	57.95	47.24	24.38	28.96	39.37
	日	9.2	15	3	7	4
三	公厘	73.31	55.12	93.73	73.41	107.19
	日	8.5	14	8	7	10
四	公厘	148.70	142.75	152.40	48.26	206.76
	日	12	11	12	6	17
五	公厘	173.89	47.50	118.87	117.76	137.41
	日	11.5	6	8	10	7

二十年 (1931)	二十一年 (1932)	二十二年 (1933)	二十三年 (1934)	二十四年 (1935)	二十五年 (1936)	數別
1 446.30	1 230.30	1 417.10	1 014.80	1 501.97	1 033.70	公厘
105	97	122	103	127	106	日
38.73	47.00	33.70	17.00	31.10	10.90	公厘
11	9	13	5	9	5	日
114.55	33.00	38.80	61.70	110.70	80.80	公厘
13	8	8	9	13	12	日
71.63	37.00	52.30	75.30	102.80	64.60	公厘
6	5	10	7	10	8	日
176.28	78.50	169.80	186.10	68.40	257.70	公厘
10	5	14	14	14	17	日
215.39	393.40	214.70	191.80	233.10	69.00	公厘
14	20	12	13	13	12	日

月別	數別	平均	十六年 (1927)	十七年 (1928)	十八年 (1929)	十九年 (1930)
六	公厘	204.57	198.12	308.10	178.05	217.93
	日	10.6	13	12	8	13
七	公厘	169.69	319.53	73.41	125.73	3.56
	日	7.8	12	7	10	2
八	公厘	138.33	179.82	35.31	233.43	265.18
	日	8	11	4	11	17
九	公厘	87.87	161.29	90.42	128.78	68.33
	日	8.3	10	7	13	11
十	公厘	67.07	51.56	16.51	77.47	78.49
	日	7.7	6	6	11	6
十一	公厘	39.86	7.11	140.97	10.92	42.42
	日	7.8	3	9	4	7
十二	公厘	46.54	16.51	48.26	60.96	32.77
	日	9.1	6	10	14	9

附註：本表材料根據江漢關之記載，雨量欄原係英寸數經換算爲公厘數。

續表

二十年 (1931)	二十一年 (1932)	二十二年 (1933)	二十三年 (1934)	二十四年 (1935)	二十五年 (1936)	數別
122.17	176.30	189.10	76.90	471.80	107.20	公厘
7	10	14	9	12	8	日
563.37	76.60	161.20	14.10	110.20	249.20	公厘
17	5	6	0	7	12	日
27.94	248.90	208.50	72.70	56.15	55.40	公厘
4	11	5	4	5	8	日
53.50	61.40	80.50	131.20	73.42	29.90	公厘
6	7	7	10	9	3	日
1.27	11.30	175.70	114.40	142.90	1.10	公厘
1	4	15	13	14	1	日
21.34	5.70	60.40	24.50	63.10	22.10	公厘
8	5	10	8	16	8	日
40.13	61.20	32.40	49.10	38.30	85.80	公厘
8	8	8	11	5	12	日

二、民國十五年至二十四年宜昌逐月雨量及降雨日數

月別	數別	平均	十五年 （1926）	十六年 （1927）	十七年 （1928）	十八年 （1929）
全年	公厘	1 355.81	929.89	1 146.87	761.65	1 944.63
	日	72.3	103	80	79	61
一	公厘	31.91	38.35	33.54	34.29	58.17
	日	4.8	7	5	7	2
二	公厘	35.59	34.29	26.92	12.45	10.41
	日	4.7	6	9	2	1
三	公厘	42.50	43.69	55.88	40.89	20.32
	日	5.7	10	8	8	4
四	公厘	108.91	64.77	178.82	117.76	86.87
	日	7.1	9	8	6	6
五	公厘	144.48	153.92	98.30	24.38	112.27
	日	6.9	9	6	5	8
六	公厘	186.20	19.56	244.35	128.27	222.25
	日	7.9	4	10	10	6

十九年 (1930)	二十年 (1931)	二十一年 (1932)	二十二年 (1933)	二十三年 (1934)	二十四年 (1935)	數別
1 285. 22	1 559. 56	1 231. 10	1 525. 70	1 337. 90	1 835. 60	公厘
71	65	66	83	55	60	日
1. 52	5. 59	87. 10	12. 60	24. 50	22. 40	公厘
0	3	9	6	5	4	日
33. 02	52. 58	68. 30	11. 00	46. 50	60. 40	公厘
4	7	5	5	3	5	日
60. 45	54. 86	34. 70	14. 10	49. 40	50. 70	公厘
6	5	3	4	5	4	日
134. 87	114. 05	103. 00	101. 70	136. 80	50. 50	公厘
10	5	6	11	6	4	日
55. 37	221. 23	202. 70	275. 30	195. 10	106. 20	公厘
4	8	10	12	3	4	日
295. 15	248. 92	186. 10	203. 50	145. 60	168. 30	公厘
14	9	8	8	4	6	日

月別	數別	平均	十五年 (1926)	十六年 (1927)	十七年 (1928)	十八年 (1929)
七	公厘	270.60	220.22	187.20	124.46	160.27
	日	6.5	11	7	12	6
八	公厘	220.26	141.22	111.76	138.43	231.65
	日	6.2	10	7	9	4
九	公厘	121.41	91.95	140.77	64.26	169.42
	日	6.9	7	8	5	11
十	公厘	134.14	55.63	56.90	20.83	797.56
	日	5.8	10	5	5	7
十一	公厘	30.90	41.91	6.60	29.72	8.13
	日	4.9	11	5	4	0
十二	公厘	28.91	24.38	4.83	25.91	67.31
	日	4.9	9	2	6	6

附註：本表材料根據宜昌關之記載，雨量欄原係英寸數經換算爲公厘數。

續表

十九年 (1930)	二十年 (1931)	二十一年 (1932)	二十二年 (1933)	二十三年 (1934)	二十四年 (1935)	數別
12.95	355.60	75.60	350.80	179.30	1 039.60	公厘
1	8	4	5	3	8	日
503.17	314.45	275.20	220.70	170.80	95.20	公厘
10	5	7	4	5	1	日
102.36	118.36	148.70	74.70	247.30	56.30	公厘
10	5	6	5	7	5	日
53.09	8.13	26.30	133.70	77.60	111.70	公厘
5	1	2	10	6	7	日
22.86	38.10	1.70	64.60	27.30	68.10	公厘
3	5	1	6	4	10	日
10.41	27.69	21.70	63.00	37.70	6.20	公厘
4	4	5	7	4	2	日

三、民國二十三年至二十五年武昌逐月雨量及降雨日數

月別	數別	平均	二十三年 （1934）	二十四年 （1935）	二十五年 （1936）
全年	公厘	1 012.95	860.95	1 164.20	1 013.70
	日	105.7	102	117	98
一	公厘	21.12	28.05	22.20	13.10
	日	3.7	2	7	2
二	公厘	67.07	48.30	87.50	67.20
	日	8.7	7	11	8
三	公厘	90.67	73.50	153.60	44.90
	日	9.3	11	9	8
四	公厘	166.53	179.10	64.90	255.60
	日	14.7	16	13	15
五	公厘	112.33	151.60	126.00	59.40
	日	11.7	12	11	12
六	公厘	181.97	59.70	357.60	128.10
	日	10	8	12	10

續表

月別	數別	平均	二十三年 （1934）	二十四年 （1935）	二十五年 （1936）
七	公厘	119.77	2.40	72.10	284.80
	日	6.7	1	6	13
八	公厘	35.07	51.40	20.10	33.70
	日	8.7	9	6	11
九	公厘	60.97	104.50	57.90	20.50
	日	6.7	8	8	4
十	公厘	64.83	90.70	102.60	1.20
	日	7.3	10	11	1
十一	公厘	44.20	21.90	83.00	27.70
	日	9.3	7	17	4
十二	公厘	47.80	49.80	16.70	76.90
	日	9	11	6	10

附註：本表材料根據武漢大學測候所編製之氣象綱要。

四、民國二十五年各地逐月雨量及降雨日數

月別	數別	陽新	蘄春	隨縣	鍾祥	天門	監利
全年	公厘	1 342.02	1 246.49	658.70	746.20	949.87	1 165.75
	日	134	119	67	83	91	106
一	公厘	7.80	22.00	4.50	1.00	4.80	13.10
	日	5	6	1	2	2	3
二	公厘	31.60	48.70	69.40	31.30	73.80	96.90
	日	12	13	8	8	11	12
三	公厘	28.08	106.42	17.30	11.40	77.00	69.20
	日	8	10	4	5	6	9
四	公厘	287.30	308.71	123.47	118.90	158.00	243.50
	日	17	18	11	13	12	16
五	公厘	96.53	68.99	52.82	94.90	140.85	121.20
	日	14	13	10	12	12	11
六	公厘	109.92	63.19	52.14	85.90	104.15	76.78
	日	15	11	6	8	8	9

江陵	襄陽	五峯	恩施	巴東	房縣	鄖縣	數別
828.09	854.20	1 154.40	1 100.17	784.66	667.55	570.90	公厘
87	83	80	147	103	75	63	日
7.50	3.30	7.00	15.40	0.00	1.20	8.50	公厘
1	2	2	11	0	1	2	日
37.90	20.40	18.50	33.60	27.10	11.50	36.00	公厘
7	7	3	11	10	3	7	日
26.44	18.60	30.80	67.55	49.41	4.60	10.50	公厘
8	5	8	14	10	1	3	日
166.97	121.70	143.60	110.21	115.91	116.11	81.30	公厘
14	13	12	16	14	11	10	日
80.84	90.60	140.00	139.52	121.94	102.02	105.40	公厘
11	9	8	17	12	9	9	日
43.36	53.80	209.90	45.58	27.35	36.46	23.70	公厘
5	10	8	10	8	5	4	日

月別	數別	陽新	蘄春	隨縣	鍾祥	天門	監利
七	公厘	336.31	279.21	200.50	201.60	250.90	251.10
	日	15	14	13	14	12	13
八	公厘	157.91	129.67	46.54	111.40	44.80	9.60
	日	13	8	6	8	7	3
九	公厘	72.52	32.54	48.78	25.80	17.05	115.97
	日	5	3	3	3	4	5
十	公厘	2.89	6.35	0	2.60	2.09	7.70
	日	2	1	0	1	2	2
十一	公厘	80.89	59.69	8.40	12.00	18.84	55.30
	日	9	7	1	2	4	7
十二	公厘	130.27	121.02	34.85	49.40	57.59	105.40
	日	19	15	4	7	11	16

附註：一、本表材料根據江漢工程局各測候所之記載。

　　　二、四月以前五峯之雨量紀錄係採自該縣雨量站，五月起根據漁洋關測候所。

續表

江陵	襄陽	五峯	恩施	巴東	房縣	鄖縣	數別
172.04	315.20	249.60	291.30	229.44	227.70	91.50	公厘
11	12	12	13	13	11	10	日
115.95	153.40	197.40	160.75	97.55	55.05	63.70	公厘
7	10	10	9	12	12	7	日
96.63	36.30	46.50	120.90	45.87	77.82	116.70	公厘
5	3	3	11	4	6	5	日
10.37	3.00	20.10	34.80	37.72	13.17	16.70	公厘
3	1	2	5	7	5	1	日
30.38	3.70	36.10	30.36	11.95	4.46	0	公厘
5	4	4	14	5	3	0	日
39.71	34.20	54.90	50.20	20.42	17.46	16.90	公厘
10	7	8	16	8	8	5	日

五、民國二十四年各地逐月雨量

單位：公厘

縣市	全年	各月平均	最大月量	最小月量	一月	二月	三月	四月
蒲圻	1 101.68	91.81	242.18	26.00	28.00	104.50	140.40	123.20
咸寧	1 491.00	124.25	247.00	17.00	88.00	247.00	147.00	244.50
嘉魚	1 062.50	88.54	223.00	24.00	38.00	131.00	116.00	79.50
武昌	1 164.20	97.02	357.60	16.70	22.20	87.50	153.60	64.90
漢陽	1 297.00	108.08	452.00	10.00	32.00	124.00	116.00	61.00
崇陽	1 423.20	118.60	356.00	34.30	34.30	93.50	122.00	140.00
通城	1 965.80	163.82	595.30	30.80	49.60	139.30	148.70	187.70
陽新	1 204.99	100.42	265.90	11.50	40.00	140.80	126.50	112.80
大冶	1 347.20	112.27	300.00	32.50	53.00	123.00	160.00	102.50
鄂城	1 270.00	105.83	458.00	12.00	32.00	114.00	182.00	76.00
通山	1 340.80	111.73	276.30	24.00	47.70	115.90	146.00	120.60
蘄春	1 242.60	103.55	232.30	10.30	41.10	113.70	167.10	110.50
浠水	1 347.20	109.77	478.20	12.60	26.00	91.20	131.00	134.00
黃梅	1 089.00	90.75	177.00	13.00	47.00	124.00	140.00	114.00
廣濟	1 388.00	115.67	282.00	31.00	53.00	153.00	224.00	98.00

五月	六月	七月	八月	九月	十月	十一月	十二月	縣市
140.00	242.18	31.60	36.40	37.80	67.80	123.80	26.00	蒲圻
160.00	223.00	91.00	23.00	26.50	78.00	146.00	17.00	咸寧
147.00	223.00	64.00	29.00	38.00	90.00	83.00	24.00	嘉魚
126.00	357.60	72.10	20.10	57.90	102.60	83.00	16.70	武昌
137.00	452.00	60.00	44.00	72.00	88.00	101.00	10.00	漢陽
296.70	356.00	49.20	61.20	35.40	79.70	117.80	37.40	崇陽
284.00	595.30	64.40	90.50	101.00	129.90	144.60	30.80	通城
265.90	254.83	21.50	21.60	11.50	57.59	118.26	33.69	陽新
300.00	237.90	74.50	32.50	40.80	67.00	117.00	39.00	大冶
128.00	458.00	80.00	12.00	32.00	56.00	80.00	20.00	鄂城
176.30	276.30	35.00	108.20	24.00	70.50	179.60	40.70	通山
232.30	224.60	45.70	93.50	10.30	53.80	117.20	32.80	蘄春
201.10	478.20	35.00	12.60	48.00	70.00	71.00	19.10	浠水
177.00	147.00	30.00	24.00	13.00	120.00	130.00	23.00	黃梅
232.00	282.00	33.00	52.00	44.00	74.00	112.00	31.00	廣濟

縣市	全年	各月平均	最大月量	最小月量	一月	二月	三月	四月
羅田	1 165.50	97.13	254.00	18.50	21.00	106.00	163.50	89.00
英山	1 587.00	132.25	501.00	21.00	26.00	82.00	253.00	101.00
黃安	920.00	76.67	176.20	6.00	6.00	69.40	128.70	38.00
禮山	755.60	62.97	174.00	7.40	34.70	60.00	108.00	20.00
黃岡	1 086.40	90.53	331.20	9.60	29.40	115.20	142.80	76.80
麻城	786.00	65.50	172.00	9.00	9.00	63.00	112.00	38.00
隨縣	751.87	62.66	115.09	0.00	0.00	47.80	92.30	33.60
應山	626.00	52.17	94.00	0.00	5.00	94.00	80.00	40.00
雲夢	1 054.50	87.88	292.80	6.50	67.90	60.50	72.40	60.60
應城	943.00	78.58	163.00	38.00	38.00	77.00	85.00	101.00
安陸	765.70	63.81	149.40	12.50	26.60	71.30	84.40	28.50
天門					48.00	90.10	99.90	52.60
漢川	1 100.20	91.66	229.50	28.50	28.50	108.00	70.00	72.70
沔陽	1 127.20	93.93	198.40	19.00	45.90	90.50	64.00	111.20
京山	873.20	72.77	189.00	1.50	28.50	57.50	68.00	44.50
鍾祥	746.00	62.17	254.60	2.30	6.20	30.90	24.80	30.00

續表

五月	六月	七月	八月	九月	十月	十一月	十二月	縣市
131.50	254.00	30.00	149.50	54.50	84.50	63.50	18.50	羅田
246.00	501.00	37.00	131.00	33.00	72.00	84.00	21.00	英山
95.80	176.20	91.80	28.30	80.00	84.30	113.60	7.90	黃安
34.00	174.00	37.50	26.00	80.00	61.00	113.00	7.40	禮山
136.20	331.20	37.80	9.60	41.40	73.60	72.60	19.80	黃岡
48.00	172.00	72.00	14.00	42.00	57.00	150.00	9.00	麻城
41.40	115.09	87.40	101.30	99.90	51.60	81.43	0.05	隨縣
32.00	84.00	60.00	44.00	76.00	64.00	47.00	0.00	應山
115.20	292.80	33.30	63.10	77.80	107.20	97.20	6.50	雲夢
77.00	163.00	47.00	40.00	80.00	77.00	85.00	73.00	應城
46.80	149.40	65.20	26.90	96.80	77.80	79.50	12.50	安陸
143.00	214.00				168.80	89.60	13.20	天門
162.10	229.50	52.00	32.50	33.00	163.00	110.50	38.40	漢川
142.40	198.40	96.20	19.00	64.90	133.50	136.60	24.60	沔陽
69.00	189.00	103.30	58.40	101.00	77.00	75.50	1.50	京山
*34.60	127.30	254.60	47.50	61.80	61.00	65.00	2.30	鍾祥

縣市	全年	各月平均	最大月量	最小月量	一月	二月	三月	四月
潛江	1 126.00	93.83	234.00	15.00	28.00	82.00	56.00	47.00
江陵	1 125.72	93.81	292.90	0.00	25.30	88.30	29.90	25.20
荆門	761.50	63.46	321.00	5.00	6.00	25.00	36.00	30.00
監利	1 385.60	115.47	253.50	22.90	45.20	108.30	102.00	111.00
石首	1 307.40	108.95	235.60	15.90	40.10	114.00	107.80	96.00
公安	1 053.20	87.77	222.00	12.00	19.40	42.70	89.60	93.60
枝江	1 733.10	144.43	670.00	5.10	12.00	81.00	83.00	66.60
松滋	1 114.80	92.90	331.70	9.60	24.00	51.00	53.00	47.60
襄陽					18.80	36.20	66.80	28.20
棗陽	584.00	48.67	168.50	6.00	13.00	33.00	61.00	17.00
宜城					19.80	33.00	45.90	35.00
光化	1 197.80	99.82	503.80	1.70	20.00	82.40	62.70	45.90
穀城	1 350.70	112.56	447.00	4.30	17.80	26.40	55.70	46.90
南漳	1 306.50	108.88	510.50	16.00	18.00	38.00	65.50	49.00
保康	1 509.60	125.80	802.30	3.00	6.50	13.10	67.40	27.50
宜昌	1 835.60	152.97	1 039.60	6.20	22.40	60.40	50.70	50.50

續表

五月	六月	七月	八月	九月	十月	十一月	十二月	縣市
234.00	230.00	88.00	53.00	100.00	86.00	107.00	15.00	潛江
233.10	170.80	292.90	17.40	37.40	93.70	111.72	0.00	江陵
85.00	98.00	321.00	22.00	5.00	63.00	60.50	10.00	荆門
186.50	253.50	124.50	120.00	68.50	104.20	139.00	22.90	監利
142.60	194.40	235.60	56.00	63.70	132.50	108.80	15.90	石首
114.90	182.00	222.00	33.50	52.70	99.80	91.00	12.00	公安
129.00	206.00	670.00	97.00	78.00	190.00	116.00	5.10	枝江
94.70	261.00	331.70	16.50	52.90	105.00	67.80	9.60	松滋
60.00	58.20			42.10	35.80	71.80	1.80	襄陽
30.00	45.50	168.50	28.00	69.00	49.50	63.50	6.00	棗陽
94.60	70.40	280.00		58.60	21.30	77.50	0.40	宜城
67.00	70.50	503.80	144.00	47.70	48.60	108.50	1.70	光化
87.90	447.00	364.90	155.00	17.50	51.50	75.80	4.30	穀城
92.00	70.50	510.50	258.00	52.00	47.00	90.00	16.00	南漳
88.90	61.10	802.30	288.30	49.20	60.00	42.30	3.00	保康
106.20	168.30	1 039.60	95.20	56.30	111.70	68.10	6.20	宜昌

縣市	全年	各月平均	最大月量	最小月量	一月	二月	三月	四月
遠安	1 037.70	86.48	493.10	2.00	11.00	59.00	64.00	43.00
當陽	1 359.00	113.25	689.00	3.00	7.00	25.00	39.00	31.00
宜都	1 841.50	153.46	740.00	6.00	28.50	31.00	103.50	104.50
興山								
秭歸	1 070.00	89.17	297.00	1.00	10.00	42.00	63.00	50.00
五峯	2 596.30	216.36	1 415.30	12.70	12.70	52.50	91.70	73.90
恩施	1 434.05	119.50	267.40	16.17	26.00	69.00	67.60	53.00
宣恩								40.80
建始					20.65	21.50	78.00	95.00
巴東	799.90	66.66	195.00	0.00	5.20	32.00	23.20	53.50
鶴峯	2 551.40	212.62	1 275.00	25.00	37.00	25.00	93.00	81.00
來鳳	1 456.50	121.38	321.00	16.00	16.00	86.00	68.00	38.00
鄖縣	962.70	80.23	413.40	6.00	60.00	26.60	36.80	28.70
均縣	934.70	77.89	438.10	3.00	16.20	8.90	20.90	27.80
鄖西								
漢口	1 501.97	125.16	471.80	31.10	31.10	110.70	102.80	68.40

續表

五月	六月	七月	八月	九月	十月	十一月	十二月	縣市
94.00	100.30	493.10	50.00	16.00	47.80	58.00	2.00	遠安
79.00	244.00	689.00	41.00	55.00	90.00	56.00	3.00	當陽
102.50	185.00	740.00	118.00	127.50	147.00	148.00	6.00	宜都
72.50	312.00	1 151.50	18.00	69.00	107.00	37.00		興山
52.00	238.00	* 297.00	69.00	75.00	111.00	62.00	1.00	秭歸
195.70	158.50	1 415.30	212.50	82.00	140.00	139.00	22.50	五峯
175.80	187.50	267.40	148.50	201.20	119.80	102.58	16.17	恩施
154.60	170.30	219.70	36.00	160.60	120.10	135.40	23.00	宣恩
100.00	130.00	99.00	62.00					建始
68.00	175.00	195.00	55.00	80.00	45.00	68.00	0.00	巴東
206.00	308.00	1 275.00	366.00	27.00	57.40	42.00	34.00	鶴峯
241.00	321.00	253.00	75.00	110.00	144.00	87.00	17.50	來鳳
54.50	42.60	413.40	114.70	58.20	59.00	62.20	6.00	鄖縣
51.50	78.00	438.10	130.30	27.30	50.90	81.80	3.00	均縣
	38.70	407.70	152.40	35.20	50.30	55.70	11.60	鄖西
233.10	471.80	110.20	56.15	73.42	142.90	63.10	38.30	漢口

縣市	全年	各月平均	最大月量	最小月量	一月	二月	三月	四月
白河	744.10	62.01	326.90	4.00	11.10	18.00	24.90	15.80
丹江口					25.10	30.30	47.20	55.50
沙洋	835.20	69.60	225.10	6.50	19.40	31.50	25.80	35.00
岳口	1 102.30	91.86	265.00	11.40	27.10	87.20	65.40	41.00
澤口	1 110.00	92.50	277.60	6.90	22.20	91.10	49.10	44.20
仙桃鎮	1 174.70	97.89	315.10	25.20	27.10	107.80	71.80	60.80
新溝	1 308.80	109.07	335.00	9.50	34.50	101.50	192.50	48.00
天星洲						124.90	63.10	74.30
新堤	1 300.08	108.34	259.30	31.00	31.00	106.00	110.00	115.00
黃石港	1 204.00	100.33	363.50	29.00	49.50	110.50	138.50	95.50
利川								

附註：一、本表材料係根據江漢工程局所製本省各地雨量總表。

二、除蒲圻、陽新、蘄春、黃安、隨縣、天門、江陵、襄陽、恩施、鄖縣等爲該局測候所之報告，黃石港、新堤、武昌、監利、漢川爲該局工務所之報告，白河、丹江口、宜城、沙洋、鍾祥、岳口、澤口、仙桃鎮、新溝、天星洲等處爲該局水文站之報告，漢口、宜昌爲海關之紀錄，武昌爲武漢大學測候所之紀錄外，其餘均係縣政府之報告。

三、本年因大水關係天門七八九三月及襄陽七八兩月之紀錄中斷。

四、宜城本年各月之雨量爲水文測站之報告，七八兩月因水災記錄中斷，七月之紀錄仍爲縣政府之報告。

五、興山縣雨量站本年五月始成立，宣恩縣雨量站本年四月始成立。

六、秭歸七月份紀錄不全，因該月報告表上有降雨符號而無雨量。

續表

五月	六月	七月	八月	九月	十月	十一月	十二月	縣市
62.60	26.70	326.90	113.00	28.00	55.80	57.30	4.00	白河
34.70	85.90			64.20	46.50	86.50	6.10	丹江口
16.60	225.10	184.20	35.00	55.10	101.70	99.30	6.50	沙洋
209.50	265.00	104.00	37.60	66.20	90.40	97.50	11.40	岳口
194.80	277.60	105.20	37.20	61.40	106.30	114.00	6.90	澤口
195.70	315.10	63.70	47.80	28.30	143.50	87.90	25.20	仙桃鎮
180.50	335.00	108.30	32.50	27.00	146.00	93.50	9.50	新溝
142.40	187.40	73.60		23.30	107.10	95.10	15.10	天星洲
171.50	259.30	60.68	48.60	85.00	122.00	156.50	34.50	新堤
159.00	263.50	74.50	29.00	81.00	60.00	113.50	29.50	黃石港
		195.00	61.60	185.40				利川

七、蒲圻、浠水、黃梅、黃岡、麻城、應城、荊門、天門等處紀錄有誤，經修正後填入，黃陂、孝感、房縣、竹山、竹谿等縣記載錯誤無法修正從缺。

六、各地歷年逐月平均雨量

單位：公厘

縣市	全年	紀錄年數	一月	二月	三月	四月	五月
蒲圻	1 558.91	6	35.30	69.92	114.67	270.40	241.75
咸寧	1 305.86	3	98.05	176.50	150.70	179.25	187.80
嘉魚	960.76	3	36.13	69.33	79.33	121.50	135.47
武昌	1 012.95	3	21.12	67.70	90.67	166.53	112.33
漢陽	1 127.21	6	33.48	63.00	74.67	129.65	211.97
崇陽	1 666.48	4	131.52	121.09	123.71	183.85	221.42
通城	1 615.29	6	49.82	85.70	93.38	197.97	270.52
陽新	1 029.36	2	26.00	84.70	84.30	85.70	204.45
大冶	1 400.80	5	48.75	79.70	99.32	168.18	281.80
鄂城	1 286.87	6	30.72	72.17	87.43	151.90	286.14
通山	1 396.80	2	39.85	95.45	140.30	235.75	211.45
蘄春	1 249.19	3	48.00	75.03	108.50	161.00	200.87
浠水	1 249.70	4	45.37	91.00	83.24	126.86	232.23
黃梅	1 245.87	3	27.07	92.46	118.00	125.87	129.50
廣濟	1 194.32	6	65.13	115.42	116.54	226.36	145.43
羅田	1 050.07	6	23.38	69.00	80.30	142.50	204.98

六 月	七 月	八 月	九 月	十 月	十一月	十二月	縣市
263.70	167.43	114.40	101.35	56.92	50.05	43.02	蒲圻
158.10	65.23	44.50	39.63	68.93	68.27	68.90	咸寧
151.97	62.00	69.33	58.33	102.67	51.37	23.33	嘉魚
181.97	119.77	35.07	60.97	64.83	44.20	47.80	武昌
195.07	64.27	121.67	81.50	79.58	39.25	33.10	漢陽
247.20	192.70	125.45	121.00	78.00	76.17	44.37	崇陽
365.30	140.85	137.83	65.77	75.33	79.00	53.82	通城
191.93	10.75	98.80	63.25	70.50	68.63	40.35	陽新
196.60	179.26	95.68	85.82	73.13	52.44	40.12	大冶
206.22	148.40	78.25	65.75	77.67	48.00	34.22	鄂城
219.35	23.00	106.20	79.45	88.70	104.60	52.70	通山
189.70	27.50	110.17	85.73	141.20	61.90	39.59	蘄春
168.10	132.32	104.86	68.00	123.75	40.75	33.22	浠水
193.30	55.00	81.00	141.34	179.33	72.00	31.00	黃梅
152.78	45.36	57.20	85.00	60.04	80.48	44.58	廣濟
139.13	46.82	124.54	59.50	76.72	38.32	44.88	羅田

縣市	全年	紀錄年數	一月	二月	三月	四月	五月
英山	1 258.75	2	19.50	65.00	159.50	153.50	175.50
黃安	922.08	4	18.83	43.20	69.90	64.33	97.70
禮山	741.90	2	30.85	85.10	68.20	40.50	73.50
黃岡	911.96	6	40.08	62.54	49.46	79.76	208.14
麻城	705.09	6	17.47	37.43	42.20	70.22	106.05
隨縣	575.04	6	10.60	14.78	44.53	62.62	74.63
應山	785.90	6	23.30	41.50	43.38	55.38	130.83
雲夢	576.67	5	25.20	21.76	43.20	69.98	85.36
應城	862.50	6	41.40	35.57	52.55	113.94	145.98
安陸	957.29	3	14.70	50.90	65.15	78.80	109.20
天門	1 064.11	6	48.82	57.82	47.16	101.56	148.24
漢川	1 086.90	2	102.75	10.20	92.00	169.10	150.10
沔陽	1 162.93	6	34.37	51.73	40.78	125.42	171.48
京山	1 052.85	6	26.50	36.00	31.10	86.50	180.20
鍾祥	967.54	6	16.00	30.54	32.83	66.92	113.84
潛江	1 146.87	2	30.00	75.50	47.50	117.00	149.80
江陵	1 154.01	6	35.76	52.60	48.38	116.04	186.12

續表

六月	七月	八月	九月	十月	十一月	十二月	縣市
273.50	37.50	138.50	67.50	83.75	53.50	31.50	英山
130.57	47.27	143.03	113.00	107.10	62.86	24.29	黄安
178.50	27.75	20.30	86.50	47.00	66.75	16.95	禮山
120.78	113.22	75.02	53.25	53.33	33.48	22.90	黄岡
98.67	102.33	82.97	50.75	43.25	34.17	19.58	麻城
82.25	65.08	92.65	61.15	34.77	13.57	18.41	隨縣
106.30	58.88	171.75	73.33	41.67	19.00	20.58	應山
114.02	51.66	54.84	34.32	26.65	21.13	28.55	雲夢
128.53	108.42	105.15	51.28	32.46	19.36	27.86	應城
253.05	41.10	86.60	112.65	63.00	46.77	35.37	安陸
107.23	125.30	127.96	101.00	98.50	64.68	35.84	天門
162.70	27.50	40.30	76.35	136.30	68.85	50.75	漢川
156.96	246.04	82.00	69.67	95.32	48.13	41.03	沔陽
170.17	152.15	171.20	91.30	52.38	29.60	25.75	京山
149.40	166.83	188.73	105.28	54.88	21.97	20.32	鍾祥
199.00	146.90	116.44	93.47	75.93	64.00	31.33	潛江
175.00	176.23	133.52	74.14	85.95	53.62	16.65	江陵

縣市	全年	紀録年數	一月	二月	三月	四月	五月
荊門	762.30	6	23.10	32.92	23.22	63.70	127.20
監利	1 392.77	6	44.55	54.40	61.38	227.60	230.13
石首	1 310.96	3	33.00	62.17	73.00	168.23	183.80
公安	957.47	4	26.00	27.17	54.56	137.80	158.87
枝江	1 726.37	6	83.40	71.81	69.25	135.00	285.50
松滋	1 130.42	5	39.92	50.56	33.84	111.14	194.80
襄陽	844.17	6	22.12	24.87	31.47	61.65	76.75
棗陽	635.78	6	26.05	52.10	23.10	45.46	81.92
宜城	926.25	6	19.46	20.92	33.48	65.00	119.92
光化	1 006.93	5	57.03	74.14	37.98	102.12	100.02
穀城	1 006.75	2	27.40	25.45	56.35	65.20	85.15
南漳	998.57	6	23.10	34.32	29.10	80.00	115.25
保康	1 344.61	4	8.85	18.45	38.35	39.60	95.60
宜昌	1 120.31	53	21.80	30.18	51.91	99.90	124.22
當陽	865.53	6	15.80	17.10	31.50	75.90	105.66
宜都	1 425.70	5	29.48	42.78	62.05	113.05	216.87
秭歸	936.50	4	19.50	30.50	34.75	80.50	151.25

續表

六月	七月	八月	九月	十月	十一月	十二月	縣市
130.20	144.23	132.20	26.50	33.12	14.29	11.62	荆門
196.98	184.41	155.02	74.50	48.90	67.03	47.87	監利
161.23	107.60	136.10	120.07	155.43	78.73	31.60	石首
181.70	111.18	43.80	58.15	95.42	44.98	17.81	公安
230.92	297.00	205.33	110.67	112.17	83.67	41.65	枝江
158.02	186.82	102.40	104.10	51.30	47.82	49.70	松滋
111.08	127.60	210.00	79.50	34.40	20.38	44.35	襄陽
88.42	114.10	74.43	55.62	32.10	28.48	14.00	棗陽
135.62	165.27	175.24	93.65	38.55	25.82	33.32	宜城
89.50	213.18	143.56	74.74	33.66	39.00	42.00	光化
268.50	197.90	109.60	62.85	43.60	48.25	16.50	穀城
105.90	191.88	193.13	99.50	60.13	38.63	27.63	南漳
76.55	688.85	261.50	49.20	38.50	20.73	8.43	保康
157.60	224.76	178.54	105.00	74.80	34.68	16.92	宜昌
154.30	204.67	85.00	75.20	52.80	22.30	25.30	當陽
221.14	266.68	168.72	96.34	85.92	66.84	55.83	宜都
177.50	134.00	69.50	95.50	87.25	28.75	27.50	秭歸

縣市	全年	紀録年數	一月	二月	三月	四月	五月
恩施	1 519.87	4	18.00	47.50	65.95	121.00	226.08
巴東	814.42	5	50.64	36.86	24.82	54.48	106.52
來鳳	1 433.90	5	22.78	80.24	44.22	63.94	217.48
鄖縣	772.35	4	40.75	24.30	40.50	63.57	58.70
均縣	680.96	3	12.20	7.87	21.03	61.10	77.80
鄖西	720.70	2	7.20	11.50	5.10	16.70	72.40
漢口	1 266.51	51	45.73	49.40	97.10	147.81	173.48
沙洋	1 158.76	2	18.43	38.37	52.71	113.87	115.07
岳口	1 236.80	5	23.93	46.70	65.78	150.15	235.90
澤口	1 215.75	3	24.42	54.92	47.90	132.33	196.70
仙桃鎮	1 297.23	4	27.20	65.23	60.47	150.17	241.50
新溝	1 229.61	3	18.25	83.75	113.55	115.50	187.50

附註：一、本表材料除漢口、宜昌根據海關之記載，武昌根據武漢大學測候所之記載外，其餘
　　　　　根據江漢工程局所製本省各地雨量總表。

　　　二、最後紀録年份除武昌為二十五年外，其餘為民國二十四年。

　　　三、嘉魚縣雨量十九年至二十一年間已有紀録，惟因時常中斷，且紀録過小，故未列入
　　　　　平均。

　　　四、陽新縣雨量，二十三年前曾有紀録，惟為數太小，未加入平均。

　　　五、光化、松滋兩縣十九年總雨量均不及四百公厘，恐有錯誤，故未加入平均。

　　　六、均縣二十一年份曾有紀録，惟不可靠，故未加入平均，遠安十九年以後亦有紀録，
　　　　　均不可靠，未列入平均。

六月	七月	八月	九月	十月	十一月	十二月	縣市
211.12	207.47	97.83	172.07	188.27	108.86	55.72	恩施
149.16	140.57	90.28	83.65	41.71	23.48	12.25	巴東
176.08	306.55	138.18	168.95	123.80	68.76	22.92	來鳳
48.47	196.17	74.33	92.33	72.83	40.07	20.33	鄖縣
72.83	210.40	88.53	56.63	34.17	34.17	4.23	均縣
33.90	266.95	154.15	35.20	50.30	55.70	11.60	鄖西
233.48	180.00	107.23	76.92	76.41	49.12	29.83	漢口
215.37	160.77	111.07	112.55	128.97	68.23	22.75	沙洋
205.28	102.72	122.12	114.16	90.92	56.00	19.20	岳口
203.63	150.30	93.48	86.03	131.10	71.97	22.97	澤口
217.70	127.22	110.02	78.92	130.52	57.63	30.65	仙桃鎮
178.47	116.30	79.13	101.33	153.83	59.60	22.40	新溝

七、鄖縣十九、二十兩年曾有紀錄，惟不完全，故未加入平均；二十三年之紀錄除一月仍係縣政府之報告外，其餘均係測候所之報告。

八、秭歸十九、二十兩年曾有紀錄，惟因殘缺不全，故未加入平均。

伍、溼　　度

一、民國二十三年至二十五年武昌逐月平均相對溼度

單位：％

月別	平均	二十三年	二十四年	二十五年
全年	69.7	68.4	71.6	69.1
一	75.3	73.6	76.0	76.4
二	75.3	70.9	76.5	78.5
三	66.8	61.7	68.1	70.7
四	77.0	77.1	79.3	74.7
五	69.5	69.0	67.0	72.4
六	70.8	68.8	72.0	71.5
七	67.3	54.2	69.8	77.8
八	66.6	62.0	64.4	73.4
九	63.7	73.5	58.1	59.5
十	63.4	70.4	73.3	46.6
十一	67.3	64.8	80.3	56.7
十二	73.7	75.0	73.9	71.5

附註：本表材料根據武漢大學測候所編製之氣象綱要。

二、民國二十五年各地逐月平均相對溼度

單位：%

月別	蘄春	江陵	襄陽	鄖縣
全年	80.0	79.2	71.5	65.7
一	80.7	77.0	68.8	68.0
二	84.1	81.7	75.7	74.0
三	76.5	75.9	62.3	57.0
四	88.1	73.0	73.6	63.0
五	85.6	77.8	76.5	68.6
六	80.2	86.5	71.6	58.5
七	87.0	86.2	81.8	72.5
八	85.1	81.0	81.5	73.0
九	71.6	76.3	67.8	65.0
十	64.8	77.1	62.5	54.4
十一	73.9	77.8	62.9	62.2
十二	82.4	80.5	72.7	72.5

附註：本表材料根據江漢工程局各測候所之記載。

陸、災　　荒

一、二十四年被災概況

縣別	被災概況	備考
	第一區	
蒲圻	城廂及濱江一帶被水，任家垸、萬家垸、張家垸及新興洪山一部，均淹没	該縣二十年水災，二十三年旱災
武昌	白沙洲、青山外堤一帶，一片汪洋，省會低窪處，亦成澤國	二十年水災，二十三年旱災
漢陽	七月上旬，傾盆大雨，復受沌河、瀹河等之激衝，長江、襄河之倒灌，致全縣七十餘堤垸，胥被冲潰（如第一區之新合垸、三合垸、復本垸、要路口、三眼橋，第三區之東成垸、世成垸，第四區之新豐垸、同興垸、復興垸，第五區之鐵鎮垸、義和垸、三寶垸、新溝鎮街市，第六區之同豐垸、漢成垸、山湖垸，第七區之鴨湖、西湖垸等）。十二日，蔡甸全鎮淹没，城廂及鸚鵡洲一帶，亦成汪洋澤國。（省會公安第十、十一、十二各分局轄境，約二十方里，僅十一分局局址未被水淹。）據查該縣田廬漂没，人民流離，災情之慘，實較二十年尤甚	二十年水災，二十三年旱災
嘉魚	七月上旬，霪雨連綿，江水飛漲。境内堤防，搶救不及。永樂閘、土木林、上河口、葉家邊、萬城及六合垸，相繼崩潰，淹没垸份，計大小十七垸。水位超過二十年一公寸或數公寸不等	二十年水災，二十三年旱災

續表

縣別	被災概況	備考
崇陽	沿雋水兩岸，一片汪洋。禾田悉被淹没，房屋多遭冲毁，器具牲畜，亦漂没甚衆。縣城東西南三門，悉被水淹。據查二、三、四區災情，較二十年爲重，潰堤共千餘丈	二十年水災，二十三年水旱兩災
通城	石潭碑一帶，人畜淹斃甚多，河堤亦有潰決	二十年水災，二十三年水旱兩災
咸寧	（本年無災）	二十年水災，二十三年旱災

第二區

縣別	被災概況	備考
陽新	江水漫溢，平地盡成澤國，縣城街道，皆没水中。水位較二十年祇低十四公分 （又旱災）該縣第一區多屬山鄉，秋季雜糧，向係供給全年民食三分之二以上。因入秋後，天久不雨，遂成旱災，蕎麥、菉豆，不能下種，紅薯、麻、芋等類，根葉均枯，損失頗鉅	二十年水災，二十三年旱災
大冶	（本年水災無） （旱災）一、二、三、四等區，秋後雨量缺乏，旱地竟成焦土。該縣面積，大半屬山鄉，旱地雜糧，向供民食六七月以上，此次旱災，影響民生至鉅	二十年水災，二十三年旱災
鄂城	（本年水災無） （旱災）該縣有神鄉二十四鄉鎮，永鄉二十三鄉鎮，數十日未雨，秋收絕望	二十年水災，二十三年旱災
通山	（本年無災）	二十年無災，二十三年旱災

續表

縣別	被災概況	備考
	第三區	
蘄春	一、二、三、三區，計四十四圩，悉遭冲潰 （又旱災）第六區大三大四兩圍，高田實佔十分之九，二十三年慘遭旱災，本年又復亢旱，高田禾稼，枯死大半，山地雜糧，乾枯殆盡。災民約四萬餘人，禾稻損失，二十七萬餘石，雜糧損失，價值四十七萬餘元	二十年水災，二十三年旱災
浠水	自七月三日以來，江水繼續增漲，至十五日尤甚，所有北永、永保、永豐、永譪、東壽、永壽、西永、永福、恒豐、馬山頭等幹支各堤，相繼崩潰，一片汪洋，慘不忍睹，僅永固、茅山等堤，尚獲倖存	二十年水災，二十三年旱災
廣濟	該縣因關係全縣安危之羅城堤，搶險得力，未曾潰決，災情不甚嚴重。惟武穴因江水陡漲，浸入街市，恒豐堤、戴家園兩處堤垸潰決。永全堤之金牛湖附近田畝，亦爲湖水浸溢淹没	二十年水災，二十三年水旱兩災
黃梅	七月以來，雨量過多，山洪暴發，加以江水暴漲不已，湖水亦因倒灌飛漲，水位超過二十年洪水二尺以上。四、五、六、七、八等圩區，及圩區外之耿公、臨江、濱洲、張家、周家等圩，均先後潰決。災區面積，縱橫七十華里，田畝悉被淹没	二十年水災，二十三年旱災
羅田	（本年水災無） （旱災）自七八月降雨三公厘後，至八月十八日止，共十四日，滴雨未至，以致農田龜裂，禾苗枯槁	二十年水災，二十三年旱災
英山	（本年無災）	二十年該縣尚未劃隸本省，災情待查，二十三年旱災

縣別	被災概況	備考
	第四區	
黃岡	入夏以來，霪雨連綿，江水飛漲，六區內有黃麻二縣之水湧下，外有大江之倒灌，至七月七日，陽邏全鎮，一區濱江一帶，盡成澤國。田地深淹數丈，屋宇盡浸水中。受災田畝，江心沙田，佔十分之三，幹堤外者十分之一，被江水倒灌，湖水淹沒者，十分之六	二十年水災，二十三年旱災
黃陂	自七月七日，狂風猛作，大雨傾盆，濱湖各地禾苗，均被淹沒。民生、三陽、冷家、軍屯、理趣、林塘、埠口、邵公、同豐、西陵、七會等堤垸，先後沉溺。南郊概成澤國。牲畜盧舍，咸沒水中。災民或緣樓山阜，或攀寄屋頂	二十年水災，二十三年旱災
黃安	（本年水災無） （旱災）縣北地勢較高，老秧多已因旱枯槁，間有以人力灌溉者，又被虫害	二十年無災，二十三年旱災
麻城	（本年水災無） （旱災）入秋後，不雨者五十餘日。山田禾稼，一律乾枯。一區東部，二區西南，三區全部，四區東部，八區東北，九區西北，災情深重	二十年水災，二十三年旱災
禮山	（本年水災無） （旱災）二五兩區，亢旱爲災，塘堰乾涸，禾苗枯槁，螟螣踵生。又因匪後災民遍野，樹皮葛蕨，掘刮淨盡	二十年尚未劃縣，二十三年水災

縣別	被災概況	備考
	第五區	
孝感	七月一日，江水倒灌，縣河水位，逐漸登岸。至七月十日，襄水忽自西南滾滾灌入，水頭高約丈餘，經雲夢、漢川，急轉直下。地方迫不及防，儲糧之家，俱沖洗一空。縣屬東西南三面，二百餘垸，完全浸沒。並波及北崗鄉三十餘里，水位較二十年尤高三尺	二十年水災，二十三年旱災
雲夢	襄水暴漲，水勢淹過堤面數尺，七月十日晚，三區全境，竟陷爲澤國。十一、十二兩日，二區所屬石橋等鄉鎮，及第一區之曾石等鄉，相繼淹沒。平地水深丈餘，災民房屋財産，盡付東流，死亡甚多，全縣共淹去一半。十四日水勢稍定，漸次退落	二十年水災，二十三年旱災
應城	襄河堤潰決，水勢洶湧，數小時後，即增漲至一丈七八尺之高，房屋器具糧食牲畜，盡被淹沒。災區自東區長江鎮起，至郎君橋、石家橋、西湖港，以至南區之臨江口，沈家舖、黃灘團、占樓街、葛蓬港，及西區之毛家河、陳家河、汪家集、李家集一帶止，縱橫百餘里，即北部地勢較高之區，數百年內，未遭水患者，此次亦且波及 （又旱災）五區地處高原，所有田疇，依河流引注者，約十分之三，塘堰灌溉者，亦十分之三，其餘仰賴霖雨潤澤。本年秋旱，禾苗盡枯	二十年水災，二十三年旱災
隨縣	（本年水災無） （旱災）據查報各區所受旱災成分：一區五成，二區八成，三區七成，四區天河口等三鄉八成，餘鄉五成，五區南部各鄉六成，北部三成，六區七成，九區濱河各鄉四成，十區東部八成。災民共計 250 130 人，被旱農田 407 520 畝，農作物損失約 4 770 000 元	二十年水災，二十三年無災

縣別	被災概況	備考
安陸	（本年水災無） （旱災）據查報災民 182 744 人，被旱農田 393 243 畝，農作物損失約 3 396 627 元	二十年水災，二十三年無災
應山	（本年水災無） （旱災）入夏以來，不雨達七十日之久，據查報災民 205 674 人，被旱農田 377 979 畝，農作物損失約 3 779 790 元	二十年、二十三年均無災

第六區

天門	該縣地勢低窪，襄河縣河，橫互其間，復有小河貫串全境，人民依堤爲命。七月七日，鍾祥屬襄堤之三四工，及十一工之一段潰口，居高臨下，縣河流域，正當其衝，悉被淹没。而第四區雙河垸，同時告潰。八日晨，七十二垸亦淪爲澤國。加以水勢汹湧，一日夜陡漲一丈九尺餘，較從前最高水位，超過五尺以上，受災之重，殆爲各縣最。八月二十五日至九月三日，迭遭復水，十日連漲四尺有餘	二十年水災，二十三年水旱兩災
鍾祥	七月六日，襄河上游水勢，挾萬馬奔騰之力，猛迫縣境，水頭高一丈有餘，加以風雨大作，繼以冰雹助威。七日，水頭迫近城北幹堤，直趨城南邢公祠。邢公堤首先潰決，城南一帶村鎮，衝洗幾盡，淹死人民無算。至夜半十一時，沿城下閘、皇莊廟、護城提相繼潰決，城廂上下河街、碼頭街、上巷口、中山街一帶，房屋盡行衝塌，溺死者八千餘人。縣境幹堤，自一工至十一工，共潰三十餘口。全縣十區，除三四兩區，僅被水經過，受害較小外，其一、二、五、六、七、八、九、十各區，全部被淹，入秋之後，復水爲災	二十年、二十三年均水災

縣別	被災概況	備考
漢川	入夏以來，陰雨連綿，七月七日，復傾盆大雨，兩晝夜不息，致襄河北岸之江西垸，麻埠南岸之索子垸等，統遭淹沒。江水又暴漲，鍾祥之官堤亦潰，江水與河水同流，於是關係全縣賦命最大之南屏大垸，竟沉波底。襄河以北佔全縣三分之二地面之二百餘垸，頓成一片汪洋矣。水勢因江水倒灌，襄水下趨，上下湊合，迄難退落。所有沿河堤垸，間有因水勢稍退，兩次播種，終因水勢旋退旋漲，淹沒殆盡，費去種子，約在六千餘元。襄河南岸，又因久旱不雨，近山地所種棉花，完全乾枯，約佔未淹地面十分之四。災情慘重，爲數百年來所未有 （又旱災）該縣未被淹沒之黃公等二十一垸，約計田四萬餘畝，入夏以來，雨澤愆期，禾苗枯槁	二十年水災，二十三年水旱兩災
京山	七月八日，因鍾屬十一工突然潰決，水勢居高臨下，三小時內，暴漲三丈有餘，半日之傾，將四、五兩區，全境淹沒，一、六兩區毗連地方，亦受沖漫。該縣惟西南一部份爲平原，餘均山地或丘陵，四、五區位於西南，實爲該縣惟一精華之地，遽遭巨浸，損失特大，八月間，因鍾堤潰口未修，復受水淹	二十年水災，二十三年旱災
潛江	七月六日，二區因汪家剅潰口，復受江水倒灌，縱橫數十里，悉被淹沒。八日，鍾祥十二工附近堤決，水勢奔流而下，五區亦淹沒無餘。因水勢過猛，人民奔避不及，田盧、房舍、器具、人畜均隨波逐流，順水漂下。淹死生命無數，糧食種子，更掃地無餘。二區七月二十八日復水一次。三區七月十五日復水一次。五區先後凡六次	二十年水災，二十三年水旱兩災

續表

縣別	被災概況	備考
沔陽	因監利縣境東灣下蘇布拐江堤潰口，江水倒灌，勢如萬馬奔騰，波及地方甚廣，沔境受災亦重，水頭高兩丈餘，由江陵監利，直灌沔陽紫林河。沿河南北，如小沙口、洪湖、小港、汊河口、秤鉈湖、老溝西湖、大方口、黃紅垸等，俱被淹沒。田盧蕩然，人畜淹死無算。同時水由紫林河，本可向青灘口入口稍洩，又因江水澎湃，遏成倒灌，腹部湧擠，轉向北泛。致與南襄河東荆河之水，匯合冲激，折入通順河，盡量反流，將東荆河之乾興垸、五峯垸、同子湖、鑷魚湖及紅土一十五垸、十合垸、三角垸，西流河方面之南屏垸、下十三垸，先後冲潰。該縣并因襄河七十二垸，天門彭市河方面潰口，至沔北由多祥河起，至包石剕、蕭家口止，四十餘里，俱成澤國。計慘被水災者，有二、三、四、五、六、九、十等區，達全縣十分之七 （又旱災）未淹之田，所有禾苗雜糧，均因旱枯槁，災情亦重	二十年水災，二十三年水旱兩災

第七區

縣別	被災概況	備考
江陵	七月三日起，江陵大風雨，兩三晝夜未已，大江水位激增。四日，水面陡高九尺六寸。午後，民堤謝古垸、衆志垸，以漫潰聞。夜間大雨傾盆，五日午，霆雨仍烈，傍晚，民堤保障垸、陰湘城，均告急。午後十一時許，荆江幹堤之得勝寺、與堆金台一段，潰決五十餘丈。六日黎明，除湘城、吳家大堤，亦潰口八十餘丈。頃刻之間，縣城被水包圍，內外交通斷絕。此次最高水位，超出二十年一公尺以上。受災面積，佔全縣三分之二。財物及農作物損失，一、二、三區約十分之九，四、五兩區約十分之六七，第六區十分之五六，較之二十年災況，尤爲慘重。九月復水爲災，虎東金城垸等地，潰口又決	二十年水災，二十三年水旱兩災

續表

縣別	被災概況	備考
監利	該地濱江帶襄，地勢低窪。今夏陰雨連綿，水勢猛漲，以致縣西上汎段內之宋四弓、蘇布拐等，東汎段之東灣等，下汎段之紅廟等處堤段，險象環生，多致潰決。而蘇布拐之堤，潰長八十餘丈，深一尺至七尺，尤陷全縣於不可救藥之境。綜計被災面積，第一區淹去三分之一，二區全部，三、五、六區各三分之二，四區四分之三。被淹人口牲畜，不計其數，水位超過二十年二尺以上	二十年水災，二十三年無災
石首	該縣地勢低窪，素苦水災。本年水位，較二十年超過二尺至四五尺不等。加以狂風暴雨，經五晝夜不休。故江北各垸，於七月三四兩日，即已一抹橫流，無寸尺乾地。至七日，一區羅城橫堤，二區陳公東、陳公西、四幹堤，與東鄉各民垸，同時潰決。八日，大興、天興兩幹堤又決，並淹沒西南各民垸不少。綜計受災面積，一區十分之八，二區、三區十分之九，五、四區全部。損失財產，不下千萬。全縣各堤垸沖毀淹沒者，計幹堤六、民堤七十二。春糧廬舍，漂流一空。八月二十四日至九月十六日止，復水先後三次	二十年水災，二十三年旱災
公安	七月三日，大雨傾盆，經兩晝夜未停。山洪與江水，同時陡漲，水位超過二十年三尺以上。七月七日，一、二、三、五各區所屬之三十餘洲垸隄塍潰決。各區僅四區祇淹十分之三外，餘均成澤國。計被災區域，約佔全縣面積十分之八，爲空前未有之奇災	二十年水災，二十三年旱災
枝江	江洪暴發，七月四日午至五日晨，僅半日間，陡漲丈餘，城垣崩潰，水高流湍，房屋多遭滅頂，強半傾塌。商民家囊什物，盡被漂流，田畝盡被沖毀，損失甚大。九月十一日，復水成災	二十年水災，二十三年水旱兩災

續表

縣別	被災概況	備考
松滋	霪雨爲災四晝夜，未曾稍息。外江內河，同時狂漲。全縣堤垸，潰決殆盡，第一區王家橋、八眼泉、西大垸、得勝垸等百餘處，二區培興、兩益、永福、永豐等垸，三區劉家場、烏淇溝、長潭河、左家洲等處，四區雷井口、罍子洲等處，五區大同垸、七星垸、沙道觀等處，均一片汪洋，要以五區爲最慘重。八月初間，山洪暴發，復汛爲災 （又旱災）水後旱魃肆虐，雜糧晚稻，枯萎大半。計被旱田畝，不下十五六萬畝	二十年水災，二十三年旱災
荆門	七月三日至七日晚，大雨傾盆，繼以狂風。縣城東西北三門城牆，均各傾圮十餘丈，縣府及監獄牆壁，倒塌多處。東南鄉低窪之地，如沙洋、后港、拾迴橋等處，均被淹没。沙洋西岸，決口四處，上下五十餘里，盡成澤國，死於水患者，不下數百人，流離無依者，六七千人。東岸決口三處，約三四百里，尤以臼口附近方圓七十里，死於水患者，不下萬餘人，救出者僅七百餘名，爲最慘 （又旱災）水後復旱，損害甚鉅，秋收不及五成	二十年水災，二十三年旱災

第八區

襄陽	此次洪水，由保穀奔騰而出，居高臨下，襄城堤冲陷數十處，老龍堤淹壞二十餘處。益以長江高漲，襄河不能暢洩，以致水禍尤烈，平地水深丈餘。縣治環城皆水。樊城水勢，高出城垣，街市頓成澤國。竹蓧鋪、張家灣、東婁灣等市鎮，均全淹。沿江百餘里，汪洋浩蕩。房屋、糧食、器具，漂没一空，人畜淹死無算。（竹篠鋪等市鎮，淹死人民巨萬，房屋倒塌六成以上。）死者暴露山谷，生者號哭原野。災情之慘，亙古未有	二十年、二十三年均水災

縣別	被災概況	備考
南漳	入夏霪雨成災，平地積水四五尺。同時山洪暴發，河流激漲，水勢之高，爲歷年所未有。城區濱河一帶，二區武鎮，三區龍門集，及南鄉濱障之羅家灣、樓子河、口泉等處，均被淹沒冲毀。縣政府監獄，及城墻四週，崩陷三四十處。各處山巒高地，亦多冲毀崩塌，災象奇重，歷來所未見	二十年水災，二十三年無災
穀城	七月二、三、四、五，四日夜，大雨傾盆，南北兩河，汪洋一片。加之襄河水位增高，無從排瀉。城內外水深六七尺，交通斷絶。二區被淹十分之八，四區十分之五，五區十分之六，六區十分之六，一、三兩區，幾全被淹沒，災情較二十年尤爲慘。八月一日、八日，各復水一次，南北兩河分漲。四、五兩區沿河地方，受災較重	二十年水災，二十三年無災
宜城	七月七日，襄水以排山倒海之勢，向城逆灌。東南北城樓先後崩塌，城堞冲毀無遺。城廂內外民房，十九倒塌。北自楊家營、羊祜港、李家街，南至島口，東至山根，西至楊家崗、胡家崗，上下撈池。其中之官莊、南營、龔家瑙、南洲、流水溝、練港河、大家集、潭灘瑙、野鷄城、寶潼河、紅山頭等處，均已淹沒。計長百餘里，寬四十餘里。蠻河方面，上自碑頭下至島口，東至郭家崗，西迄山麓，其中之璞河瑙、孔家灣、石灰窰、朱家咀等處，亦已淹沒。共長九十餘里，寬十餘里。計被災面積，達全縣五分之四。水位已高出民廿年一丈五尺有奇。村鎮廬舍，冲洗一空。人民死者以萬計。入秋，復水成災	二十年水災，二十三年旱災

續表

縣別	被災概況	備考
光化	襄水暴漲，城鄉一片汪洋。河水倒灌河口（即老河口），全縣僅五福樓、正垠、牌坊、普寧、長盛等街未淹，餘均成澤國。水深丈餘，損失奇重。第一區客落鄉，及沿河各鄉，多成沙洲。南鄉一帶，災象尤烈。王富洲一村，居民二千餘，僅救出二百餘。第四區宋家洲一帶，房屋全倒，人民淹死十分之四。李家洲淹死十分之二。田地均成沙洲，入秋，復水爲災	二十年、二十三年均無災
保康	六月以來，大雨傾盆，歷時七晝夜。河堤沖毀，山谷崩塌。田禾牲畜，一洗而空。七月三十一日，大雨傾盆，復水一次，較第一次水高三尺	二十年、二十三年均無災
棗陽	（本年無災）	二十年水災，二十三年無災

第九區

縣別	被災概況	備考
宜昌	七月三日夜，山洪暴發，六十六小時不息。水頭四丈，沖洗縣城。東南兩鄉，亦遭沖刷。第一區沿江各鎮，幾全被淹沒。尤以大公、懷遠、南湖，三鎮被災爲甚。二區沿河各地，上自雙泉鎮，下至龍門鄉，凡河水經過之地，如宋家嘴、龍泉場等處，鍾家畈一帶，均成澤國。三區、四區，如小溪塔、許家河、後坪等鎮，及王家場、張家場，田地、人口、房屋、牲畜，損失不可勝計。尤以小溪塔全成澤國爲最慘。五區亦沖毀村莊田地不少。災情之慘，空前未有	二十年水災，二十三年無災

縣別	被災概況	備考
遠安	七月三日至六日，大雨傾盆，山洪暴發。將沿沮河之談家坪、洋坪鎮、楊家店、堰頭河、徐家棚、老龍灣、徐家莊、什塚坪、舊縣鎮、安洋坪、北門河、縣城、猴子岩、雷打岩、清溪場一帶房屋禾苗，淹沒殆盡。全縣精華，概付洪波。至於小河溪水流域，因山洪益猛，冲毀房屋無算，淹死人畜亦夥。損失之鉅，總數達百萬元以上。什物牲畜，蕩洗無存。十室十空，骨肉流離，厥狀甚慘	二十年、二十三年均無災
宜都	七月上旬，大雨傾盆，四晝夜不絕。長江，及南岸之清江、漢洋兩河，北岸之瑪瑙河，同時暴漲。水位超過民二十年七尺有奇。比越堤而過，濱江肥腴之區，悉告淹沒。又因水勢過猛，促不及防，房屋冲毀，人畜捲入波中者，尤不可勝計。城廂公私房屋，坍塌亦多。高地農作物，掃數冲去。災區遍及一、二、三、四等區，（如一區之龍窩河、黃家河、過路灘。二區之熊渡、聶家河、漢陽坪、柳津灘。三區之茶店、紅花套、老背、善溪、大冲上下沙灣、渣坪、鄢家沱。四區之白洋、安福市、砂磧坪、林家渡、羅家河。又草店水高兩丈餘，受災尤重。）雖只佔全縣三分之二，災禍則遍及全境。九月後，秋汛又臨，水位達一十七丈	二十年水災，二十三年旱災
興山	七月三日，霪雨傾盆，山洪暴漲，歷五晝夜未息。城關悉成澤國，平地水深丈餘。高處亦四五尺左右。民間房屋冲毀者十之八九。縣府亦倒塌過半。驚濤駭浪，漫延三日之久。災區之廣，遍及五區，災情之慘，百年未有也	二十年水災，二十三年無災

續表

縣別	被災概況	備考
當陽	自七月三日大雨，三日夜不止。繞城西北東門外之沮河，水勢隨之高漲，直冲入東北兩門，水深二尺許。城外帶子街、山貨街、北門街、東門街，水深數尺至數丈不等。廬舍倒塌，無一倖存，家具漂流，牲畜淹死，尤不可數計。隨波逐流而去者，附城已有二十餘人。六日晚，復水入城，深造三四尺，城脚崩塌，十八九處，長二百餘丈。此次水災，爲百年所未有 （又旱災）亢旱兩月餘，前被水區域，所種秋禾，概已枯槁	二十年水災，二十三年無災
秭歸	始以旱災，禾苗多未種下，雜糧亦施種失時。嗣逢洪水爲災，縣府及民房監所，多被冲倒。一區山崩，壓屋不少。二區水田壩兩岸田地，被冲壓者尤多 （又旱災）水災後，復經亢旱	二十年、二十三年均無災
長陽	七月二日起，大雨連綿，山洪暴發。清江河水陡漲，四日夜午漫溢。城廂平地，水深丈餘或數尺不等。人民逃避山坡，哭聲遍野。房屋倒塌過半。什物牲畜，多被漂泊，高田變爲石田，低田淪爲澤國。災情之重，爲有史以來所僅見。全縣災情，以第五區爲尤慘重 （又旱災）水災後，亢旱月餘。二、三、四、六等區，田禾乾枯，秋收無望	二十年水災，二十三年無災
五峯	七月三日起，大雨傾盆，四晝夜不息。漁洋關及附近各處，頓成澤國。河街全部，水田街半部，均受重災。柴埠溪洗去數十家，已絕人户。損失稻糧數萬石，房屋什物無算。災民餐風宿露，哭聲震天 （又旱災）水災後，又逢亢旱。全境赤地，禾苗枯槁	二十年水災，二十三年無災

續表

縣別	被災概況	備考
	第十區	
鶴峯	七月上旬，霳雨傾盆，山洪暴發。高地包谷，多被冲刷，低田禾苗，淹没殆盡。查該縣收復未久，田畝多荒，正待安輯流亡，從事耕作，復遭水災，生計益瀕絶境	二十年、二十三年均無災
來鳳	山洪暴發，各地冲壞田畝、房屋，及淹死人畜甚多。災禍奇重，交通斷絶，人民生計，已瀕絶境	二十年、二十三年均無災
恩施	山洪暴發，並被冰雹，縱橫三十餘里。田禾冲毀無餘，災民流離失所。被災以四區藍衫鄉爲最甚 （又旱災）七月中旬起，天久亢旱，逾月不雨	二十年、二十二年均無災
建始	（本年水災無） （旱災）七月中旬起，亢旱逾月。田土龜裂，禾苗枯槁	二十年、二十三年均無災
宣恩	（本年水災無） （旱災）據報匪患甫清，魁魃肆虐，嘉禾枯槁，秋收失望。三四兩區，稍有收成，又被匪割	二十年、二十三年均無災
巴東	（本年無災）	二十年、二十三年均無災
利川	（本年無災）	二十年、二十三年均無災
咸豐	（本年無災）	二十年、二十三年均無災

續表

縣別	被災概况	備考
	第十一區	
鄖縣	漢水漫溢，東城城垣，被急流掃刷，潰決六十丈。東南城區，淪爲澤國。城關房屋冲塌七八百棟，被災難民一千七八百户。五區之鮑家店，六區之花果園、黄龍灘，七區之十堰，四區之大堰，八區之南化，二區之白桑關、宰陽口，多被冲毁，廬舍爲墟，鄖白公路沿岸橋洞，全部傾圮，所有堰田，悉被沙石冲壓。四區之桃華，五區之鮑家店、唐坪等鄉，且受雹災	二十年、二十三年均水災
均縣	七月三日起，大雨。六日，漢水猛漲數丈，高於東部城垣。南關房屋，均已滅頂。全境悉被淹没，爲百年來未有之奇災。計一區房屋，倒八九百間。禾苗冲壞十之八九。二區青山港鎮，二百六十餘户，僅存三十餘户。青藥鄉一二兩保，無衣食住者，百餘户，水田盡成沙渚。三區沿浪河兩岸，及山谷溪澗，長百餘里，盡成沙石。四區玄岳門山口，冲毁房屋六百餘間。山河兩岸田地，變成河流，人畜死亡甚多。五區房屋，倒塌十之七八。牲畜什物，損失無算。六區房屋，倒塌十分之九，水田冲去十分之五。七區水旱各地，冲去大半。房屋被毁三分之二。八區田地冲去大半，房屋千餘户	二十年水災，二十三年無災
房縣	七月二日起，大雨如注。至六日，雨勢益猛，至山洪暴發，水田西門入城。附郭房屋，倒塌過半。稻田悉被冲毁，人畜死者無算。八月初，二次大水，較前尤烈。災情以六、二、一等區爲最重。災區不惟無禾，亦並無土。災民無糧無室，情况至慘	二十年、二十三年均無災

續表

縣別	被災概況	備考
鄖西	沿河沿溪，全岸淹沒。房屋田地，冲毀無算。人畜亦多淹沒。縣城東南關外，一片汪洋	二十年、二十三年均無災
竹山	入夏以來，大雨連綿，一、二、三、四、五、七各區，山洪暴發，農作物多被冲失。災區面積，約佔全縣五分之一，災區以一、三、五、七等區爲重，二、四等區次之。六區山嶺重疊，居民稀少，未被水災	二十年、二十三年均無災
竹溪	七月二日起，迄七日止，大雨傾盆，晝夜不息。城門因堵塞甚密，尚未漂沒。城外屋宇被冲，牆垣崩塌。牲畜什物之漂流，以及廖家河老幼隨水冲流而死亡者，不可勝計，誠爲空前浩劫	二十年無災，二十三年水災
漢口市	漢水暴漲，江水倒灌。沿河各街，因竭力防堵，所淹無多。舵落口因位於長豐南垸，地濱漢水，水勢日見增漲，至十二日，水與垸齊，舵落口遂不守。於是長豐堤南垸、北垸與張公堤之間，盡被淹沒。羅家墩、曾家墩、易家堤等，亦陷水中	二十年水災，二十三年無災

附註：一、本表所列各縣市水災概況，係根據水災救濟總會於二十四年十月二十一日所編製之水災概況表，及本府秘書處於二十四年七月三十日所編製之水災概況表，參酌兩項資料編列。

二、本表爲明瞭全省整個災況起見，將接着水災而起之旱災，一併列入。並將二十、二十三兩年，是否被災？及係水災？抑爲旱災？均一一分別註明，以資對照。

三、表内所列旱災，係根據水災救濟總會於二十四年十月十九日所製之災況一覽表，及各縣查勘報告，參配編列。

二、漢水流域民元以前水災概況

朝代	年別		發水時期及地點	損失狀況
唐	貞觀	十八年	秋　荊襄大水	
〃	貞元	八年	〃	害稼湮没城郭廬舍
〃	長慶	四年	襄荊復郢四州漢水溢	
〃	太和	四年	夏　襄郢大水	害稼
〃	太和	五年	六月　襄郢大水	〃
〃	太和	八年	秋　襄州	〃
〃	開成	三年	夏　鄂襄等州大水江漢漲溢	壞房均荊襄等州民居及田舍殆盡
〃	會昌	元年	七月　漢水	壞房均襄荊等州民居甚衆
後唐	同光	三年	九月　江漢溢	漂溺廬舍
〃	長興	二年	五月　襄州漢水溢入城均州水深三丈	壞民廬舍
後晉	天福	三年	八月　襄州漢江水漲一丈一尺	害稼
〃	〃		九月　漲三丈	
〃	天福	七年	七月　安州水平地深七尺	
後周	廣順	二年	七月　襄州大水	

續表

朝代	年別		發水時期及地點	損失狀況
后周	廣順 三年	六月	襄州漢江漲溢城内水深五尺	倉庫漂盡居民溺者甚衆
宋	建隆 二年		襄州漢水漲溢數丈	
〃	太平興國 二年	七月	蜀漢二江漲	壞城及民田廬舍
〃	太平興國 七年	六月	滇水均水漢江並漲	民舍人畜死者甚衆
〃	太平興國 八年	六月	荊門軍長林縣山水暴漲江漢皆溢	壞民廬舍
〃	雍熙 元年	六月	漢沮並漲	壞民舍
〃	天聖 三年	十一月	漢水漲	壞民田
〃	天聖 四年	七月	京山縣山水暴漲	漂死者衆縣令唐用之溺死
〃	嘉祐 二年	七月	京西湖北路水災	
〃	治平 元年	七月	光化軍水	
〃	重和 元年	夏	湖北路大水	民溺甚衆
〃	紹興 廿二年	五月	襄陽大水平地深五尺漢水冒城而入	
〃	乾道 九年	六月	湖北郡縣大水	
〃	淳熙 九年	〃		

續表

朝代	年別		發水時期及地點	損失狀况
宋	淳熙	十年	五月　襄陽府大水	漂民廬蓋藏爲災
〃	紹熙	三年	七月　襄大雨水漢江溢	敗堤防圯民廬没田稼者逾旬
〃	開禧	元年	九月　漢水溢荆襄	
〃	端平	二年	三月　襄陽漢陽大水	圯民廬害稼
〃	端平	三年	三月　漢江大水	
〃	咸淳	六年	六月　漢水溢	
〃	咸淳	七年	七月　大霖雨漢水溢	
元	大德	二年	二月　湖廣漢陽漢川水	
〃	大德	五年	六月　襄陽水	
〃	大德	九年	七月　沔陽至沙江溢	
〃	至大	三年	六月　宜城諸縣水	
〃	至治	元年	八月　安隆府①雨七日江水溢	放災三千五百户
〃	〃		九月　京山長壽二縣溢	
〃	至順	元年	七月　荆門諸縣水	湮没田廬
〃	至順	二年	五月　德安漢陽水	
明	洪武	廿三年	襄陽沔陽水八月霪雨漢江暴溢	由郢以西廬舍人畜湮没無算州城幾陷五日乃止

---

①　應爲"安陸府"。

續表

朝代	年別		發水時期及地點	損失狀況
明	宣德	元年	漢江水	襄陽穀城均州鄖縣沿江居民湮没者半
〃	正統	十四年	漢水溢	
〃	天順	二年	潛江水決高家腦	縣治流爲車河
〃	〃	六月	穀城景陵襄水湧	傷禾
〃	成化	七年	漢陽漢川水	
〃	成化	十年	安陸景陵沔陽漢川大水	
〃	成化	十四年	四月 襄陽江溢	壞襄陽城鄖安陸溢入城
〃	弘治	七年	漢川應山大水	
〃	武宗正德	十一年	襄陽大水	漢水溢齧新城及堤潰者數十丈
〃	武宗正德	十二年	荊襄大水鍾祥大水	田廬漂没民多溺死
〃	世宗嘉靖	五年	五月 鍾祥洋渡決荊門州沙洋堤決	
〃	世宗嘉靖	七年	七月 鍾祥漢水溢	
〃	世宗嘉靖	二十年	夏 鍾祥大水	
〃	世宗嘉靖	廿三年	漢川大水	

朝代	年別		發水時期及地點	損失狀況
明	世宗嘉靖 廿六年	秋	穀城大水漢水溢潰鍾祥堤潛塔兒灣亦決漢水受水患十八載	
〃	世宗嘉靖 廿八年		漢水決沙洋潛江堤潰	
〃	世宗嘉靖 廿九年		潛江沙洋鍾祥京山紅廟堤盡決	
〃	世宗嘉靖 卅一年	七月	宜城光化均州大水鍾祥京山皆大水	
〃	世宗嘉靖 卅八年	五月	襄陽大水 九月襄陽江水復漲	
〃	世宗嘉靖 卅九年		襄陽宜城光化大水鍾祥京山紅仁廟堤江陵等金堤台安沙堤舖決漢川亦大水	
〃	世宗嘉靖 四一年	春夏	鍾祥漢川大水宜城穀城光化均州大水	水入市
〃	世宗嘉靖 四五年		宜城穀城光化均州大水	
〃	穆宗隆慶 元年	夏	襄陽鄖陽鍾祥京山漢川皆水	
〃	穆宗隆慶 三年		襄陽承天大水	
〃	穆宗隆慶 五年		襄陽六月連雨至九月漢水溢	

朝代	年別		發水時期及地點	損失狀況
明	神宗萬曆　元年	五月	鄖陽水至津夾河水溢城壞承天大水	漂没民舍無算
〃	〃	九月	襄陽漢水溢	
〃	神宗萬曆　六年	五月	鍾祥漢川大水	
〃	神宗萬曆　七年	夏	鍾祥漢川大水	
〃	神宗萬曆　十年	夏	鍾祥大水	
〃	神宗萬曆　十五年	夏	鍾祥漢川大水	
〃	神宗萬曆　十九年	夏	鍾祥沔陽大水	
〃	神宗萬曆　廿一年	夏	鍾祥黄家灣濯家口馬家嘴操家口決漢川大水	
〃	神宗萬曆　廿五年	六月	京山大水鍾祥霪雨不絕	田禾漂盡舟入城
〃	神宗萬曆　廿九年	六月	漢水溢三丈餘七月方退沔陽水入城	
〃	神宗萬曆　三十年	夏	鍾祥大水	
〃	神宗萬曆　卅八年		漢川水	
〃	神宗萬曆　四十年		鍾祥漢水溢	
〃	神宗萬曆　四二年	夏	沔陽大水	
〃	神宗萬曆　四三年	〃		

續表

朝代	年別		發水時期及地點	損失狀況
明	熹宗天啓　二年	五月	京山大水沔陽大水	漂没廬舍壞城數十丈溺死人畜甚衆
〃	莊烈帝崇禎　元年	夏	漢川大水	
〃	莊烈帝崇禎　四年	九月	沔陽大水漢水漲二百餘尺垸堤盡潰鍾祥漢川皆水	
〃	莊烈帝崇禎　五年	秋	襄陽漢水溢鍾祥漢川大水	
〃	莊烈帝崇禎　九年		鍾祥大水	
〃	莊烈帝崇禎　十二年	六月	襄陽大水	
〃	莊烈帝崇禎　十五年		沔陽鍾祥大水	
清	世祖順治　二年		漢川水	
〃	世祖順治　四年		京山王家營堤潰漢川大水	
〃	世祖順治　六年	夏	漢川鍾祥當陽大水	
〃	世祖順治　七年	五月	沔陽大水没西湖新興朱麻等二百餘垸	
〃	世祖順治　九年	秋	鍾祥漢川大水	
〃	世祖順治　十一年	夏	漢水決于沙洋湖沔陽水潛堤潰口鍾祥漢川大水	
〃	世祖順治　十二年		沔陽鍾祥漢川大水	

續表

朝代	年別		發水時期及地點	損失狀況
清	世祖順治 十六年		漢川沔陽水	
〃	世祖順治 十七年		江漢大水	
〃	世祖順治 十八年		沔陽水	
〃	聖祖康熙 元年	夏	漢水漲溢鍾祥許家堤草廟真君廟白口京山番林院矗家灘並潰穀城宜城天門沔陽鍾祥皆水	
〃	聖祖康熙 二年		鍾祥天門皆大水	
〃	聖祖康熙 三年		沔陽天門水	
〃	聖祖康熙 四年	六月	沔陽南江堤潰天門大水	
〃	聖祖康熙 七年	秋	漢川沔陽水	
〃	聖祖康熙 九年	夏	鍾祥芳草嶺堤潰	
〃	聖祖康熙 十一年		鍾祥鐵牛關漢川巴東皆大水	
〃	聖祖康熙 十三年		漢水溢漢川大水	
〃	聖祖康熙 十五年		沔陽鍾祥穀城皆大水鍾祥丁公廟五家營芳草嶺俱潰	
〃	聖祖康熙 十六年		鍾祥芳草嶺復潰漢川潛江大水	

續表

朝代	年別		發水時期及地點	損失狀況
清	聖祖康熙 十七年		沔陽水	
〃	聖祖康熙 二十年	夏	沔陽鍾祥皆大水	
〃	聖祖康熙 廿一年		漢川水	
〃	聖祖康熙 廿二年		〃	
〃	聖祖康熙 廿四年		鍾祥沔陽水	
〃	聖祖康熙 三十年		漢川大水	
〃	聖祖康熙 卅一年		萬善安復潰鍾祥漢川大水	
〃	聖祖康熙 卅五年		沔陽漢川鍾祥水	
〃	聖祖康熙 卅八年	夏	沔陽水	
〃	聖祖康熙 四一年		沔陽水入城	
〃	聖祖康熙 四二年		沔陽水	
〃	聖祖康熙 四三年		漢川沔陽天門等縣漢水決三官殿	
〃	聖祖康熙 四四年		漢川天門沔陽當陽等水溢入城	
〃	聖祖康熙 四五年		穀城漢川大水鍾祥浪觀台王官殿俱潰	
〃	聖祖康熙 四八年		漢川天門沔陽官山①等縣水京山聶家灘決	

---

① 疑爲"京山"之誤。

續表

朝代	年別	發水時期及地點	損失狀況
清	聖祖康熙　五三年	夏　鄖西大水	
〃	聖祖康熙　五四年	漢川沔陽水	
〃	聖祖康熙　五五年	漢川天門沔陽水	
〃	聖祖康熙　五八年	光化大水	
〃	聖祖康熙　五九年	夏　漢川沔陽水	
〃	世宗雍正　元年	鄖襄十三縣山水漫堤天門沔陽水穀城水入城鍾祥大水潰堤	
〃	世宗雍正　三年	秋　沔陽大水	
〃	世宗雍正　四年	漢川沔陽大水	
〃	世宗雍正　五年	鍾祥沔陽漢川水	
〃	世宗雍正　六年	漢水大漲沔陽五家灣堤潰	
〃	世宗雍正　十一年	沔陽水	
〃	高宗乾隆　元年	五月　鍾祥水漢水沔陽水	
〃	高宗乾隆　五年	秋　鍾祥京山天門大水	
〃	高宗乾隆　六年	四月　鍾祥大水三官殿堤內外水鳴數日夜而已大潰天門沔陽漢川水	

續表

朝代	年別		發水時期及地點	損失狀況
清	高宗乾隆　七年		漢川鍾祥天門宜城皆水	
〃	高宗乾隆　十年		沔陽天門漢川當陽水	
〃	高宗乾隆　十一年		漢川沔陽天門棗陽水	
〃	高宗乾隆　十三年	秋	漢川天門沔陽水　九月鄖西亦水	
〃	高宗乾隆　十四年	夏	漢川沔陽天門水	
〃	高宗乾隆　十六年		京山鍾祥襄陽棗陽宜城均州穀城鄖西水	
〃	高宗乾隆　十八年		沔陽天門水	漂民居
〃	高宗乾隆　廿一年	夏	沔陽水光化大水	
〃	高宗乾隆　廿六年		天門沔陽漢川水	
〃	高宗乾隆　廿八年		沔陽天門水	
〃	高宗乾隆　廿九年		漢川沔陽大水	
〃	高宗乾隆　三十年		漢川大水	
〃	高宗乾隆　卅二年		漢川沔陽水	
〃	高宗乾隆　卅四年		〃	
〃	高宗乾隆　卅五年	夏	鄖西漢水溢	
〃	高宗乾隆　卅八年	夏	鄖西山水發	田場冲淤

朝代	年別		發水時期及地點	損失狀況
清	高宗乾隆　四四年	夏	鍾祥草廟台決水入城宜城亦水	
〃	高宗乾隆　四五年		沔陽水鍾祥大水	
〃	高宗乾隆　四六年		鍾祥宜城大水漢水羅田水	
〃	高宗乾隆　五三年		漢川沔陽水	
〃	高宗乾隆　五九年		襄陽宜城鍾祥漢川大水竹溪大雨	沿河市房漂没
〃	高宗乾隆　六十年	五月	天門大雨漢水汛溢沔陽亦水	
〃	仁宗嘉慶　七年	六月	沔陽鍾祥京山潛江天門連日大雨江水驟漲秋沔陽之潭灣等境水復漲	
〃	仁宗嘉慶　十年		鍾祥丁公廟堤決漢川潛江皆大水	
〃	仁宗嘉慶　十二年		鄖縣大水	水衝田禾民房無算
〃	仁宗嘉慶　廿二年		漢水溢穀	
〃	仁宗嘉慶　廿三年		鄖縣水漲	溺男女三百人
〃	仁宗嘉慶　廿四年		襄陽宜城大水	
〃	宣宗道光　二年		漢川房縣鍾祥鄖西大水鍾祥王家營堤潰	

朝代	年別		發水時期及地點	損失狀況
清	宣宗道光　五年		潛江漢川大水	
〃	宣宗道光　六年	六月	鍾祥漢川潛江宜都皆大水	
〃	宣宗道光　七年	六月	堤潰襄河坦豐垸南江卡子口漢川潛江大水	
〃	宣宗道光　十一年	六月	江漢暴漲鍾祥穀城潰堤	
〃	宣宗道光　十二年		漢江水溢鐵牛寺以下潰口十三處鄖西沔陽漢川宜都皆大水	
〃	宣宗道光　十三年	夏	漢川沔陽大水	
〃	宣宗道光　十六年		京山漢川沔陽潛江大水	
〃	宣宗道光　十九年		漢川沔陽鍾祥大水	
〃	宣宗道光　二十年		漢川沔陽潛江宜都大水	
〃	宣宗道光　廿一年		漢川大水	
〃	宣宗道光　廿二年		漢川沔陽大水潛江梅家嘴盧家灘獅子腦張家拐各處堤潰	
〃	宣宗道光　廿四年		漢川大水	
〃	宣宗道光　廿七年		襄陽兩岸垸堤俱潰	

續表

朝代	年別		發水時期及地點	損失狀況
清	宣宗道光　廿八年	夏	宜城光化大雨平地水深數尺漢川宜城皆大水	溺死居民無算
〃	宣宗道光　廿九年		漢川宜城水	漂没人畜
〃	文宗咸豐　元年		漢川潛江大水	
〃	文宗咸豐　二年		漢川鍾祥宜城大水	
〃	文宗咸豐　三年		鄖縣長樂大雨盡夜不絕漢水溢	
〃	文宗咸豐　七年	夏	漢川水	
〃	文宗咸豐　九年		沔陽大水	
〃	文宗咸豐　十年		〃	
〃	文宗咸豐　十一年		鍾祥漢川潛江大水	
〃	穆宗同治　元年	八月	鍾祥鄖西大水	
〃	穆宗同治　二年		鄖西鍾祥潛江沔陽大水	
〃	穆宗同治　四年	夏	沔陽大水漢川大水	
〃	穆宗同治　五年		漢川沔陽潛江水潰堤	
〃	穆宗同治　六年	八月	天門鍾祥潛江襄陽沔陽穀城大水漢水驟漲七丈有奇三日始退	壞廬舍垸堤害稼

續表

朝代	年別		發水時期及地點	損失狀況
清	穆宗同治　七年	五月	沔陽水漢水溢	
〃	穆宗同治　八年	夏	沔陽大雨襄河兩岸堤多潰漢川潛江大水	
〃	穆宗同治　九年	夏	江漢並溢鍾祥漢川大水	
〃	德宗光緒　二年	秋	沔陽水	
〃	德宗光緒　三年		襄河兩岸堤潰數處	
〃	德宗光緒　四年		沔陽霪雨大水	
〃	德宗光緒　五年		漢川京山水	
〃	德宗光緒　六年	六月	新水沔陽大雨	田廬多壞
〃	德宗光緒　八年		沔陽大水	
〃	德宗光緒　九年	夏	沔陽漢川潛江宜城水	
〃	德宗光緒　十年		沔陽水	
〃	德宗光緒　十一年		〃	
〃	德宗光緒　十二年		沔陽潛江大水	
〃	德宗光緒　二十年	秋	潛江天門大水潰堤	
〃	德宗光緒　廿二年	五月	鄖陽大水	
〃	德宗光緒　廿七年	夏	江漢水溢	兩片壞堤防甚衆
〃	德宗光緒　廿八年		襄陽大水	

續表

朝代	年別		發水時期及地點	損失狀況
清	宣統　元年	五月	漢水溢襄陽大雨沙洋堤潰襄水灌入下游	
〃	宣統　二年		沙洋堤潰	

附註：漢水發源陝西寧羌縣，經流漢中、興安、鄖陽、襄陽、漢陽等舊府治以入揚子江合流，長約一千五百餘公里，流域面積達十七萬五千八百餘平方公里，納多數支流以行，與江淮河並稱，爲我國中部四大河流之一，關係國計民生，最爲重要。自均縣以上，皆流行於峽谷之中，勢若建瓴，除漢中舊屬頗多平原外，餘皆崇山峻嶺。均縣以下，沿河山勢始稍開展。至老河口漸入平原，於一岸或兩岸乃有隄防之建築，達襄陽鍾祥一帶，山嶺距河遠近不一，自數公里至數十公里不等，水流汗漫，涸水之時，極目沙灘，一遇汛漲，浩渺無際。鍾祥以下，如天門、漢川、沔陽、漢陽等縣，地勢更爲低窪，河身亦不若上游寬闊。澤口以下，愈形狹小，古之穴口，多半湮没，一值盛漲，消洩莫及，遂泛濫成災。在明嘉靖前，以鍾祥以上所受水災次數較多。迨至明隆慶間，因維護獻王陵寢，復在鍾祥京山一帶祭堤，將舊有分洩河流之穴口盡行堵塞，兩堤間不能容漢水之盛漲，下游遂常漫潰成災。自明嘉靖至清末，所受水災約有一百五十餘次，平均每三數年均有水災一次。鍾祥京山一帶堤防，屢遭潰決，其中尤以道光十二年、咸豐三年、同治六年、民國十年暨二十四年爲最嚴重。惜以前無雨量水文等項記載，足資考查。

三、近五年中被災面積比較

單位：方公里

縣市別	民國二十年（水災）	民國二十三年（水旱災）	民國二十四年（水旱災）	二十四年與二十年比較　增（＋）減（－）	二十四年與二十三年比較　增（＋）減（－）
總計	46 421	11 512	56 762	＋　　10 341	＋　　45 250

縣市別	民國二十年（水災）	民國二十三年（水旱災）	民國二十四年（水旱災）	二十四年與二十年比較 增（十）減（一）		二十四年與二十三年比較 增（十）減（一）	
			二十、二十三、二十四，三年各被災一次者				
共計	39 232	10 537	35 595	－	3 637	＋	25 058
蒲圻	590	213	＊ 304	－	286	＋	91
武昌	247	323	72	－	175	－	251
漢陽	△ 1 703	334	（＊） 2 084	＋	381	＋	1 750
嘉魚	1 178	209	449	－	729	＋	240
崇陽	282	158	（＊） 195	－	87	＋	37
通城	165	121	（＊） 111	－	54	－	10
陽新	△ 1 158	484	510	－	648	＋	26
大冶	854	124	♀ 578	－	276	＋	454
鄂城	1 573	283	♀ 570	－	1 003	＋	287
蘄春	752	429	120	－	632	－	309
浠水	546	352	430	－	116	＋	78
廣濟	714	156	242	－	472	＋	86
黃梅	1 326	207	＊ 531	－	795	＋	324
羅田	⊠ 197	400	〔♀〕 536	＋	339	＋	136

續表

縣市別	民國二十年 （水災）	民國二十三年 （水旱災）	民國二十四年 （水旱災）	二十四年與 二十年比較 增（＋）減（一）		二十四年與 二十三年比較 增（＋）減（一）	
麻城	1 520	565	♀ 930	－	590	＋	365
黃岡	2 323	498	（＊） 291	－	2 032	－	207
黃陂	1 147	279	＊ 852	－	295	＋	573
孝感	1 470	187	1 260	－	210	＋	1 073
雲夢	589	107	120	－	487	－	5
應城	751	157	＊ 490	－	261	＋	333
天門	△ 1 638	338	2 079	＋	441	＋	1 741
沔陽	622	747	（＊） 3 268	＋	2 646	＋	2 521
鍾祥	3 660	235	3 805	＋	145	＋	3 570
漢川	1 387	251	（＊） 1 435	＋	48	＋	1 184
京山	743	458	1 797	＋	1 054	＋	1 339
潛江	△ 1 137	231	（＊） 1 113	－	24	＋	882
江陵	2 564	810	（＊） 2 811	＋	247	＋	2 001
荊門	1 639	414	586	－	1 053	＋	172
松滋	1 130	311	752	－	378	＋	441
石首	1 189	235	1 500	＋	311	＋	1 265

續表

縣市別	民國二十年 （水災）	民國二十三年 （水旱災）	民國二十四年 （水旱災）	二十四年與 二十年比較 增（＋）減（一）		二十四年與 二十三年比較 增（＋）減（一）	
公安	1 166	259	237	一	929	一	22
枝江	852	113	＊ 789	一	63	＋	676
襄陽	507	185	（＊）2 501	＋	1 994	＋	2 316
宜城	245	224	790	＋	545	＋	566
宜都	675	26	＊ 878	＋	203	＋	852
鄖縣	993	114	597	一	396	＋	483

二十、二十四，兩年各被災一次者

縣市別	民國二十年 （水災）	民國二十三年 （水旱災）	民國二十四年 （水旱災）	二十四年與 二十年比較 增（＋）減（一）		二十四年與 二十三年比較 增（＋）減（一）	
共計	**6 592**		**12 701**	**＋**	**6 109**	**＋**	**12 701**
漢口市	251		130	一	121	＋	130
隨縣	968		〔♀〕1 575	＋	607	＋	1 575
安陸	770		〔♀〕700	一	70	＋	700
監利	△ 1 950		（＊）1 287	一	663	＋	1 287
南漳	531		3 636	＋	3 105	＋	3 636
穀城	352		＊ 709	＋	357	＋	709
宜昌	⊠ 174		＊ 582	＋	435	＋	582

續表

縣市別	民國二十年 （水災）	民國二十三年 （水旱災）	民國二十四年 （水旱災）	二十四年與 二十年比較 增（＋）減（一）		二十四年與 二十三年比較 增（＋）減（一）	
當陽	☒ 211		1 226	＋	1 015	＋	1 226
興山	☒ 189		＊ 584	＋	395	＋	584
長陽	☒ 309		11	一	298	＋	11
五峯	445		900	＋	455	＋	900
均縣	469		＊ 1 361	＋	892	＋	1 361

二十三、二十四，兩年各被災一次者

縣市別	民國二十年 （水災）	民國二十三年 （水旱災）	民國二十四年 （水旱災）	二十四年與 二十年比較 增（＋）減（一）		二十四年與 二十三年比較 增（＋）減（一）	
共計		530	2 101	＋	2 101	＋	1 571
黃安		194	〔♀〕288	＋	288	＋	94
禮山		195	〔♀〕616	＋	616	＋	421
建始		81	〔♀〕766	＋	766	＋	685
竹谿		60	431	＋	431	＋	371

二十、二十三，兩年各被災一次者

縣市別	民國二十年 （水災）	民國二十三年 （水旱災）	民國二十四年 （水旱災）	二十四年與 二十年比較 增（＋）減（一）		二十四年與 二十三年比較 增（＋）減（一）	
共計	415	141		一	415	一	141
咸寧	415	141		一	415	一	141

二十年，被災一次者

縣市別	民國二十年 （水災）	民國二十三年 （水旱災）	民國二十四年 （水旱災）	二十四年與 二十年比較 增（＋）減（一）		二十四年與 二十三年比較 增（＋）減（一）	
共計	182			一	182		

縣市別	民國二十年 （水災）	民國二十三年 （水旱災）	民國二十四年 （水旱災）	二十四年與 二十年比較 增（＋）減（－）		二十四年與 二十三年比較 增（＋）減（－）	
棗陽	☒ 182			－	182		

二十三年，被災一次者

共計		**304**				－	**304**
通山		147				－	147
英山		157				－	157

二十四年，被災一次者

共計			**6 365**	＋	**6 365**	＋	**6 365**
應山			〔♀〕1 308	＋	1 308	＋	1 308
光化			493	＋	493	＋	493
保康			234	＋	234	＋	234
遠安			260	＋	260	＋	260
秭歸			（＊）657	＋	657	＋	657
恩施			〔＊〕893	＋	893	＋	893
宣恩			〔♀〕626	＋	626	＋	626
鶴峯			（＊）467	＋	467	＋	467
來鳳			300	＋	300	＋	300

續表

縣市別	民國二十年 （水災）	民國二十三年 （水旱災）	民國二十四年 （水旱災）	二十四年與 二十年比較 增（十）減（一）		二十四年與 二十三年比較 增（十）減（一）	
房縣			41	＋	41	＋	41
鄖西			511	＋	511	＋	511
竹山			＊ 575	＋	575	＋	575

附註：一、二十年被災面積，係由二十年湖北水災賑濟彙編所載之數，依方市里折爲方公里。
其折合後超過全縣面積（有△號縣份）及根本未列數字之縣份，（有⊠號者）均參酌
全國經濟委員會所發表之數字，依舊方里折合補充。

二、二十三年被災面積，係用本府以前所估計之公畝數（見第二期調查與統計）折合爲
方公里數，內容兼有旱災。

三、二十四年被災面積，本註符號者，係根據各縣政府查報數折合。註有＊號者，係根據
查勘委員所報告之數字折合。＊號加（）者，係本府前此所估計之數（見本省水災救
濟總會報告書），＊號加〇者，係編輯時，所假定之數。漢陽、沔陽、漢川、潛江、
江陵、鶴峯等縣，縣府查報數超過全縣面積，並崇陽、通城、黃岡、襄陽、監利、興
山、秭歸等縣，尚無查報數字，故均用估計數。純受旱災縣份，查勘報告中，缺被災
面積。故照各該縣被災農田數之比例，推求假定數以補充（表作〔子〕號）。

四、本表於點以下之數字，均截去。

四、二十、二十四兩年被災農田比較

縣市別	民國二十年被 災農田（千公畝）	民國二十四年被 災農田（千公畝）	二十四年與二十年 比較增（十）減（一）	
總計	17 661	96 561	＋	78 900
蒲圻	245	244	一	1

續表

縣市別	民國二十年被災農田（千公畝）	民國二十四年被災農田（千公畝）		二十四年與二十年比較增（＋）減（一）	
武昌	466	（＊）	89	－	377
漢陽	425		3 686	＋	3 261
嘉魚	648		569	－	79
崇陽	2	（＊）	214	＋	212
通城	1	（＊）	178	＋	177
陽新	254		168	－	86
大冶	356	♀	1 680	＋	1 324
鄂城	324	♀	1 140	＋	816
蘄春	261		369	＋	108
浠水	229		613	＋	384
廣濟	259		31	－	228
黃梅	207		614	＋	407
羅田	5	♀	614	＋	609
麻城	10	♀	453	＋	443
黃岡	540	＊	547	＋	7

續表

縣市別	民國二十年被 災農田（千公畝）	民國二十四年被 災農田（千公畝）	二十四年與二十年 比較增（＋）減（－）	
黃陂	216	642	＋	426
孝感	454	2 458	＋	2 004
雲夢	200	673	＋	473
應城	221	1 327	＋	1 106
天門	457	8 848	＋	8 391
沔陽	3 697	6 258	＋	2 561
鍾祥	40	4 402	＋	4 362
漢川	665	2 949	＋	2 284
京山	260	2 111	＋	1 851
潛江	496	3 810	＋	3 314
江陵	672	10 720	＋	10 048
荊門	500	1 726	＋	1 226
松滋	82	1 543	＋	1 461
石首	601	＊ 2 980	＋	2 379
公安	564	2 167	＋	1 603

續表

縣市別	民國二十年被災農田（千公畝）	民國二十四年被災農田（千公畝）		二十四年與二十年比較增（＋）減（一）	
枝江	114	＊	1 886	＋	1 772
襄陽	191	（＊）	5 002	＋	4 811
宜城	383		1 235	＋	852
宜都	59		799	＋	740
鄖縣	1 799	（＊）	1 546	一	253
漢口市	205		39	一	166
隨縣	17	♀	2 504	＋	2 487
安陸	15	♀	2 416	＋	2 401
監利	942		3 346	＋	2 404
南漳	3		523	＋	520
穀城	189		1 244	＋	1 055
宜昌	10	（＊）	517	＋	507
當陽	150		900	＋	750
興山	80	（＊）	466	＋	386
長陽	4	（＊）	543	＋	539

續表

縣市別	民國二十年被災農田（千公畝）	民國二十四年被災農田（千公畝）	二十四年與二十年比較增（＋）減（－）
五峯	6	21	＋ 15
均縣	30	775	＋ 745
黃安		♀ 449	＋ 449
禮山		♀ 1 063	＋ 1 063
建始		（♀） 1 480	＋ 1 480
竹谿		（＊） 258	＋ 258
應山		♀ 2 322	＋ 2 322
光化		388	＋ 388
保康		（＊） 346	＋ 346
遠安		210	＋ 210
秭歸		（＊） 657	＋ 657
恩施		〔＊〕 600	＋ 600
宣恩		〔♀〕 440	＋ 440
鶴峯		130	＋ 130
來鳳		69	＋ 69

續表

縣市別	民國二十年被災農田（千公畝）	民國二十四年被災農田（千公畝）	二十四年與二十年比較增（＋）減（一）	
房縣		381	＋	381
鄖西		84	＋	84
竹山		（＊）99	＋	99
咸寧		27	一	27
棗陽		80	一	80

附註：一、二十年被災農田，係根據全國經濟委員會所發表之數字，將千位以下用四捨五入截去。

二、二十四年被水災農田，未註符號者，係根據各縣縣政府查報數折合，註有＊號者，係根據查勘委員所報告之數字折合，＊號加（）者，係本府前此估計數（見水災救濟總會報告書），＊號加〔〕者，係編輯時，斟酌該縣情形所假定之數（因無其他數字可用，故作假定數以補充之）。

三、二十四年被旱災農田，係根據查勘委員所報告之數字折合（表作♀號），未經查勘者，參酌他項材料估計補充（表作（♀）號）。至水災後兼受旱災縣份（沔陽等十二縣），概用被水災之數字編列。

四、二十三年水旱災之被災農田數，原無查報數可用，故本表未予列入。

人　口

壹、近三十年來全省戶口調查經過

湖北全省人口，在清季以前，無翔實紀載，間有一二數字，見諸史乘，大都屬於局部，或僅係負担丁稅之戶口，其編查方法，莫得而詳。直至光緒末年，因籌備立憲，訂立六年調查戶口計劃，本省即於光緒三十四年，開始調查，始有全省戶口總數之統計。民國成立，內務部舉辦全國各省戶口調查，本省依照規定辦理，按年編查，至民國八年爲止。此後政局迭變，編查停頓十年。迨十七年秋間，內政部製定戶口調查規則及表式，通行各省，切實調查，本省當年舉行，於十八年調查完竣。嗣後匪患紛擾，內政部先後頒發之規則條例，不能繼續舉辦，遂致編查事項，無形停頓。二十一年，豫鄂皖三省勦匪總司令部，於八月頒發勦匪區內各縣編查保甲戶口條例，本省依照辦理，於二十一年冬，開始編組保甲，清查戶口，其時尚多零星股匪，未告肅清。至二十四年，始將各匪區，次第收復，各縣戶口，悉行編查完竣，並經覆查數次，於是省府始有比較詳確之湖北人口統計。年來保甲制度，逐漸健全，各縣對於戶口異動，及戶口統計，多能按期查報，頗少停滯，故自二十四年以來，由統計結果所得之全省人口總數，其可靠程度，實較以前增進。此爲近三十年來，由主管官廳正式調查全省戶口之大概情形。其餘各機關團體，亦有調查全省戶口之舉。如立法院，於十八年調查一次，海關於十年、二十年，各調查一次，郵務總局，於九年、十一年、十七年，各調查一次，申報舘於二十二年調查一次，中華續行委辦會（教會）於八年調查一次。其方法各有不同，其數字之可靠程度，比較爲低。至各地理家，有時紀載頗大之數字，或係依照局部人口之密度，以爲估計之根據，亦難置信。總之全省歷年戶口數字，要以本府最近所發表者，爲比較接近事實。

貳、最近概況

一、各縣保甲及人口概況

縣市	等級	區數	聯保數	保數	甲數	戶數（單位千）	人數（單位萬）			每百女子所當男子數	每戶平均人數
							共計	男	女		
總計		268	4 402	43 344	424 083	4 737	2 552	1 377	1 175	117	5
第一區		40	526	6 065	59 564	705	356	192	164	116	5
武昌	1	5	60	913	8 474	146	67	37	30	121	5
漢陽	2	4	67	677	7 312	99	59	31	28	109	6
嘉魚	3	3	52	344	3 312	33	17	9	8	110	5
咸寧	3	3	21	345	3 280	32	17	9	8	111	5
蒲圻	1	3	38	494	4 658	44	18	10	8	121	4
崇陽	3	3	78	314	3 353	42	18	10	8	115	4
通城	3	3	36	300	3 108	32	19	11	8	125	6
通山	3	3	12	176	1 745	20	11	6	5	115	5
陽新	2	5	50	809	7 804	89	47	24	23	106	5

壯丁數			識字人數		全縣面積（方公里）	每方公里平均人數	耕地面積（萬市畝）	每人攤地（市畝）		縣市
單位千	對全縣人數百分比	每甲平均數	單位千	對全縣人數百分比				地	耕地	
4 111	**16**	**10**	**4 461**	**17**	**186 365**	**137**	**5 199**	**11**	**2**	**總計**
637	**18**	**11**	**705**	**20**	**20 756**	**168**	**639**	**9**	**2**	**第一區**
139	21	16	166	25	2 606	257	125	6	2	武昌
114	19	16	138	23	2 227	265	93	6	2	漢陽
34	21	10	34	21	1 384	123	75	12	4	嘉魚
30	18	9	51	30	1 325	128	34	12	2	咸寧
36	19	8	31	17	1 565	115	55	13	3	蒲圻
36	20	11	44	24	1 953	92	30	16	2	崇陽
33	17	11	56	30	1 096	173	29	9	2	通城
21	19	12	20	18	1 461	75	12	20	1	通山
85	18	11	69	15	3 771	125	63	12	1	陽新

縣市	等級	區數	聯保數	保數	甲數	戶數（單位千）	人數（單位萬）			每百女子所當男子數	每戶平均人數
							共計	男	女		
大冶	2	4	69	733	7 657	79	41	22	19	117	5
鄂城	2	4	43	960	8 861	89	42	23	19	123	5
第二區		41	988	7 976	78 982	832	493	274	219	124	6
黃岡	1	6	138	1 344	13 628	144	93	51	42	122	6
浠水	2	4	103	825	8 046	85	53	30	23	129	6
蘄春	1	4	127	953	9 568	97	52	29	23	123	5
廣濟	2	3	70	595	6 347	69	35	19	16	124	5
黃梅	3	3	47	587	5 533	58	32	18	14	122	5
英山	3	3	43	244	2 462	29	22	13	9	135	7
羅田	3	3	63	345	3 403	34	22	13	9	134	6
麻城	2	5	73	1 117	10 288	108	62	34	28	121	6
黃安	2	3	67	662	6 876	67	32	17	15	115	5
黃陂	2	4	202	944	9 318	99	65	36	29	128	7
禮山	1	3	55	360	3 513	42	25	14	11	134	6
第三區		43	737	9 177	88 880	948	484	253	231	110	5

續表

| 壯丁數 | | | 識字人數 | | 全縣面積（方公里） | 每方公里平均人數 | 耕地面積（萬市畝） | 每人攤地（市畝） | | 縣市 |
單位千	對全縣人數百分比	每甲平均數	單位千	對全縣人數百分比				地	耕地	
43	11	6	48	12	1 530	268	67	6	2	大冶
66	16	7	48	11	1 838	230	56	7	1	鄂城
793	**16**	**10**	**799**	**16**	**25 161**	**197**	**689**	**8**	**1**	**第二區**
112	12	8	140	15	2 951	316	120	5	1	黃岡
97	18	12	63	12	1 939	273	83	6	2	浠水
101	19	11	137	26	2 658	196	55	8	1	蘄春
61	17	10	46	13	1 553	230	56	7	2	廣濟
66	21	12	43	13	1 785	178	67	8	2	黃梅
25	12	10	36	16	1 295	168	7	9	0.3	英山
38	17	11	42	19	2 332	94	25	16	1	羅田
84	13	8	82	13	4 651	134	96	11	2	麻城
55	17	8	63	20	2 219	143	42	10	1	黃安
105	16	11	96	15	2 158	300	116	5	2	黃陂
49	20	14	51	20	1 620	154	22	10	1	禮山
825	**17**	**9**	**780**	**16**	**28 297**	**171**	**1 239**	**9**	**3**	**第三區**

縣市	等級	區數	聯保數	保數	甲數	戶數（單位千）	人數（單位萬）			每百女子所當男子數	每戶平均人數
							共計	男	女		
孝感	2	6	101	1 211	11 724	130	70	36	34	107	5
雲夢	3	3	48	336	3 407	36	24	13	11	119	6
漢川	2	4	37	797	7 662	76	39	21	18	113	5
應城	3	3	40	522	5 098	56	30	16	14	117	5
安陸	3	3	134	529	4 877	52	29	15	14	111	6
應山	3	4	53	737	7 107	77	36	19	17	119	5
隨縣	1	6	128	1 469	14 187	149	75	41	34	120	5
鍾祥	1	5	59	989	9 374	109	54	28	26	108	5
京山	2	4	61	943	9 655	104	49	25	24	106	5
天門	2	5	76	1 644	15 789	159	78	39	39	100	5
第四區		**36**	**522**	**7 416**	**72 409**	**777**	**411**	**214**	**197**	**108**	**5**
沔陽	1	6	67	1 518	14 453	156	78	40	38	105	5
潛江	3	3	46	663	6 967	76	37	19	18	102	5
監利	2	4	46	891	8 881	92	49	25	24	107	5
石首	3	3	43	445	4 215	43	24	13	11	118	6

續表

壯丁數			識字人數		全縣面積（方公里）	每方公里平均人數	耕地面積（萬市畝）	每人攤地（市畝）		縣市
單位千	對全縣人數百分比	每甲平均數	單位千	對全縣人數百分比				地	耕地	
150	21	13	99	14	2 634	262	138	6	2	孝感
40	17	12	31	14	620	387	52	4	2	雲夢
66	17	9	123	32	1 464	265	84	6	2	漢川
50	17	10	41	15	1 024	293	70	5	2	應城
55	19	11	36	12	1 401	203	39	7	1	安陸
61	17	9	44	12	2 616	140	69	11	2	應山
110	13	8	136	18	6 848	113	116	14	2	隨縣
91	17	10	102	19	5 496	98	211	15	4	鍾祥
72	15	7	44	9	3 905	125	270	12	6	京山
130	17	8	124	16	2 289	341	190	4	2	天門
563	**14**	**8**	**845**	**21**	**23 482**	**174**	**1 226**	**7**	**3**	**第四區**
88	11	6	211	27	4 678	168	375	9	5	沔陽
45	12	6	84	23	1 451	257	93	6	3	潛江
55	11	6	167	34	2 594	190	111	8	2	監利
34	14	8	54	23	1 656	146	53	16	2	石首

縣市	等級	區數	聯保數	保數	甲數	戶數（單位千）	人數（單位萬）			每百女子所當男子數	每戶平均人數
							共計	男	女		
公安	3	3	42	541	4 908	52	33	18	15	143	6
松滋	2	3	65	726	7 141	72	45	24	21	116	6
枝江	3	3	42	410	3 928	42	25	13	12	109	6
江陵	1	6	76	1 249	12 425	135	68	35	33	107	5
荊門	1	5	95	973	9 491	109	52	27	25	109	5
第五區		30	574	4 367	41 958	449	237	129	108	119	5
宜城	3	3	33	361	3 730	41	19	10	9	104	5
襄陽	2	4	58	528	5 042	56	48	26	22	121	9
襄陽	1	6	108	1 276	12 096	132	62	33	29	115	5
光化	3	4	65	376	3 612	38	19	11	8	136	4
穀城	2	4	152	727	6 949	74	37	21	16	133	5
保康	3	3	23	199	1 987	21	11	6	5	120	5
南漳	2	6	135	900	8 542	87	41	22	19	108	5
第六區		25	375	3 318	33 191	360	189	100	89	111	5
遠安	3	3	20	188	1 739	20	10	5	5	107	5

續表

壯丁數			識字人數		全縣面積（方公里）	每方公里平均人數	耕地面積（萬市畝）	每人攤地（市畝）		縣市
單位千	對全縣人數百分比	每甲平均數	單位千	對全縣人數百分比				地	耕地	
35	11	9	56	17	1 690	195	71	8	2	公安
81	18	11	73	16	2 360	190	92	8	2	松滋
50	20	13	15	6	1 176	208	42	7	2	枝江
95	14	8	115	16	3 538	192	239	8	4	江陵
80	15	8	70	14	4 339	118	150	17	3	荊門
436	**18**	**10**	**279**	**12**	**18 828**	**132**	**792**	**12**	**3**	**第五區**
31	16	8	28	14	1 552	124	58	12	3	宜城
71	15	14	38	7	3 590	134	243	11	5	棗陽
119	19	10	72	12	3 982	152	276	10	4	襄陽
48	24	13	47	24	987	202	73	7	4	光化
72	20	10	35	10	2 361	155	61	10	2	穀城
15	14	8	16	15	2 282	49	9	31	1	保康
80	19	9	43	10	4 074	102	72	15	2	南漳
266	**14**	**8**	**330**	**17**	**19 245**	**99**	**201**	**15**	**1**	**第六區**
10	10	6	14	15	1 581	61	26	23	3	遠安

縣市	等級	區數	聯保數	保數	甲數	戶數（單位千）	人數（單位萬）			每百女子所當男子數	每戶平均人數
							共計	男	女		
當陽	3	3	44	566	5 529	66	31	16	15	110	5
宜都	3	3	29	549	5 615	57	29	15	14	107	5
宜昌	1	4	35	794	8 243	92	54	29	25	113	6
興山	3	3	61	198	1 914	21	11	6	5	114	5
秭歸	3	3	62	399	4 081	40	22	12	10	119	6
長陽	3	3	89	452	4 363	46	23	12	11	113	5
五峯	3	3	35	172	1 707	18	9	5	4	109	5
第七區		28	241	2 187	21 631	226	136	75	61	121	6
鶴峯	3	4	18	107	1 096	12	7	4	3	118	6
宣恩	3	3	31	192	2 001	19	13	7	6	117	6
來鳳	3	3	22	213	2 107	21	12	7	5	131	6
咸豐	3	3	32	196	2 140	22	14	8	6	119	6
利川	3	4	29	286	2 930	32	22	12	10	125	7
恩施	1	4	41	472	4 445	45	28	15	13	127	6
建始	3	3	36	378	3 760	38	20	11	9	121	5

續表

壯丁數			識字人數		全縣面積（方公里）	每方公里平均人數	耕地面積（萬市畝）	每人攤地（市畝）		縣市
單位千	對全縣人數百分比	每甲平均數	單位千	對全縣人數百分比				地	耕地	
21	7	4	48	16	2 503	123	66	12	2	當陽
56	19	10	51	17	1 543	190	24	8	1	宜都
78	14	9	100	18	3 982	136	33	11	1	宜昌
20	17	10	29	26	2 012	56	4	27	0.4	興山
31	14	8	47	26	1 829	120	7	12	0.3	秭歸
34	14	8	33	14	3 580	65	17	23	1	長陽
16	17	9	8	9	2 215	41	24	36	3	五峯
188	**14**	**8**	**167**	**13**	**23 509**	**57**	**255**	**26**	**2**	**第七區**
8	11	7	13	20	3 533	19	28	80	4	鶴峯
5	4	3	9	8	2 085	58	22	26	2	宣恩
14	12	7	6	5	2 233	53	28	29	2	來鳳
21	14	10	11	8	2 479	57	24	27	2	咸豐
26	11	9	23	10	2 970	75	15	20	1	利川
48	18	10	29	11	4 469	61	46	25	2	恩施
31	15	9	51	25	2 821	73	74	21	4	建始

縣市	等級	區數	聯保數	保數	甲數	戶數（單位千）	人數（單位萬）			每百女子所當男子數	每戶平均人數
							共計	男	女		
巴東	3	4	32	343	3 152	37	20	11	9	120	5
第八區		25	439	2 838	27 468	285	166	94	72	130	6
房縣	2	5	104	435	4 132	43	26	15	11	130	6
均縣	2	4	70	518	5 047	58	29	16	13	128	5
鄖縣	1	4	73	771	7 383	70	41	23	18	125	6
竹山	3	4	107	411	3 957	41	26	15	11	122	7
竹谿	3	4	52	306	3 180	33	21	12	9	134	6
鄖西	3	4	33	397	3 769	40	23	13	10	132	6
漢口市						155	80	46	34	135	6

附註：一、本表所列各縣戶口數字，係根據各縣政府截至二十五年六月底以前所呈報之戶口統計表。其屬二十四年內所查報者，約佔五分之三，屬二十五年上半年查報者，約佔五分之二。漢口及省會，係根據省市兩警察局二十五年二月份之月報。

二、武昌、漢陽兩縣，係將省會區戶口分別併入。漢口市將特三區及日法租界戶口併入。

三、職業因現有查報數欠確，暫缺待再查。

四、本表男女人數，以萬爲單位，戶與壯丁及識字人數，以千爲單位，截取均係四捨五入。

五、各縣成立區署後，即重編戶口，擴大聯保組織，現正次第舉行。其已重編就緒者，則聯保數較以前爲少，其尚未重編，或重編尚未完竣者，則聯保數多仍舊。故表內所列各聯保數，恒與戶口多寡，不相平衡。

六、截至二十六年三月底止統計結果，計全省二百六十七區，二千七百九十五聯保，四萬一千五百三十二保，四十一萬零三百一十二甲，詳列本編政務類各聯保甲人員受訓人數表內。

續表

壯丁數			識字人數		全縣面積（方公里）	每方公里平均人數	耕地面積（萬市畝）	每人攤地（市畝）		縣市
單位千	對全縣人數百分比	每甲平均數	單位千	對全縣人數百分比				地	耕地	
35	17	11	25	13	2 919	69	18	22	1	巴東
229	**14**	**8**	**299**	**18**	**26 953**	**62**	**147**	**24**	**1**	**第八區**
28	11	7	20	8	7 406	35	26	43	1	房縣
43	15	8	26	9	3 662	78	21	19	1	均縣
49	12	7	162	27	5 969	69	28	22	1	鄖縣
35	13	9	42	16	2 669	99	17	15	1	竹山
41	19	13	27	13	2 634	78	18	19	1	竹谿
33	14	9	22	10	4 613	50	37	30	2	鄖西
174	**22**		**257**	**34**	**134**	**5 970**	**11**	**0.3**	**0.1**	**漢口市**

二、各縣人口總數分組

人數	縣市名稱	縣市數
50 000—100 000	五峯，鶴峯	2
100 000—150 000	通山，保康，遠安，興山，宣恩，來鳳，咸豐	7
150 000—200 000	嘉魚，咸寧，蒲圻，崇陽，通城，宜城，光化	7
200 000—250 000	英山，羅田，禮山，雲夢，石首，枝江，秭歸，長陽，利川，建始，巴東，竹谿，鄖西	13
250 000—300 000	安陸，宜都，恩施，房縣，均縣，竹山	6
300 000—350 000	黃梅，黃安，應城，公安，當陽	5
350 000—400 000	廣濟，漢川，應山，潛江，穀城	5
400 000—450 000	大冶，鄂城，松滋，南漳，鄖縣	5
450 000—500 000	陽新，京山，監利，棗陽	4
500 000—550 000	浠水，蘄春，鍾祥，荊門，宜昌	5
550 000—600 000	漢陽	1
600 000—650 000	麻城，黃陂，襄陽	3
650 000—700 000	武昌，孝感，江陵	3
700 000—750 000		
750 000—800 000	隨縣，天門，沔陽	3
800 000—850 000	漢口市	1
850 000—900 000		
900 000—950 000	黃岡	1
總計		71

全省人口分佈圖

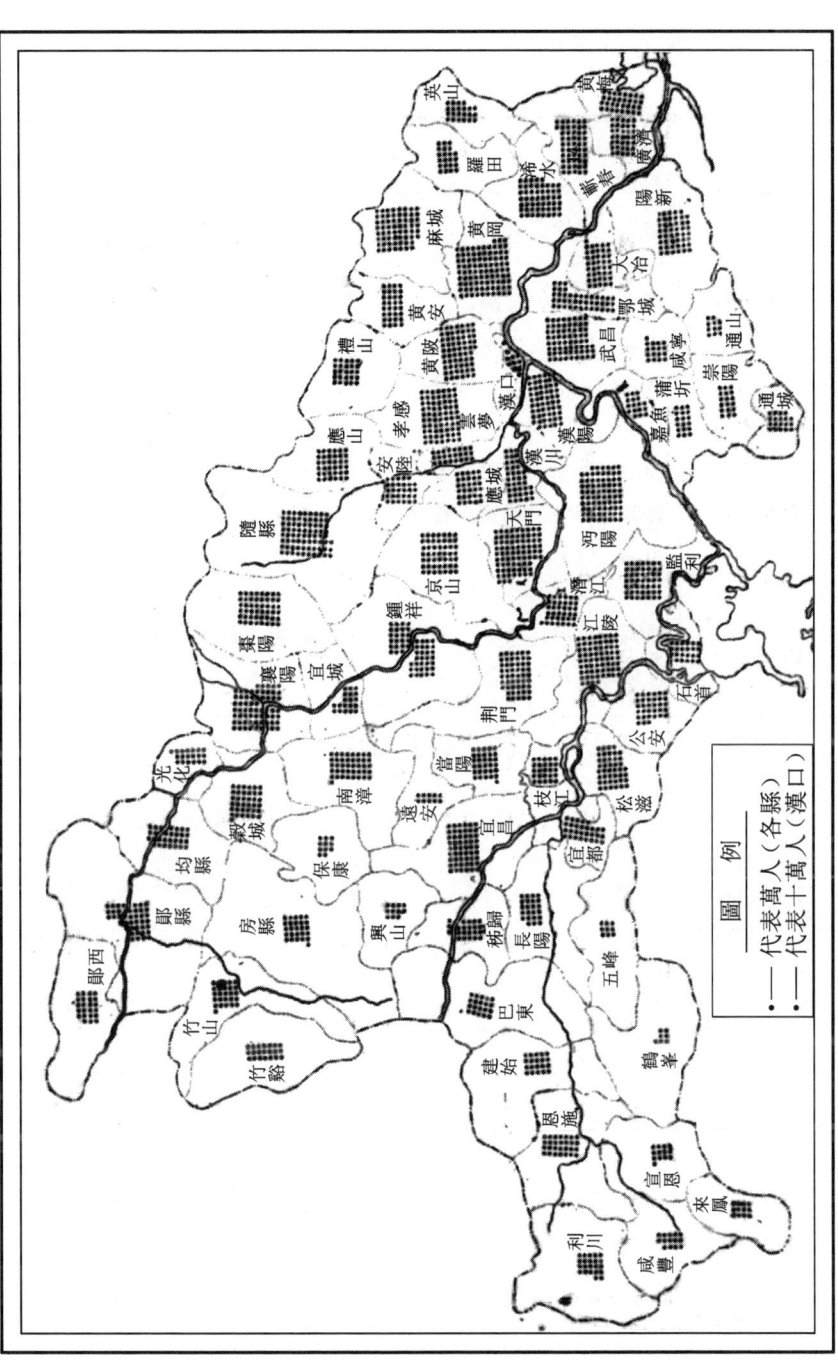

圖 例

代表萬人（各縣）
━ 代表萬人（各縣）
∶ 代表十萬人（漢口）

三、各縣人口密度

每方公里人數	縣名	縣數
1—50	鶴峯，保康，五峯，鄖西，房縣	5
50—100	遠安，興山，長陽，恩施，宣恩，建始，巴東，咸豐，來鳳，鄖縣，崇陽，通山，羅田，鍾祥，利川，均縣，竹谿，竹山	18
100—150	蒲圻，嘉魚，陽新，隨縣，荆門，宜城，南漳，當陽，秭歸，咸寧，黃安，麻城，應山，京山，石首，松滋，棗陽，宜昌	18
150—200	通城，英山，禮山，沔陽，襄陽，穀城，蘄春，黃梅，江陵，監利，公安，宜都	12
200—250	安陸，枝江，光化，鄂城，廣濟	5
250—300	武昌，大冶，浠水，孝感，漢川，潛江，漢陽，應城	8
300—350	黃岡，黃陂，天門	3
350—400	雲夢	1
總計		70

附註：漢口市每方公里 5 970 人。

四、本省人口總數與各省比較

省別	人口總數	百分比		平均每方公里密度
		各省佔本省	各省佔全國	
本省	25 531 008	100.00	5.66	136.94
四川	50 766 336	198.84	11.26	125.77
山東	37 140 340	145.47	8.24	241.63
江蘇	35 871 351	140.50	7.96	338.67
廣東	33 179 078	129.96	7.36	148.12
河南	32 845 585	128.65	7.29	193.46
湖南	30 478 250	119.38	6.76	141.64
河北	29 953 526	117.32	6.64	213.15
安徽	22 093 000	86.53	4.90	154.02
浙江	20 331 737	79.64	4.51	201.18
江西	18 940 000	74.18	4.20	112.58
遼寧	15 253 687	59.75	3.38	60.82
山西	11 971 423	46.89	2.66	73.97
雲南	11 795 486	46.20	2.62	29.59
廣西	10 778 100	42.22	2.39	49.02

續表

省別	人口總數	百分比		平均每方公里密度
		各省佔本省	各省佔全國	
陝西	9 873 598	38.67	2.19	50.67
福建	9 108 533	35.68	2.02	74.98
吉林	7 337 322	28.74	1.63	25.92
貴州	6 906 361	27.05	1.53	38.13
蒙古	6 160 106	24.13	1.37	3.82
甘肅	5 973 872	23.40	1.32	15.68
黑龍江	3 724 738	14.59	0.83	6.44
西藏	3 722 011	14.58	0.83	4.11
新疆	2 551 741	9.99	0.57	1.55
熱河	2 276 635	8.92	0.50	13.09
察哈爾	2 102 788	8.24	0.47	8.13
綏遠	1 899 822	7.44	0.42	6.25
青海	1 009 038	3.95	0.22	1.39
西康	797 200	3.12	0.18	1.69
寧夏	412 477	1.62	0.09	1.36
全國	**450 785 149**		**100.00**	**40.33**

附註：本表所列各省人口數，除本省係本府統計，及蒙古係採用內政部十七年估計數外，其餘各省區，均係主計處統計局編印之統計提要所列載。至特別市區人口，本表一概併入原省計算。

叁、市民及生死

一、全省重要市鎮户口

市鎮別	户數	人數
漢口	155 436	801 205
武昌城區	60 795	309 126
漢陽城區	25 379	124 770
宜昌	21 344	104 736
沙市	24 013	88 489
老河口	10 448	50 238
樊城	7 174	34 757
新隄	4 423	24 283
武穴	4 941	23 394
沙洋	2 960	14 896

附註：本表係根據各市鎮警察局最近之報告編列。

二、武漢市民職業

職業別	人數			百分比
	男	女	計	
總計	669 997	503 485	1 173 482	100.00
有職業	422 179	315 275	737 454	62.84
農業	16 057	1 284	17 341	1.48
礦業	302		302	0.02
工業	112 915	20 993	133 908	11.41
商業	160 953	2 653	163 606	13.94
交通運輸業	76 224	90	76 314	6.50
郵電	1 807	10	1 817	0.15
路政	2 649	13	2 662	0.23
航務	10 250	6	10 256	0.87
轉運	3 499	22	3 471	0.30
堆棧	1 004		1 004	0.08
挑挽	56 607	39	56 646	4.83
其他	458		458	0.04
公務	16 841	63	16 904	1.44

職業別	人數			百分比
	男	女	計	
黨務	397	5	402	0.03
政治	5 553	49	5 602	0.48
軍事	7 113		7 113	0.61
警察	3 778	9	3 787	0.32
自由職業	9 013	2 691	11 704	1.00
教育	3 300	537	3 837	0.33
國醫	852	5	857	0.07
西醫	283	61	344	0.03
藥劑師	56	15	71	0.01
律師	240	1	241	0.02
會計師	18		18	0.00
工程師	69		69	0.01
新聞	397		397	0.04
僧侶教徒	2 421	2 004	4 425	0.36
社團服務	997	13	1 010	0.09
其他	380	55	435	0.04

續表

職業別	人數			百分比
	男	女	計	
人事服務	28 350	287 171	315 521	26.89
家庭管理	149	267 344	267 493	22.80
侍從傭役	28 201	19 827	48 028	4.09
其他	1 524	330	1 854	0.16
失業	**14 121**	**489**	**14 610**	**1.24**
無業	**200 248**	**185 425**	**385 673**	**32.87**
學生	63 993	33 947	97 940	8.35
不事生產	2 431	2 260	4 691	0.40
非法生活	1 167	3 087	4 254	0.36
囚犯	2 665	281	2 946	0.25
慈善機關收容	1 739	2 460	4 199	0.36
老弱殘廢	128 253	143 390	271 643	23.15
職業不詳	**33 449**	**2 296**	**35 745**	**3.05**

附註：一、本表係根據省市兩警察局二十五年十一月份查報數字編列。

二、本表所列數字，係包括漢口市及武昌城區、漢陽城區三處之市民。其外僑及特三區、日法兩租界之人口，均未計入。

三、表中失業，係指向有職業而失業之人口；非法生活，係指樂户人口；職業不詳，係指公共處所之人口，無法調查者。

三、武漢市民年齡

年齡別	人數			百分比
	男	女	共計	
總計	669 997	503 485	1 173 482	100.00
0—5	76 714	67 997	144 691	12.33
6—10	45 773	40 008	85 781	7.31
11—15	56 885	41 568	98 453	8.39
16—20	70 571	46 134	116 705	9.94
21—25	62 806	46 088	108 894	9.28
26—30	60 851	44 368	105 219	8.97
31—35	57 364	43 012	100 376	8.55
36—40	53 168	39 576	92 744	7.90
41—45	44 672	31 879	76 551	6.52
46—50	41 035	27 874	68 909	5.87
51—55	26 860	21 439	48 299	4.12
56—60	17 878	17 844	35 722	3.04
61—65	9 395	12 781	22 176	1.89
66—70	4 487	8 611	13 098	1.12

續表

年齡別	人數			百分比
	男	女	共計	
71—75	1 976	5 010	6 986	0.60
76—80	828	3 117	3 945	0.34
81—85	250	888	1 138	0.10
86—90	73	238	311	0.03
91—95	12	32	44	0.00
96—100	1	4	5	0.00
不詳	38 398	5 037	43 435	3.70

附註：本表係根據省市兩警察局二十五年十一月份查報之資料，合併編列。

四、武漢市民生死

廿一年至廿五年

月	人口總數	出生人數	死亡人數	出生率（每千人中出生數）	死亡率（每千人中死亡數）
			二十一年		
1	1 273 030	876	1 970	0.688	1.549
2	1 256 130	1 369	1 878	1.090	1.495
3	1 236 368	1 606	2 135	1.298	1.727

月	人口總數	出生人數	死亡人數	出生率 （每千人中出生數）	死亡率 （每千人中死亡數）
4	1 238 885	1 503	1 974	0.849	1.593
5	1 232 784	771	1 748	0.625	1.418
6	1 233 053	689	1 612	0.559	1.307
7	1 232 983	921	2 236	0.740	1.814
8	1 227 653	1 008	2 503	0.821	2.039
9	1 228 826	1 352	1 900	1.100	1.546
10	1 231 184	1 160	1 410	0.942	1.145
11	1 241 722	1 138	812	0.916	0.954
12	1 203 594	1 769	818	1.470	0.680

二十二年

月	人口總數	出生人數	死亡人數	出生率 （每千人中出生數）	死亡率 （每千人中死亡數）
1	1 204 068	598	667	0.496	0.554
2	1 201 203	1 861	732	1.553	0.611
3	1 199 178	1 232	715	1.027	0.596
4	1 195 020	788	677	0.669	0.567
5	1 196 896	913	720	0.778	0.602
6	1 184 893	1 202	722	1.016	0.608

月	人口總數	出生人數	死亡人數	出生率 （每千人中出生數）	死亡率 （每千人中死亡數）
7	1 185 103	1 877	942	1.584	0.795
8	1 183 470	2 085	1 295	1.765	1.094
9	1 170 427	1 782	817	1.522	0.698
10	1 176 401	2 211	1 004	1.879	0.853
11	1 190 014	2 220	839	1.865	0.705
12	1 197 884	2 536	871	2.117	0.727

二十三年

月	人口總數	出生人數	死亡人數	出生率	死亡率
1	1 200 192	1 578	896	1.315	0.747
2	1 197 275	1 394	799	1.164	0.667
3	1 198 260	2 460	1 002	1.634	0.836
4	1 203 901	1 471	955	1.222	0.793
5	1 208 644	1 092	840	0.894	0.695
6	1 210 992	1 568	1 227	1.307	10.13
7	1 207 877	1 880	2 139	1.556	1.771
8	1 210 696	1 766	1 873	1.459	1.547
9	1 221 364	2 042	1 715	1.672	1.404

月	人口總數	出生人數	死亡人數	出生率 （每千人中出生數）	死亡率 （每千人中死亡數）
10	1 234 945	2 395	1 384	1.939	1.121
11	1 246 324	2 326	1 219	1.866	0.978
12	1 255 390	2 717	1 758	2.115	1.368

二十四年

月	人口總數	出生人數	死亡人數	出生率 （每千人中出生數）	死亡率 （每千人中死亡數）
1	1 226 116	2 310	1 794	1.913	1.417
2	1 259 201	1 772	1 520	1.407	1.207
3	1 262 493	1 746	1 548	1.383	1.226
4	1 258 025	1 690	1 753	1.343	1.393
5	1 248 896	1 355	1 542	1.085	1.235
6	1 240 486	1 092	1 227	0.880	0.989
7	1 232 200	1 068	1 215	0.867	0.986
8	1 225 569	2 281	1 501	1.861	1.225
9	1 226 608	2 013	1 299	1.641	1.059
10	1 232 527	2 425	1 094	1.968	0.888
11	1 221 238	2 722	1 066	2.229	0.873
12	1 215 404	2 734	1 073	2.249	0.883

續表

月	人口總數	出生人數	死亡人數	出生率 （每千人中出生數）	死亡率 （每千人中死亡數）
二十五年					
1	1 216 199	1 758	1 006	1.444	0.828
2	1 204 854	2 120	1 084	1.760	0.700
3	1 195 293	2 115	1 122	1.769	0.939
4	1 183 894	1 593	1 102	1.346	0.931
5	1 174 855	1 100	1 171	0.936	0.997
6	1 165 137	1 309	1 200	1.123	1.030
7	1 162 410	1 026	898	0.883	0.773
8	1 153 930	936	1 000	0.811	0.867
9	1 149 490	2 528	1 179	2.199	1.026
10	1 158 469	1 950	1 023	1.683	0.883
11	1 174 842	2 170	901	1.847	0.767
12	1 188 255	1 692	1 110	1.430	0.934

附註：一、本表所列生死人數及人口總數，係根據省市兩警察局之逐月報告，其區域以兩局轄境爲範圍，特三區及日法兩租界，未經計入。

二、本表於死產數，係加入出生、死亡兩方面計算。

三、各月人口實數之計算，除由上月份實數中，加減本月份生死數外，更須加減本月份遷出、遷入、失蹤等異動數，始得本月份之人口實數，本表注重在求各時期之生死率，於整個口數增減之各種原因，非所計及，故其他異動，不及備載。

五、重要市鎮市民生死

二十三年至二十五年

月	人口總數	出生人數	死亡人數	出生率 （每千人中出生數）	死亡率 （每千人中死亡數）
			漢口		
			二十三年		
1	771 127	947	477	1.228	0.619
2	768 778	1 036	471	1.348	0.613
3	770 408	1 082	543	1.404	0.704
4	774 069	803	514	1.037	0.664
5	773 417	816	562	1.055	0.726
6	773 167	814	566	1.052	0.732
7	772 834	1 073	1 064	1.377	1.365
8	776 159	1 025	915	1.316	1.175
9	782 883	1 344	771	1.709	0.977
10	794 254	1 443	741	1.817	0.933
11	803 001	1 493	659	1.859	0.821
12	809 215	1 829	1 062	2.260	1.312

月	人口總數	出生人數	死亡人數	出生率 （每千人中出生數）	死亡率 （每千人中死亡數）
			二十四年		
1	816 514	1 758	1 061	2.153	1.299
2	812 839	1 176	907	1.447	1.116
3	812 837	1 333	1 057	1.640	1.300
4	810 128	1 253	1 105	1.547	1.364
5	803 252	1 106	1 003	1.377	1.249
6	796 343	926	813	1.163	1.020
7	787 833	974	826	1.236	1.048
8	784 114	1 478	962	1.885	1.227
9	785 548	1 183	853	1.506	1.086
10	789 950	1 845	688	2.336	0.871
11	785 630	1 622	663	2.065	0.844
12	781 514	1 886	698	2.413	0.893
			二十五年		
1	781 106	1 121	673	1.435	0.862
2	770 958	1 500	718	1.946	0.931
3	762 307	1 403	782	1.841	1.026
4	752 452	958	717	1.273	0.958

月	人口總數	出生人數	死亡人數	出生率 （每千人中出生數）	死亡率 （每千人中死亡數）
5	744 375	825	844	1.108	1.134
6	737 189	947	842	1.285	1.142
7	733 700	687	407	0.936	0.555
8	728 835	819	728	1.123	0.999
9	727 174	1 727	805	2.375	1.107
10	733 654	1 445	734	1.970	1.010
11	750 495	1 756	368	2.340	0.491
12	760 437	1 267	789	1.666	1.038

武昌城區

二十三年

月	人口總數	出生人數	死亡人數	出生率 （每千人中出生數）	死亡率 （每千人中死亡數）
1	306 757	402	278	1.310	0.906
2	306 299	243	230	0.790	0.750
3	305 293	925	291	3.030	0.950
4	308 071	421	299	1.367	0.970
5	312 936	168	189	0.537	0.604
6	315 514	499	420	1.580	1.330
7	312 976	494	675	1.580	2.160

續表

月	人口總數	出生人數	死亡人數	出生率 （每千人中出生數）	死亡率 （每千人中死亡數）
8	311 631	502	626	1.610	2.009
9	314 722	403	508	1.280	1.610
10	316 233	591	388	1.869	1.227
11	318 131	588	395	1.848	1.242
12	320 410	559	474	1.745	1.479

二十四年

月	人口總數	出生人數	死亡人數	出生率	死亡率
1	323 557	345	528	1.006	1.632
2	320 474	391	474	1.221	1.480
3	322 514	275	361	0.853	1.120
4	321 506	273	457	0.849	1.421
5	319 575	231	396	0.723	1.240
6	318 256	83	298	0.261	0.936
7	318 841	63	280	0.198	0.878
8	316 731	452	328	1.427	1.036
9	315 142	474	282	1.504	0.894
10	315 434	326	223	1.033	0.707
11	309 912	662	249	2.136	0.803

月	人口總數	出生人數	死亡人數	出生率 （每千人中出生數）	死亡率 （每千人中死亡數）
12	308 175	372	223	1.000	0.724

二十五年

月	人口總數	出生人數	死亡人數	出生率 （每千人中出生數）	死亡率 （每千人中死亡數）
1	309 426	457	237	1.477	0.766
2	309 126	248	224	0.802	0.725
3	307 881	413	210	1.341	0.682
4	307 677	449	231	1.460	0.751
5	306 964	186	220	0.606	0.717
6	304 789	214	231	0.702	0.758
7	305 753	220	182	0.720	0.595
8	302 101	80	179	0.265	0.594
9	300 132	388	230	1.293	0.766
10	302 376	274	196	0.906	0.649
11	301 758	248	169	0.822	0.551
12	305 537	278	203	0.911	0.664

漢陽城區

二十三年

月	人口總數	出生人數	死亡人數	出生率 （每千人中出生數）	死亡率 （每千人中死亡數）
1	122 308	229	141	1.872	1.152

月	人口總數	出生人數	死亡人數	出生率 （每千人中出生數）	死亡率 （每千人中死亡數）
2	122 188	115	98	0.940	0.801
3	122 559	453	168	3.740	1.360
4	121 761	247	142	2.029	1.166
5	122 291	97	89	0.798	0.733
6	122 291	243	241	1.990	1.970
7	122 067	313	400	2.560	3.280
8	122 906	239	332	1.940	2.701
9	123 759	295	269	2.380	2.170
10	124 458	361	275	2.900	2.050
11	125 192	245	165	1.957	1.318
12	125 765	329	222	2.616	1.765

二十四年

月	人口總數	出生人數	死亡人數	出生率	死亡率
1	126 018	210	205	1.666	1.627
2	125 888	205	139	1.628	1.104
3	127 142	138	130	1.085	1.022
4	126 391	164	190	1.298	1.503
5	126 069	108	143	0.857	1.134

月	人口總數	出生人數	死亡人數	出生率 （每千人中出生數）	死亡率 （每千人中死亡數）
6	125 887	83	116	0.660	0.921
7	125 526	31	109	0.247	0.868
8	124 721	351	211	2.814	1.691
9	125 918	356	166	2.827	1.318
10	127 143	254	183	1.998	1.439
11	125 696	438	154	3.485	1.225
12	125 715	476	152	3.786	1.209

二十五年

月	人口總數	出生人數	死亡人數	出生率	死亡率
1	125 667	180	97	1.432	0.771
2	124 770	372	143	2.981	1.146
3	125 105	299	130	2.390	1.039
4	123 765	186	154	1.503	1.244
5	123 516	89	107	0.721	0.866
6	123 159	148	127	1.202	0.031
7	122 957	119	87	0.968	0.708
8	122 994	37	93	0.301	0.756

續表

月	人口總數	出生人數	死亡人數	出生率 （每千人中出生數）	死亡率 （每千人中死亡數）
9	122 184	413	144	3.380	1.179
10	122 439	231	93	1.887	0.760
11	122 589	166	94	1.354	0.767
12	122 281	174	118	1.202	0.965

宜昌城區

二十四年

月	人口總數	出生人數	死亡人數	出生率 （每千人中出生數）	死亡率 （每千人中死亡數）
1	105 840	54	48	0.510	0.454
2	105 688	54	37	0.511	0.350
3	105 405	31	26	0.294	0.247
4	105 284	22	24	0.209	0.228
5	105 357	22	43	0.209	0.408
6	105 342	20	37	0.190	0.351
7	105 145	23	47	0.219	0.447
8	105 500	17	75	0.161	0.711
9	105 625	15	57	0.142	0.540
10	105 454	12	56	0.114	0.531
11	105 427	30	76	0.285	0.721

月	人口總數	出生人數	死亡人數	出生率 （每千人中出生數）	死亡率 （每千人中死亡數）
12	105 312	10	50	0.095	0.475

二十五年

月	人口總數	出生人數	死亡人數	出生率 （每千人中出生數）	死亡率 （每千人中死亡數）
1	105 303	20	59	0.173	0.512
2	105 210	69	72	0.656	0.684
3	104 929	40	96	0.381	0.858
4	104 657	49	110	0.468	1.051
5	104 528	48	99	0.459	0.947
6	104 736	141	74	1.346	0.707
7	105 047	142	113	0.352	1.076
8	105 114	133	111	1.265	1.056
9	105 465	144	133	1.365	1.261
10	105 594	130	101	1.231	0.956
11	105 749	161	119	1.522	1.125
12	105 625	172	157	1.628	1.486

老河口

二十四年

月	人口總數	出生人數	死亡人數	出生率 （每千人中出生數）	死亡率 （每千人中死亡數）
1	50 588	61	44	1.206	0.870

續表

月	人口總數	出生人數	死亡人數	出生率（每千人中出生數）	死亡率（每千人中死亡數）
2	50 571	42	50	0.831	0.989
3	50 550	42	45	0.831	0.890
4	50 915	137	77	2.691	1.512
5	50 926	51	60	1.001	1.178
6	50 934	61	70	1.198	1.374
7	50 319	47	86	0.934	1.709
8	50 062	53	81	1.059	1.618
9	49 972	82	84	1.641	1.681
10	50 036	83	102	1.659	2.039
11	50 047	92	96	1.838	1.918
12	50 076	98	102	1.957	2.037

二十五年

月	人口總數	出生人數	死亡人數	出生率（每千人中出生數）	死亡率（每千人中死亡數）
1	50 131	81	54	1.616	1.077
2	50 162	89	76	1.774	1.515
3	50 174	94	75	1.873	1.495
4	50 228	120	106	2.389	2.110
5	50 187	97	84	1.933	1.674

月	人口總數	出生人數	死亡人數	出生率 （每千人中出生數）	死亡率 （每千人中死亡數）
6	50 238	102	116	2.030	2.309
7	50 318	88	99	1.749	1.967
8	50 405	83	89	1.647	1.766
9	50 687	82	97	1.618	1.914
10	50 972	91	103	1.785	2.021
11	50 764	85	94	1.674	1.852
12	50 916	105	96	2.062	1.885

新堤

二十四年

月	人口總數	出生人數	死亡人數	出生率	死亡率
1	20 481	13	9	0.635	0.439
2	20 485	14	10	0.683	0.488
3	20 489	11	7	0.537	0.342
4	20 493	18	14	0.878	0.683
5	20 494	21	20	1.025	0.976
6	20 499	15	10	0.732	0.488
7	20 499	8	8	0.390	0.390

續表

月	人口總數	出生人數	死亡人數	出生率 （每千人中出生數）	死亡率 （每千人中死亡數）
8	21 959	7	11	0.319	0.501
9	22 231	32	53	1.439	2.384
10	22 226	28	23	1.260	1.035
11	22 225	12	16	0.540	0.720
12	22 228	23	20	1.035	0.900

二十五年

月	人口總數	出生人數	死亡人數	出生率	死亡率
1	22 239	18	15	0.809	0.674
2	22 257	19	20	0.854	0.899
3	24 381	23	22	0.943	0.902
4	21 897	16	20	0.731	0.913
5	22 431	11	18	0.490	0.802
6	24 285	24	23	0.988	0.947
7	24 283	19	15	0.782	0.618
8	24 286	21	13	0.865	0.535
9	24 292	33	23	1.358	0.947
10	24 300	33	17	1.358	0.700

續表

月	人口總數	出生人數	死亡人數	出生率 （每千人中出生數）	死亡率 （每千人中死亡數）
11	24 307	27	14	1.111	0.576
12	24 317	24	12	0.987	0.494

武穴

二十四年

1	23 435	6	8	0.256	0.341
2	23 435	7	6	0.299	0.256
3	23 435	9	26	0.384	1.109
4	23 435	9	27	0.384	1.152
5	23 435	7	13	0.299	0.555
6	23 392	9	11	0.385	0.470
7	23 384	6	12	0.257	0.513
8	23 382	5	7	0.214	0.299
9	23 379	4	7	0.171	0.299
10	23 377	4	6	0.171	0.257
11	23 378	5	4	0.213	0.171
12	23 381	9	6	0.385	0.257

續表

月	人口總數	出生人數	死亡人數	出生率 （每千人中出生數）	死亡率 （每千人中死亡數）
			二十五年		
1	23 383	7	5	0.299	0.214
2	23 385	8	6	0.342	0.257
3	23 388	11	8	0.470	0.342
4	23 390	7	5	0.299	0.214
5	23 393	6	3	0.256	0.128
6	23 394	7	6	0.299	0.256
7	23 394	4	4	0.171	0.171
8	23 392	4	6	0.171	0.256
9	23 395	5	2	0.214	0.085
10	23 398	8	5	0.342	0.214
11	23 403	9	4	0.385	0.171
12	23 403	9	4	0.385	0.171

附註：本表爲欲明瞭各個市鎮之市民生死情形，故將武漢三鎮（漢口市區、武昌城區、漢陽城區）分列，以資比較。

武漢市民生死率按月比較圖

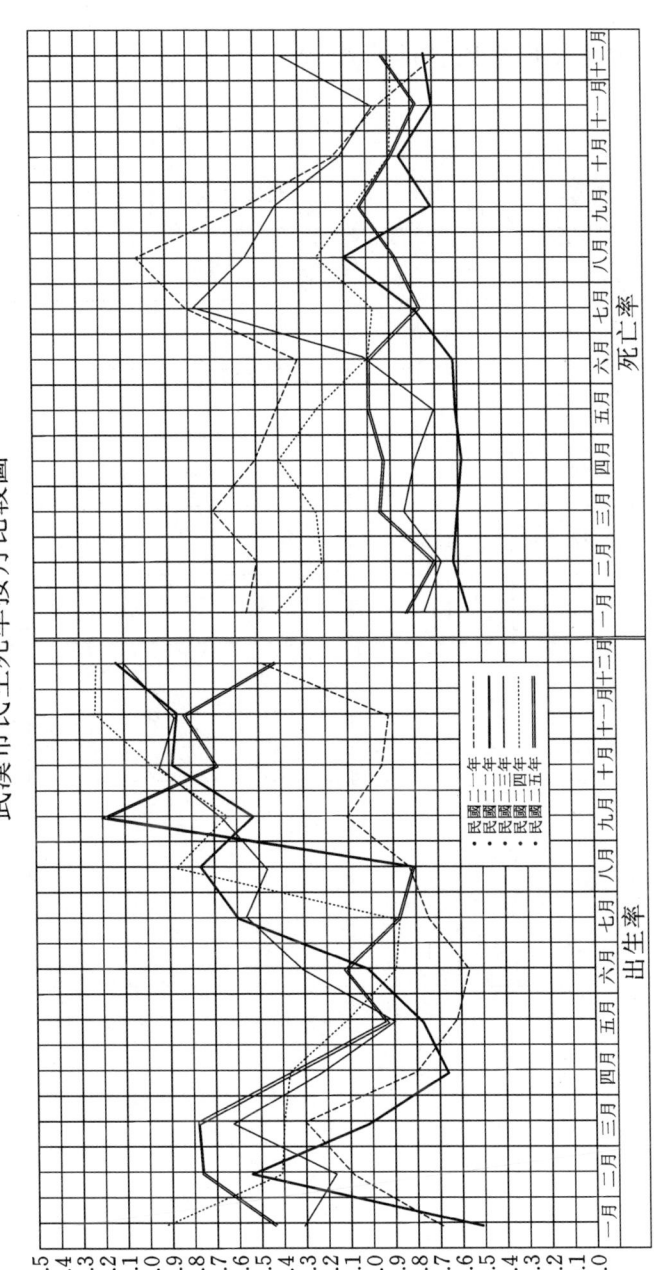

六、武漢死亡率與各都市比較

每千人中死亡人數

月	南京	北平	武漢	廣州	威海衛
二十二年					
3	1.50	1.88	0.60	1.38	1.36
4	1.12	1.76	0.57	1.52	1.35
5	0.98	1.46	0.60	1.59	1.05
6	0.87	1.67	0.61	1.69	1.11
7	1.03	1.55	0.80	1.52	1.56
8	1.16	1.41	1.09	1.58	1.79
9	1.17	1.14	0.70	1.48	1.67
10	0.95	1.15	0.85	1.33	1.61
11	0.77	1.02	0.71	1.35	1.39
12	0.83	1.11	0.73	1.26	1.58
二十三年					
1	1.22	1.55	0.75	1.38	1.54
2	1.05	1.35	0.67	1.26	1.37
3	1.76	1.53	0.84	1.27	1.45
4	1.67	1.38	0.79	1.65	1.51

月	南京	北平	武漢	廣州	威海衛
5	1.20	1.29	0.70	1.76	1.60
6	1.27	1.47	1.01	1.72	1.52
7	1.98	1.34	1.77	1.80	1.60
8	1.74	1.19	1.55	1.81	2.49
9	1.77	0.95	1.40	1.77	2.66
10	1.40	1.03	1.12	1.43	2.10
11	1.11	0.95	0.98	1.34	1.25
12	1.04	1.14	1.37	1.39	1.37

二十四年

1	1.09	1.34	1.42	1.46	1.55
2	1.06	1.31	1.21	1.48	1.13
3	1.05	1.24	1.23	1.40	1.23
4	1.09	1.18	1.29	1.68	1.41
5	1.33	1.44	1.24	1.89	1.63
6	1.33	1.28	0.99	2.14	1.57
7	1.60	1.16	0.99	1.94	2.24
8	1.60	1.19	1.23	1.90	2.66

續表

月	南京	北平	武漢	廣州	威海衛
9	1.55	1.22	1.06	1.49	2.27
10	1.37	1.09	0.89	1.38	1.44
11	1.21	1.09	0.87	1.40	1.23
12	1.37	1.38	0.88	1.36	1.41

二十五年

月	南京	北平	武漢	廣州	威海衛
1	1.34	1.65	0.83	1.28	1.89
2	1.49	1.60	0.70	1.16	1.71
3	1.93	1.63	0.94	1.01	1.37
4	1.89	1.46	0.93	1.21	1.32
5	1.69	1.47	1.00	1.45	0.94
6	1.55	1.37	1.03	1.82	0.91
7	1.31	1.47	0.77	1.64	0.91
8	1.53	1.16	0.87	1.59	1.25

附註：南京、北平、廣州、威海衛四處死亡率，係主計處統計局編印之主要都市人口死亡之病因統計內所載。

武漢死亡率與各大都市比較圖

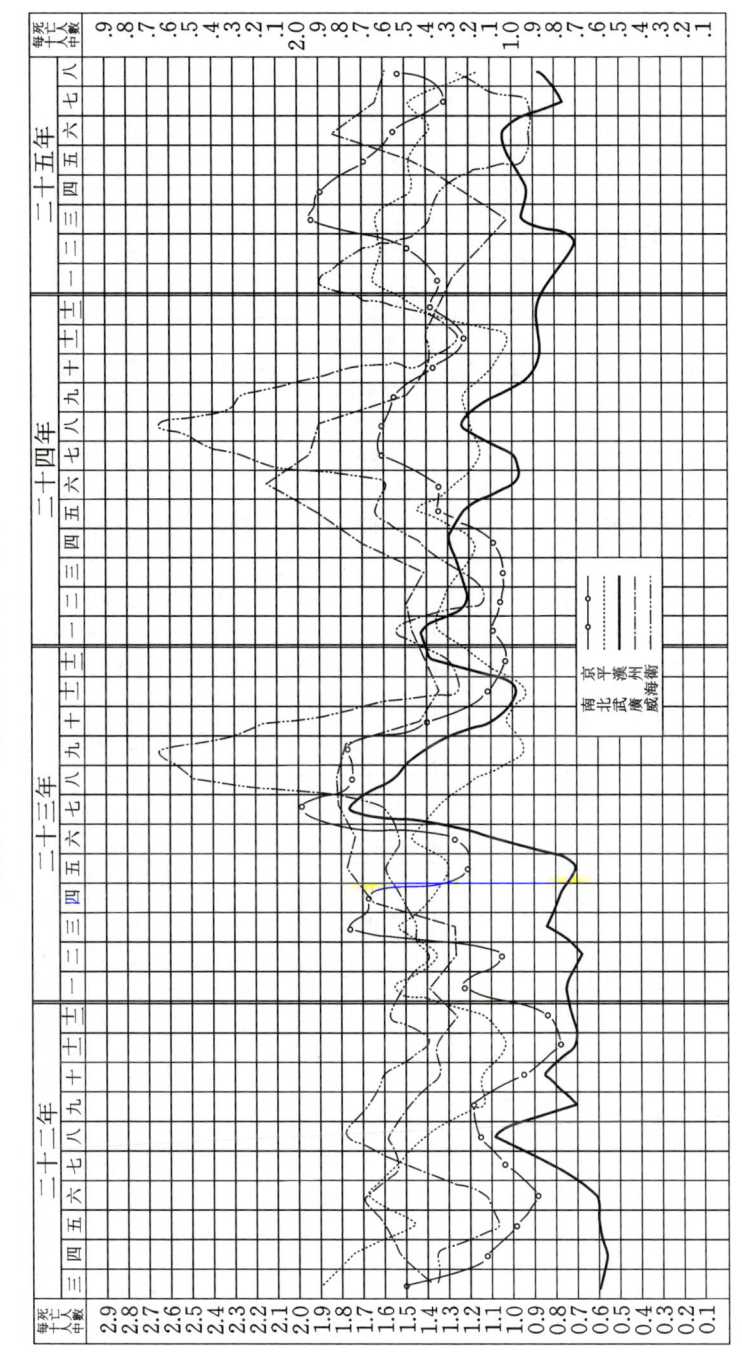

肆、其　他

一、黨員

黨部名稱	區黨部數	直屬區分部數	區分部數	黨員人數	預備黨員人數
總計	127	63	678	13 650	10 243
湖北省黨部所轄	127	63	598	10 066	7 583
中心縣黨部	38	21	218	4 872	2 307
武昌	9	3	85	2 597	815
漢陽	3	1	12	446	268
蒲圻	4	2	12	137	109
蘄春	3	3	9	227	232
孝感	3	3	10	121	228
應山	6	7	57	802	298
襄陽	3	1	9	171	53
宜昌	4		13	228	191
江陵	3	1	11	143	113
普通縣黨部	89	42	361	4 743	4 790

續表

黨部名稱	區黨部數	直屬區分部數	區分部數	黨員人數	預備黨員人數
嘉魚	4	3	13	102	213
崇陽	3	2	9	35	79
鄂城	3		14	83	103
大冶	3	1	13	133	389
陽新	1	5	3	115	469
廣濟	3		15	203	50
黃梅	3		9	108	58
英山	3		9	80	69
浠水	4	1	12	299	44
麻城	2	5	7	114	290
黃岡	3	3	10	203	63
黃陂	4	1	16	307	114
安陸	3		15	131	250
雲夢	3		20	385	173
應城	3		17	232	185
漢川	3		12	144	125
沔陽	3	3	15	105	339

黨部名稱	區黨部數	直屬區分部數	區分部數	黨員人數	預備黨員人數
潛江	3		12	207	172
天門	3	3	10	146	14
京山	4		16	247	159
鍾祥	5		29	355	135
隨縣	4	4	17	189	137
棗陽	3	2	9	94	45
宜城	3		14	120	158
南漳	4	3	14	270	491
荆門	3	3	9	107	68
當陽	3		9	104	105
公安	3	3	13	115	293
直屬區黨部			19	451	486
武穴			10	364	204
光化			3	20	87
監利			6	52	195
恩施				15	
漢口市黨部所轄			**80**	**2 799**	**1 775**

黨部名稱	區黨部數	直屬區分部數	區分部數	黨員人數	預備黨員人數
第一區黨部			10	344	222
第二區黨部			10	346	59
第三區黨部			10	344	261
第四區黨部			10	259	330
第五區黨部			10	326	190
第六區黨部			10	302	209
第七區黨部			10	285	326
第八區黨部			10	184	174
直屬第一區分部			10	409	4
湖北省保安團隊特別黨部所轄				**785**	**885**
特黨部				101	5
臨時指揮部				35	18
各區合併				12	87
保安第一團				115	185
保安第二團				143	130
保安第三團				180	75

續表

黨部名稱	區黨部數	直屬區分部數	區分部數	黨員人數	預備黨員人數
保安第四團				139	104
保安第五團				2	
保安第六團				3	224
保安第十團				24	48
保安第十五團				7	3
保安第十八團				24	6

附註：一、本表係根據湖北省黨部二十六年元月份黨務概況統計表，漢口市黨部二十五年十一月份黨務概況統計表，及保安團隊特黨部抄送截至二十六年二月底止之統計資料，合併編列。

二、本省境內，尚有平漢路局特別黨部，惟所轄黨員，不盡在本省境內，故未列。

二、外僑

區域別	共計	英	美	德	俄	日	法	其他
總計	4 489	530	387	178	410	2 044	338	602
省會	183	59	90	13	2	6		13
漢口	3 938	387	222	162	408	1 984	328	447
市警區	1 177	192	164	125	251	194	9	242
特三區	345	155	35	7	46	66	3	33
法租界	603	40	23	30	111	27	316	56

區域別	共計	英	美	德	俄	日	法	其他
日租界	1 813					1 697		116
第一區	**22**	**5**	**3**			**10**		**4**
漢陽	4							4
大冶	17	5	2			10		
鄂城	1		1					
第二區	**61**	**5**	**16**	**3**		**9**	**7**	**21**
黃岡	14		4	3			7	
浠水	5							5
蘄春	11							11
廣濟	14	5				9		
英山	1							1
麻城	3							3
黃陂	13		12					1
第三區	**37**	**22**	**12**					**3**
孝感	5	5						
漢川	3							3
安陸	7	7						

續表

區域別	共計	英	美	德	俄	日	法	其他
隨縣	7		7					
鍾祥	8	8						
京山	2	2						
天門	5		5					
第四區	52	25	8					19
潛江	3							3
監利	1							1
江陵	43	25	3					15
荊門	5		5					
第五區	89	5	21					63
宜城	2		2					
棗陽	5		3					2
襄陽	17		14					3
光化	52							52
穀城	10	5						5
南漳	3		2					1
第六區	65	22	6			35		2

續表

區域別	共計	英	美	德	俄	日	法	其他
宜昌	64	22	6			35		1
秭歸	1							1
第七區	**26**		**8**				**3**	**15**
利川	12							12
恩施	8		7					1
建始	2							2
巴東	4		1				3	
第八區	**16**	**1**						**15**
房縣	3							3
均縣	9							9
竹山	2	1						1
鄖西	2							2

附註：一、本表所列各縣外僑，係根據各縣最近查報之戶口統計表內所載填列。其無外僑之
縣，則不列。

二、漢口市區及省會，係根據省市兩警察局二十五年十一月份之月報。至特三區及法租
界，係採用各該區二十四年十二月份之統計。日租界，則係參照二十六年三月十一
日《日日新聞》所發表之數字。

農　林

壹、概　説

　　本省位居全國之中部，地處温带，河流綜錯，土壤肥沃，雨量適宜，農地佔全省總面積百分之十八以上，農户佔總户百分之六十六，故本省除漢口市工商業較爲發達外，其餘各縣殆純爲農業社會。本省農産，如棉、稻、麥、豆之屬，向極豐富；至於林業：鄂西鄂北，地多山陵，森林亦頗繁茂，林産品如松、柏、梓、桐、桮、漆之利，甚爲富饒；尤以鄂東鄂南所産之茶，遐邇著名。自民十六年以後，匪患蔓延，重以大水爲災，農村破壞，社會凋敝；兼之二十三年旱魃爲虐，災情慘重，民窮財盡，幸自二十一年大舉清剿，匪□肅清，地方安静，農村元氣，次第恢復，庶政得以整理。

　　本省對於改進農林方面，最初曾設有農業學校，但自民十五年後，即未舉辦。在民二十一年以前，對於農業行政，亦多規劃，如設立農林傳習所及全省農林試驗機關，頒佈保護森林簡明辦法，擬具各縣修濬塘堰攷核規程及防旱救災方法，旋因經費無着，先後撤銷，故成效未能顯著。二十二年後，成立農業推廣處，管理本省之農業推廣事務，舉農學上研究所得之結果，介紹於本省農民，使能實際應用。本省辦理農林行政之經過，大致如此。

　　本省農林情况向無調查統計，各方雖有發表，但多局部工作。本編材料来源，約如下述：

　　一、湖北縣政概况——湖北民政廳編暨二十五年度本室補查。

二、各縣填報之政治經濟社會狀況表。

三、各縣填報之食糧調查表。

四、各縣呈報各廳之調查報告。

五、農業推廣處之報告。

六、各書報雜誌年鑑記載。

由上述書籍所得到之各種材料，不甚可靠，自在意中，於整理之後，擇其較爲近理者編入年鑑，欲求精確，自非經過多次切實之調查不可。所幸本府最近聯合學術金融及主管農林業務之各機關舉行農村調查，想第二回年鑑，當有比較精確之數字公布。

貳、農　　地

一、概說

本省耕地面積，向無確數，據《湖北通志》所載，約爲 45 320 000 市畝；湖北民政廳發表約爲 38 700 000 市畝；最近徵收田畝捐所查報之數爲 34 960 000 市畝；此三項記載，均係納稅之田地。惟通志所載，乃前清原額田地，距今已久；而民政廳所發表者則依據各縣按糧推畝之報告，丈量未全，容有疎漏，加以歷年墾闢，數亦不少，依理揣測，當不止此數；本室對於本省耕地面積曾搜集材料，加以估計，約有 51 990 000 市畝，全省總面積爲 279 560 000 市畝，約佔百分之十八以上。就行政督察區而言，以第三區耕地面積爲最大，第四區次之，而以第八區爲最小。就各縣市而言，以沔陽縣之耕地面積爲最大，襄陽、京山、棗陽、江陵、鍾祥等縣次之，而以興山、秭歸、英山、保康等縣爲最小。

至於本省耕地面積之分佈：水田約爲 31 110 000 市畝，旱地約爲 20 880 000 市畝，水田約佔全省耕地面積百分之五十九以上，旱地約占全省耕地面積百分之四十。在各行政督察區中，以第四區水田最多，次爲第三區，而以第八區爲最少。旱地以第三區爲最多，其次爲第五區，而以第六區爲最少。再就各縣市而言：水田以江陵縣爲最多，次爲天門、沔陽兩縣；而保康、秭歸、五峯、宣恩、興山等縣爲最少。旱地以沔陽縣爲最多，棗陽、襄陽次之，而以英山、天門、遠安等縣爲最少。

二、各縣市耕地面積

單位：千市畝

縣市	全縣總面積	耕地面積					
		共計	對總面積百分比	水田	百分比	旱地	百分比
總計	**279 560**	**51 990**	**18. 60**	**31 110**	**59. 84**	**20 880**	**40. 16**
武昌	3 910	1 250	31.97	1 120	89.60	130	10.40
漢陽	3 340	930	27.84	880	94.62	50	5.38
嘉魚	2 080	750	36.06	450	60.00	300	40.00
咸寧	1 990	340	17.09	240	70.59	100	29.41
蒲圻	2 350	550	23.40	500	91.00	50	9.00
崇陽	2 930	300	10.24	120	40.00	180	60.00
通城	1 640	290	17.68	120	41.38	170	58.62
通山	2 190	120	5.48	90	75.00	30	25.00
陽新	5 660	630	11.10	210	33.33	420	66.67
大冶	2 300	670	29.13	550	82.10	120	17.90

續表

縣市	全縣總面積	耕地面積						
		共計	對總面積百分比	水田	百分比	旱地	百分比
鄂城	2 760	560	20.29	500	89.30	60	10.70
黃岡	4 430	1 200	27.09	960	80.00	240	20.00
浠水	2 910	830	28.52	660	79.52	170	20.48
蘄春	3 990	550	13.78	440	80.00	110	20.00
廣濟	2 330	560	24.03	190	33.93	370	66.07
黃梅	2 680	670	25.00	600	89.55	70	10.45
英山	1 940	70	3.61	50	71.42	20	28.58
羅田	3 500	250	7.14	180	72.00	70	28.00
麻城	6 980	960	13.75	540	56.25	420	43.75
黃安	3 330	420	12.61	290	69.05	130	30.95
黃陂	3 240	1 160	35.80	970	83.62	190	16.38
禮山	2 430	220	9.05	70	31.82	150	68.18
孝感	3 950	1 380	34.94	550	39.86	830	60.14
雲夢	930	520	55.91	370	71.15	150	28.85
漢川	2 200	840	38.18	280	33.34	560	66.66
應城	1 540	700	45.45	490	70.00	210	30.00

續表

縣市	全縣總面積	耕地面積					
		共計	對總面積百分比	水田	百分比	旱地	百分比
安陸	2 100	390	18.57	310	79.48	80	20.52
應山	3 920	690	17.60	280	40.58	410	59.42
隨縣	10 270	1 160	11.30	460	39.66	700	60.34
鍾祥	8 240	2 110	25.60	1 260	59.72	850	40.28
京山	5 860	2 700	46.08	1 350	50.00	1 350	50.00
天門	3 430	1 900	55.39	1 880	98.95	20	1.05
沔陽	7 020	3 750	53.42	1 880	50.13	1 870	49.87
潛江	2 180	930	42.66	360	38.71	570	61.29
監利	3 890	1 110	28.53	780	70.27	330	29.73
石首	2 480	530	21.37	430	81.13	100	18.87
公安	2 540	710	27.95	570	80.28	140	19.72
松滋	3 540	920	25.99	740	80.43	180	19.57
枝江	1 760	420	23.86	340	80.95	80	19.05
江陵	5 310	2 390	45.01	2 340	97.90	50	2.10
荆門	6 510	1 500	23.04	1 200	80.00	300	20.00
宜城	2 330	580	24.89	350	60.34	230	39.66

續表

縣市	全縣總面積	耕地面積					
		共計	對總面積百分比	水田	百分比	旱地	百分比
棗陽	5 390	2 430	45.08	720	29.63	1 710	70.37
襄陽	5 970	2 760	46.23	1 110	40.22	1 650	59.78
光化	1 480	730	49.32	150	20.55	580	79.45
穀城	3 540	610	17.23	240	39.34	370	60.66
保康	3 420	90	2.63	20	22.22	70	77.78
南漳	6 110	720	11.78	500	69.45	220	30.55
遠安	2 370	260	10.97	240	92.31	20	7.69
當陽	3 750	660	17.60	560	84.85	100	15.15
宜都	2 310	240	10.39	160	66.67	80	33.33
宜昌	5 970	330	5.53	230	69.70	100	30.30
興山	3 020	40	1.32	10	25.00	30	75.00
秭歸	2 740	70	2.55	20	28.57	50	71.43
長陽	5 370	170	3.17	30	17.65	140	82.35
五峯	3 320	240	7.23	20	8.34	220	91.66
鶴峯	5 300	280	5.28	90	32.14	190	67.86
宣恩	3 130	220	7.03	20	9.10	200	90.90

續表

縣市	全縣總面積	耕地面積					
		共計	對總面積百分比	水田	百分比	旱地	百分比
來鳳	3 350	280	8.36	130	46.43	150	53.57
咸豐	3 720	240	6.45	100	41.66	140	58.34
利川	4 460	150	3.36	40	26.67	110	73.33
恩施	6 700	460	6.87	170	36.96	290	63.04
建始	4 230	740	17.49	150	20.27	590	79.73
巴東	4 380	180	4.11	50	27.78	130	72.22
房縣	11 110	260	2.34	60	23.08	200	76.92
均縣	5 490	210	3.83	70	33.34	140	66.66
鄖縣	8 950	280	3.12	80	28.57	200	71.43
竹山	4 000	170	4.25	50	29.41	120	70.59
竹谿	3 950	180	4.56	60	33.33	120	66.67
鄖西	6 920	370	5.35	40	10.81	330	89.19
漢口市	200	110	55.00	40	36.36	70	63.64

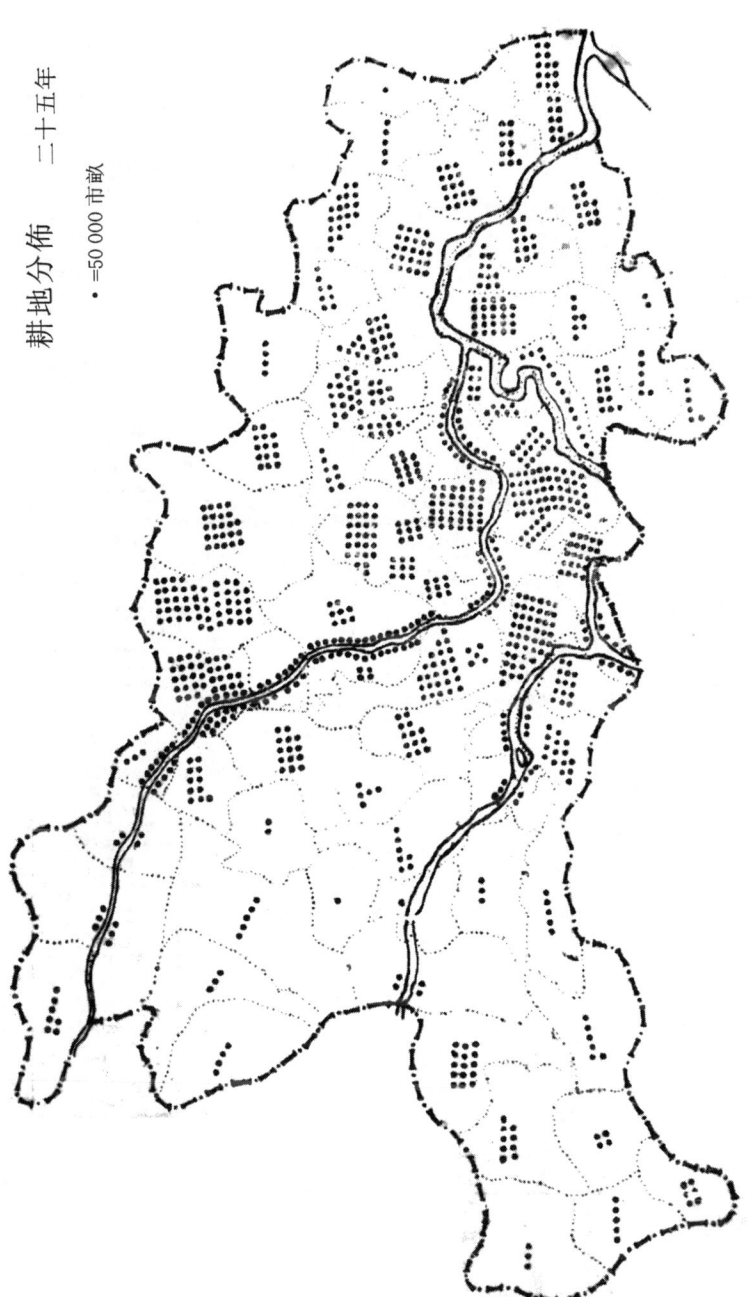

耕地分佈　二十五年

・＝50 000 市畝

湖北省各縣市耕地面積圖
（水田與旱地之比較）

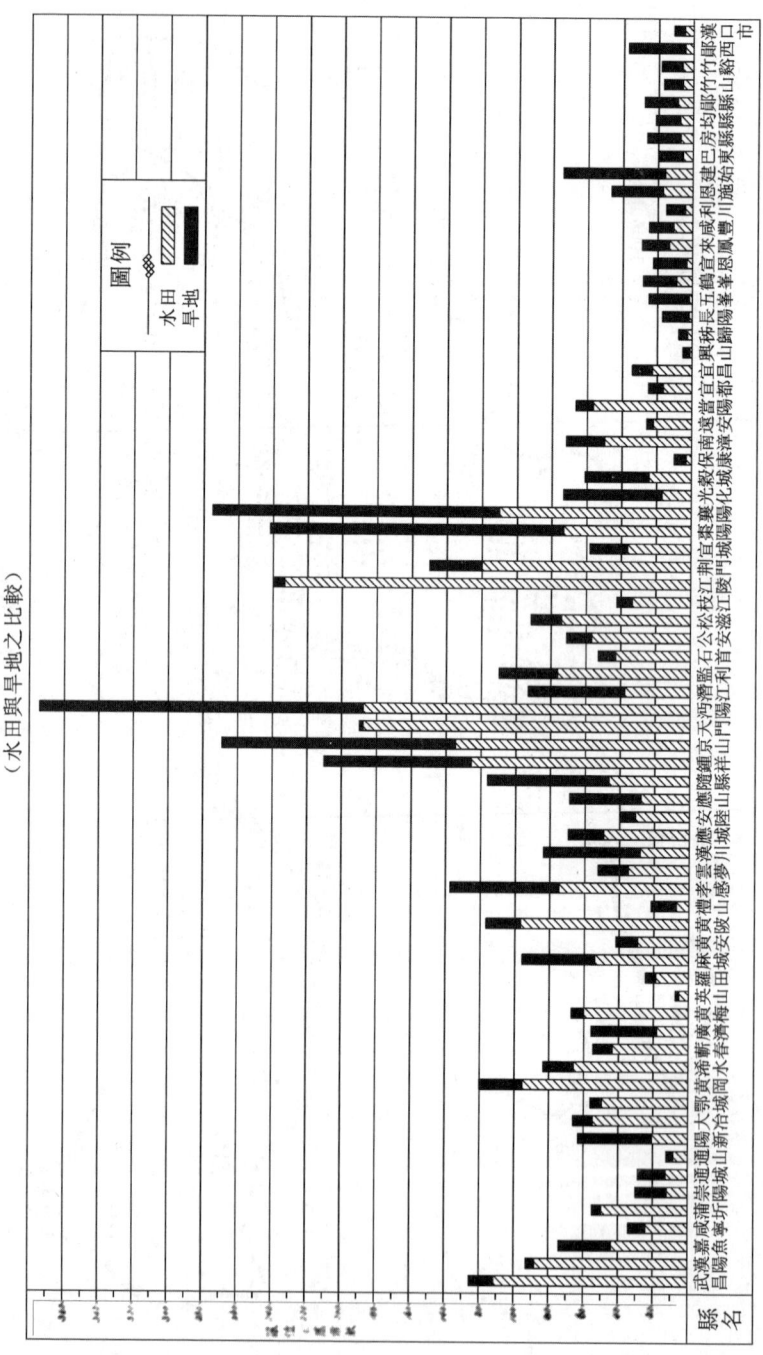

三、各縣市每農戶佔耕地面積

縣市	耕地面積（市畝）	農戶數	每農戶佔耕地面積（市畝）		
			共計	水田	旱田
總計	**51 990 000**	**3 119 740**	**17**	**10**	**7**
武昌	1 250 000	37 960	33	30	3
漢陽	930 000	28 710	32	30	2
嘉魚	750 000	25 410	30	18	12
咸寧	340 000	23 360	15	10	5
蒲圻	550 000	29 920	18	17	1
崇陽	300 000	38 640	8	3	5
通城	290 000	20 480	14	6	8
通山	120 000	10 800	11	8	3
陽新	630 000	59 630	11	4	7
大冶	670 000	30 810	22	18	4
鄂城	560 000	50 530	11	9	2
黃岡	1 200 000	128 160	9	7	2
浠水	830 000	68 000	12	10	2
蘄春	550 000	46 560	12	9	3
廣濟	560 000	43 470	13	4	9
黃梅	670 000	44 000	15	14	1

縣市	耕地面積（市畝）	農戶數	每農戶佔耕地面積（市畝）		
			共計	水田	旱田
英山	70 000	23 200	3	2	1
羅田	250 000	18 020	14	10	4
麻城	960 000	88 560	11	6	5
黃安	420 000	51 590	8	6	2
黃陂	1 160 000	79 200	15	12	3
禮山	220 000	33 600	7	2	5
孝感	1 380 000	102 700	13	5	8
雲夢	520 000	34 920	15	11	4
漢川	840 000	19 760	43	14	29
應城	700 000	23 520	30	21	9
安陸	390 000	41 600	9	7	2
應山	690 000	61 600	11	5	6
隨縣	1 160 000	13 410	87	34	53
鍾祥	2 110 000	54 500	39	23	16
京山	2 700 000	81 120	33	17	16
天門	1 900 000	93 810	20	20	
沔陽	3 750 000	123 240	30	15	15
潛江	930 000	71 080	13	5	8

續表

縣市	耕地面積（市畝）	農戶數	每農戶佔耕地面積（市畝）		
			共計	水田	旱田
監利	1 110 000	64 400	17	12	5
石首	530 000	33 020	16	13	3
公安	710 000	33 800	21	17	4
松滋	920 000	40 320	23	18	5
枝江	420 000	17 640	24	19	5
江陵	2 390 000	109 350	22	21	1
荊門	1 500 000	76 300	20	16	4
宜城	580 000	36 900	16	10	6
棗陽	2 430 000	44 800	54	16	38
襄陽	2 760 000	79 200	35	14	21
光化	730 000	32 680	22	5	18
穀城	610 000	37 740	16	6	10
保康	90 000	16 590	5	1	4
南漳	720 000	78 300	9	6	3
遠安	260 000	9 400	28	26	2
當陽	660 000	52 800	13	11	2
宜都	240 000	30 780	8	5	3
宜昌	330 000	72 680	5	3	2

續表

縣市	耕地面積（市畝）	農戶數	每農戶佔耕地面積（市畝）		
			共計	水田	旱田
興山	40 000	18 900	2		2
秭歸	70 000	35 200	2	1	1
長陽	170 000	32 200	5	1	5
五峯	240 000	16 740	14	1	13
鶴峯	280 000	9 720	29	9	20
宣恩	220 000	17 670	12	1	11
來鳳	280 000	15 750	18	8	10
咸豐	240 000	20 900	11	5	6
利川	150 000	24 960	6	2	4
恩施	460 000	40 950	11	4	7
建始	740 000	35 720	21	4	17
巴東	180 000	33 670	5	1	4
房縣	260 000	29 240	9	2	7
均縣	210 000	38 860	5	2	3
鄖縣	280 000	55 300	5	1	4
竹山	170 000	36 490	5	1	4
竹谿	180 000	24 750	7	2	5

縣市	耕地面積（市畝）	農戶數	每農戶佔耕地面積（市畝）		
			共計	水田	旱田
鄖西	370 000	15 200	24	3	21
漢口市	110 000	44 950	2	1	1

四、本省耕地面積與各省比較

單位：千市畝

省別	全省總面積	耕地面積					
		共計	對總面積百分比	水田	百分比	旱地	百分比
湖北	279 560	51 990	18.60	31 110	59.84	20 880	40.16
江蘇	158 407	84 482	53.33	32 785	38.80	51 697	61.20
安徽	213 993	49 316	23.05	19 197	38.92	30 119	61.08
浙江	151 592	37 978	25.05	27 469	72.33	10 509	27.67
福建	181 575	21 464	11.82	11 048	51.47	10 416	48.53
廣東	335 766	39 124	11.65	22 754	58.16	16 370	41.84
廣西	329 814	76 866	23.30	26 143	34.01	50 723	65.99
雲南	597 874	24 998	4.18	11 092	44.37	13 906	55.63
貴州	264 720	21 197	8.00	8 767	41.36	12 430	58.64
湖南	323 186	42 036	13.00	26 583	63.23	15 453	36.77

續表

省別	全省總面積	耕地面積					
		共計	對總面積百分比	水田	百分比	旱地	百分比
江西	252 354	38 366	15.20	21 805	56.83	16 561	43.17
四川	605 451	88 724	14.65	38 912	43.86	49 812	56.14
新疆	2 462 331	12 619	0.51			12 619	100.00
甘肅	571 295	21 666	3.79	3 558	16.42	18 108	83.58
寧夏	453 677	1 848	0.41	1 315	71.16	533	28.84
陝西	292 614	30 870	10.55	2 867	9.28	28 003	90.72
山西	242 763	55 813	22.99	3 345	6.00	52 468	94.00
河南	254 673	104 123	40.88	7 190	6.90	96 933	93.10
山東	230 567	101 986	44.22	2 207	2.16	99 779	97.84
河北	210 789	95 323	45.22	7 803	8.18	87 520	91.82
遼寧	376 220	66 319	17.62	809	1.22	65 510	98.78
吉林	423 498	61 013	14.40	1 314	2.15	59 699	97.85
黑龍江	866 946	46 518	53.64	352	0.76	46 166	99.24
熱河	260 940	16 170	6.20	221	1.40	15 949	98.60
察哈爾	388 223	15 519	4.00	1 710	11.02	13 809	88.98
綏遠	456 087	17 177	3.77	1 290	7.51	15 887	92.49

附註：本表各省數字，係引用《中華民國統計提要》材料。

叁、農　　民

一、各縣市農户

縣市	總户數	農户數	農户佔總户之百分比	縣市	總户數	農户數	農户佔總户之百分比
總計	**4 737 000**	**3 119 740**	**66**	石首	43 000	33 020	74
武昌	146 000	37 960	26	公安	52 000	33 800	65
漢陽	99 000	28 710	29	松滋	72 000	40 320	56
嘉魚	33 000	25 410	77	枝江	42 000	17 640	42
咸寧	32 000	23 360	73	江陵	135 000	109 350	81
蒲圻	44 000	29 920	68	荆門	109 000	76 300	70
崇陽	42 000	38 640	92	宜城	41 000	36 900	90
通城	32 000	20 480	64	襄陽	56 000	44 800	80
通山	20 000	14 800	74	襄陽	132 000	79 200	60
陽新	89 000	59 630	67	光化	38 000	32 680	86
大冶	79 000	30 810	39	穀城	74 000	37 740	51
鄂城	89 000	50 530	57	保康	21 000	16 590	79
黄岡	144 000	128 160	89	南漳	87 000	78 300	90

續表

縣市	總戶數	農戶數	農戶佔總戶之百分比	縣市	總戶數	農戶數	農戶佔總戶之百分比
浠水	85 000	68 000	80	遠安	20 000	9 400	47
蘄春	97 000	46 560	48	當陽	66 000	52 800	80
廣濟	69 000	43 470	63	宜都	57 000	30 780	54
黃梅	58 000	44 000	80	宜昌	92 000	72 680	79
英山	29 000	23 200	80	興山	21 000	18 900	90
羅田	34 000	18 020	53	秭歸	40 000	35 200	88
麻城	108 000	88 560	82	長陽	46 000	32 200	70
黃安	67 000	51 590	77	五峯	18 000	16 740	93
黃陂	99 000	79 200	80	鶴峯	12 000	9 720	81
禮山	42 000	33 600	80	宣恩	19 000	17 670	93
孝感	130 000	102 700	79	來鳳	21 000	15 750	75
雲夢	36 000	34 920	92	咸豐	22 000	20 900	95
漢川	76 000	19 760	26	利川	32 000	24 960	78
應城	56 000	23 520	42	恩施	45 000	40 950	91
安陸	52 000	41 600	80	建始	38 000	35 720	94
應山	77 000	61 600	80	巴東	37 000	33 670	91
隨縣	149 000	13 410	59	房縣	43 000	29 240	68

續表

縣市	總戶數	農戶數	農戶佔總戶之百分比	縣市	總戶數	農戶數	農戶佔總戶之百分比
鍾祥	109 000	54 500	50	均縣	58 000	38 860	67
京山	104 000	81 120	78	鄖縣	70 000	55 300	79
天門	159 000	93 810	59	竹山	41 000	36 490	89
沔陽	156 000	123 240	79	竹谿	33 000	24 750	75
潛江	76 000	71 080	93	鄖西	40 000	15 200	38
監利	92 000	64 400	70	漢口市	155 000	44 950	29

附註：本表農戶數係根據《中華民國統計提要》所載本省各縣農戶佔總戶之百分比，加以推算
而得。

二、本省農戶數與各省比較

單位：千戶

省別	總戶數	農戶數	農戶佔總戶百分數
湖北	4 737	3 120	66
江蘇	7 151	5 057	71
安徽	3 789	2 682	71
浙江	4 658	3 165	68
福建	2 288	1 626	71
廣東	5 635	3 479	62

省別	總戶數	農戶數	農戶佔總戶百分數
廣西	2 672	2 330	87
雲南	1 947	1 384	71
貴州	1 769	1 193	67
湖南	5 538	3 900	70
江西	4 942	3 292	67
四川	7 264	4 975	68
新疆	512	344	67
甘肅	1 076	793	74
寧夏	76	54	71
陝西	1 897	1 385	73
山西	2 263	1 874	83
河南	6 029	5 062	84
山東	6 740	5 918	88
河北	5 474	4 224	77
遼寧	2 158	1 775	82
吉林	1 261	941	75
黑龍江	624	490	79
熱河	547	437	80

續表

省別	總戶數	農戶數	農戶佔總戶百分數
察哈爾	394	309	78
綏遠	367	250	68

三、各縣市農田經營者之分類

縣市	戶數				百分比		
	共計	自耕農	半自耕農	佃農	自耕農	半自耕農	佃農
總計	**3 119 740**	**1 371 045**	**301 769**	**957 126**	**44**	**10**	**31**
武昌	37 960	18 980	11 388	7 592	50	30	20
漢陽	28 710	20 097	4 306	7 307	70	15	15
嘉魚	25 410	20 328	3 303	1 779	80	13	7
咸寧	23 360	3 504	11 680	8 176	15	50	35
蒲圻	29 920	7 480	10 472	11 968	25	35	40
崇陽	38 640	19 320		19 320	50		50
通城	20 480	14 336		6 144	70		30
通山	14 800	10 360		4 440	70		30
陽新	59 630	11 926	17 889	29 815	20	30	50
大冶	30 810						

續表

縣市	戶數				百分比		
	共計	自耕農	半自耕農	佃農	自耕農	半自耕農	佃農
鄂城	50 530						
黃岡	128 160	64 080	38 448	25 632	50	30	20
浠水	68 000	47 600		20 400	70		30
蘄春	46 560	18 624		27 936	40		60
廣濟	43 470	17 388		26 082	40		60
黃梅	44 000	13 200	17 600	13 200	30	40	30
英山	23 200						
羅田	18 020	5 406		12 614	30		70
麻城	88 560	61 992		26 568	70		30
黃安	51 590						
黃陂	79 200	55 440		23 760	70		30
禮山	33 600	20 160		13 440	60		40
孝感	102 700	82 160		20 540	80		20
雲夢	34 920	24 444		10 476	70		30
漢川	19 760	15 808		3 952	80		20
應城	23 520	11 760		11 760	50		50
安陸	41 600	16 640	12 480	12 480	40	30	30

縣市	戶數				百分比		
	共計	自耕農	半自耕農	佃農	自耕農	半自耕農	佃農
應山	61 600	24 640		36 960	40		60
隨縣	13 410	6 705	4 023	2 682	50	20	30
鍾祥	54 500	10 800	27 250	16 350	20	50	30
京山	81 120	48 672		32 448	60		40
天門	93 810	65 667	23 453	4 690	70	25	5
沔陽	123 240	86 268		36 972	70		30
潛江	71 080	46 913		24 167	66		34
監利	64 400	32 200	16 100	16 100	50	25	25
石首	33 020	23 114		9 906	70		30
公安	33 800	6 760	6 760	20 280	20	20	60
松滋	40 320	16 128	16 128	8 064	40	40	20
枝江	17 640	8 820	3 528	5 292	50	20	30
江陵	109 350						
荊門	76 300	53 410		22 890	70		30
宜城	36 900	29 520		7 380	80		20
棗陽	44 800	13 440	20 160	11 200	30	45	25

續表

縣市	戶數				百分比		
	共計	自耕農	半自耕農	佃農	自耕農	半自耕農	佃農
襄陽	79 200						
光化	32 680	16 440		16 440	50		50
穀城	37 740	13 209		24 531	35		65
保康	16 590	3 318	4 148	9 124	20	25	55
南漳	78 300	31 320	27 405	19 575	40	35	25
遠安	9 400	6 580		2 820	70		30
當陽	52 800	34 320		18 480	65		35
宜都	30 780	21 546		9 234	70		30
宜昌	72 680	21 804		50 876	30		70
興山	18 900	3 780		13 230	20		70
秭歸	35 200	23 232		11 968	66		34
長陽	32 200	12 880		19 320	40		60
五峯	16 740	13 392	1 674	1 674	80	10	10
鶴峯	9 720	4 860	972	3 888	50	10	40
宣恩	17 670						
來鳳	15 750	6 300	3 150	55 125	40	20	35

續表

縣市	戶數				百分比		
	共計	自耕農	半自耕農	佃農	自耕農	半自耕農	佃農
咸豐	20 900	8 360	6 270	6 270	40	30	30
利川	24 960	14 976	4 992	4 992	60	20	20
恩施	40 950	12 285	8 190	16 380	30	20	40
建始	35 720						
巴東	33 670						
房縣	29 940	14 970		14 970	50		50
均縣	38 860	23 316		15 544	60		40
鄖縣	55 300						
竹山	36 490	10 947		25 543	30		70
竹谿	24 750	9 900		14 850	40		60
鄖西	15 200	9 120		4 560	60		30
漢口市	44 950						

附註：一、本表戶數共計一欄即係本省各縣市農戶總數。

二、本表戶數欄內之自耕農、半自耕農、佃農，係由百分比與戶數共計推算而得，故只能謂爲估計數字。

三、本表百分比一欄，有少數縣份係將僱農另外算計，再有些縣份佃農數字實包括半自耕農在內，但均依照其所報者填列。

四、大冶、鄂城、江陵、襄陽、宣恩、建始、巴東等七縣農田經營者分折之百分比，材料缺乏，自無從推算其戶數；故本表自耕農、半自耕農、佃農三項數字相加，未必能等於各該縣之農戶總數，此不得不聲明者。

四、各縣租佃情形

縣別	契約				地租			
	成文契約	中正人	期限	押金	預繳地租	繳納物品	地租佔正收穫額百分比	副產物之繳納
武昌	有	有	有	有	有	收穫物現金	31	自有
漢陽				無	〃	〃		
嘉魚	有	有	有	有	〃	〃	34	自有
咸寧	〃	〃	無	無	無	〃	35	〃
蒲圻	〃	〃	〃	〃	〃	〃	36	〃
崇陽	〃	〃	〃	有	有	〃	45	〃
通城	〃	〃	有	〃	〃	〃	39	〃
通山	〃	〃	〃	〃	無	收穫物	30	〃
陽新	〃	〃	〃	〃	〃	收穫物現金	43	〃
大冶	〃	〃		〃	有	收穫物	50	
鄂城	〃	〃	有	〃	〃	收穫物現金	29	自有
黃岡	〃					〃	60	
浠水	〃	有	有	有	有	〃	39	繳一部
蘄春	〃	〃	〃	〃	〃	〃	38	自有

承租人權力		承租人義務			主佃關係	契約解除之限制
租田轉租	租田出賣之優先權	饋送	服役	代納田賦		
有	有	無	無	無	有抗賦者	有
有	有	無	無	無	有抗賦者	無
"	"	"	"	有	有爭執	有
"	"	"	"	無	無爭執	"
"	"	"	"	"	"	無
"	"	"	"	"	"	有
無	無	"	"	"	"	無
有	"	"	"	"	"	有
有	有	無	無	無	有抗賦者	無
有	有	無	無	無	有抗賦者	有
"	"	"	"	"	無爭執	"

縣別	契約				地租			
	成文契約	中正人	期限	押金	預繳地租	繳納物品	地租佔正收穫額百分比	副產物之繳納
廣濟	有	有	有	有	有	收穫物現金	40	繳一部
黃梅	〃	〃			〃	收穫物	40	〃
英山	〃	〃	無	有	無	收穫物現金	29	自有
羅田	〃	〃	有	〃	有	收穫物	34	〃
麻城	〃		五年	無		〃		
黃安	〃	有	無	有	無	〃	30	自有
黃陂	〃	〃	有	〃	有	收穫物現金	32	〃
禮山	〃	〃	〃	〃	無	收穫物	50	
孝感				無	有	收穫物現金		
雲夢	有	有	有	有	〃	〃	32	自有
漢川	〃	〃	無	無		〃		
應城	〃	〃	有	有	有	〃	34	自有
安陸	〃	〃	〃	〃	〃	〃	36	〃
應山	〃	〃		〃		〃		
隨縣	〃	〃	有	〃	無	〃	38	自有

承租人權力		承租人義務			主佃關係	契約解除之限制
租田轉租	租田出賣之優先權	饋送	服役	代納田賦		
有	有	無	無	無	無爭執	有
		有			有抗租者	
有	無	無	無	無	無爭執	有
〃	有	〃	〃	〃	有爭執	〃
		〃	〃	有		
有	有	〃	〃	無	無	無
〃	〃	有	有	〃	有抗賦者	有
無	無					〃
有						
〃	有	無	無	無	有爭執	無
						〃
有	有	無	無	無	無爭執	有
〃	無	有	〃	〃	情感甚厚	〃
有	有	有	有	無	有抗賦者	有

縣別	契約				地租			
	成文契約	中正人	期限	押金	預繳地租	繳納物品	地租佔正收穫額百分比	副產物之繳納
鍾祥	有	有	無	有	無	收穫物	33	自有
京山	〃	〃	有	〃	〃	收穫物現金	30	〃
天門	〃	〃		無		〃		
沔陽	〃	〃	有	有	有	〃	33	自有
潛江	無	〃		無		〃		
監利	有	〃	有	〃	無	〃	30	自有
石首	〃	〃	〃	有	有	〃	22	〃
公安	〃	〃	〃	〃	〃	〃	20	〃
松滋	〃	〃	〃	〃		收穫物		〃
枝江	有	有	有	有	有	收穫物現金	32	自有
江陵	〃	〃	〃	〃	〃	〃	27	繳一部
荊門	〃	〃	〃	〃	〃	〃	30	自有
宜城	〃	〃	〃	〃	〃	〃	37	〃
棗陽	〃	〃		甚少	無	〃	23	繳一部
襄陽				有	〃	〃	40	

承租人權力		承租人義務			主佃關係	契約解除之限制
租田轉租	租田出賣之優先權	饋送	服役	代納田賦		
有	有	有	無	有	有抗賦者	無
無	〃	無	〃	無	〃	〃
無	有	無	無	無	有抗賦者	有
		〃	〃	〃		無
有	有	〃	有	〃	情感厚	有
〃	〃	有	〃	有	有抗賦者	〃
無	無	〃	無	無	無爭執	〃
		無	〃	〃		無
有	有	無	無	無	有抗賦者	無
〃	〃	〃	〃	〃	無爭執	〃
〃	〃	有	〃	〃	〃	〃
〃	無	無	〃	〃	〃	〃
〃	有	有	有	〃	有	〃
						〃

縣別	契約				地租			
	成文契約	中正人	期限	押金	預繳地租	繳納物品	地租佔正收穫額百分比	副産物之繳納
光化	有	有	無	有	無	收穫物現金	44	自有
穀城	〃	〃		〃	〃	收穫物	40	
保康	〃	〃		〃		〃		
南漳	〃	〃	有	〃	有	收穫物現金	36	自有
遠安	〃	〃	〃	〃	無	〃	34	〃
當陽	〃	〃	無	〃	有	〃	27	〃
宜都	〃	〃	〃	〃	〃	收穫物	37	〃
宜昌	〃	〃	有	〃	〃	收穫物現金	42	繳一部
興山	〃	〃		〃		收穫物	35	
秭歸	〃	〃		〃		〃	40	
長陽	〃	〃		〃		〃		
五峯	〃	〃	有	〃		〃	30	
鶴峯	〃	〃				〃	35	
宣恩	〃	〃	無	有	無	〃	50	自有
來鳳	〃	〃	〃	無	〃	〃	50	〃

續表

承租人權力		承租人義務			主佃關係	契約解除之限制
租田轉租	租田出賣之優先權	饋送	服役	代納田賦		
有	有	無	有	無	無爭執	無
有	有	有	有	無	無爭執	有
〃	〃	〃	〃	〃	感情融洽	〃
〃	〃	〃	〃	〃	有爭執	無
〃	〃	無	〃	〃	〃	有
〃	〃	有	〃	〃	〃	〃
		無	無	無	無爭執	
		〃	〃	〃		有
						〃
有	無	無	無	無	無爭執	無
無	〃	有	〃	〃	少爭執	〃

縣別	契約				地租			
	成文契約	中正人	期限	押金	預繳地租	繳納物品	地租佔正收穫額百分比	副產物之繳納
咸豐	有	有				收穫物		
利川	〃	〃		有	無	〃	50	自有
恩施	〃	〃	有	〃	有	收穫物現金	38	〃
建始	〃	〃	〃	〃	〃	〃	40	〃
巴東	〃	〃	〃	〃	無	〃	50	〃
房縣	〃	〃		無		收穫物	50	〃
均縣	〃	〃	有	有	有	收穫物現金	30	繳一部
鄖縣								
竹山	有	有		有		收穫物		
竹谿	〃	〃		〃		收穫物現金		
鄖西	〃	〃	有	〃	無	〃	31	自有

附註：一、本表材料係根據湖北各縣耕地租用情形調查報告及各縣縣政概況參合編成。

二、地租之百分數，係以每縣各區之報告，平均計得者。

續表

承租人權力		承租人義務			主佃關係	契約解除之限制
租田轉租	租田出賣之優先權	饋送	服役	代納田賦		
		無	無	無		
有	有	無	無	無	無爭執	無
〃	〃	〃	〃	〃	〃	有
〃	無	有	有	有	有爭執	無
		無	無	無		
有	有	〃	有	〃	無爭執	無
		無	無	無		
		有				
有	有	〃	無	有	無爭執	有

五、各縣市雇農待遇

縣別	年工 工資	年工 膳食	月工 工資	月工 膳食	日工 工資	日工 膳食	縣別	年工 工資	年工 膳食	月工 工資	月工 膳食	日工 工資	日工 膳食
武昌	50.00	供給			0.20	供給	石首	30.00		5.00		0.30	
漢陽	55.00	〃	6.00	供給	0.20	〃	公安	40.00	供給	4.00	供給	0.20	供給
嘉魚	40.00		5.00				松滋	40.00	〃			0.20	〃
咸寧	40.00				0.30		枝江	40.00		3.00		0.25	
蒲圻	40.00	供給			0.20		江陵					0.20	供給
崇陽	40.00				0.20		荆門	20.00				0.20	
通城	20.00				0.20		宜城	15.00		3.00		0.15	
通山	30.00		6.00		0.20		棗陽	20.00				0.20	
陽新	30.00	供給	3.00	供給	0.20	供給	襄陽	30.00		3.00		0.20	
大冶	30.00				0.25		光化						
鄂城	40.00				0.20	供給	穀城	20.00	供給	2.00		0.20	供給
黃岡	40.00		3.00		0.20		保康	10.00				0.20	
浠水	25.00				0.15		南漳	25.00		2.00			

續表

縣別	年工		月工		日工		縣別	年工		月工		日工	
	工資	膳食	工資	膳食	工資	膳食		工資	膳食	工資	膳食	工資	膳食
蘄春	25.00				0.16		遠安	20.00				0.20	
廣濟	50.00				0.20		當陽	20.00				0.10	
黃梅	60.00	供給			0.20		宜都	26.00				0.07	供給
英山							宜昌	25.00	供給			0.06	〞
羅田	20.00				0.20		興山	25.00		3.00			
麻城	30.00				0.30		秭歸	30.00	供給			0.20	供給
黃安	30.00		2.00				長陽	12.00				0.20	
黃陂	35.00		12.00		0.25		五峯	30.00	供給	3.50	供給	0.15	供給
禮山	50.00		5.00		0.20		鶴峯	30.00	〞	3.00	〞	0.10	〞
孝感	25.00	供給	4.00	供給	0.20	供給	宣恩	40.00				0.15	〞
雲夢	25.00				0.25		來鳳	30.00	供給			0.10	〞
漢川	30.00				0.30		咸豐	15.00					
應城	30.00	供給					利川	20.00		3.00		0.15	
安陸	25.00				閑 0.15 忙 0.20		恩施	30.00		4.00		0.15	

續表

縣別	年工		月工		日工		縣別	年工		月工		日工	
	工資	膳食	工資	膳食	工資	膳食		工資	膳食	工資	膳食	工資	膳食
英山	20.00				0.10		建始	25.00					
隨縣	25.00		4.00		0.30		巴東	25.00				0.13	
鍾祥	15.00				0.20		房縣	9.00				0.35	不供給
京山	20.00		4.00		0.15		均縣	15.00				0.20	
天門	30.00		6.00		0.20		鄖縣						
沔陽	40.00				0.30		竹山	20.00				0.15	
潛江	24.00				0.20		竹谿	25.00				0.25	
監利	25.00	供給			0.20		鄖西	20.00		3.00			

附註：本省各縣雇農待遇，照習俗觀之，例須供給雇農膳食，但各縣多未呈報，故僅按現有材料填列，其未報者，則暫缺；工資係以元計。

六、經濟

"藏富於農"一語，爲我國數千年來維繫農村之經濟原則，故農村經濟，向多操持於一般富農及中農之手；農村金融之流通，亦例以富農及中農爲總匯。其流通週轉之方法則爲貸款，俗名利錢。然最近或以地方不靖，農村凋敝，或以農產不豐，糧價太賤，致一般富農及中農之本身，操縱或支配農村金融之勢力，大半喪失；農村金融，遂益停滯。以往本省典當事業，所在多有，利息尚輕；而近則除少數比較繁盛之縣市外，大半倒閉，因之一般私押當及高利貸，普遍流行，普通年息平均四分半以上，月息平均二分以上，典押月息竟達三分半。尤有進者：農村金融枯竭，利息雖較高，而周轉抵押，猶屬不易，故農民苦之。茲特將各縣市農村借貨利息，列表於下：

縣別	年息	月息	典押月息	縣別	年息	月息	典押月息
武昌			0.020	公安			
漢陽	0.030	0.025	0.020	松滋		0.020	
嘉魚	0.025	0.030	0.050	枝江	0.024	0.020	
咸寧	0.010	0.008	0.025	江陵			
蒲圻	0.030	0.025	0.020	荊門	0.015	0.020	
崇陽	0.030	0.025		宜城	0.030	0.025	
通城	0.024	0.020		棗陽	0.300	0.020	0.030
通山				襄陽	0.300	0.025	0.300
陽新	0.096	0.008		光化	0.030	0.003	
大冶	0.020	0.016	0.024	穀城	0.020	0.030	0.040
鄂城	0.012	0.020	0.020	保康	0.015	0.014	
黃岡				南漳	0.020	0.025	
浠水	0.024	0.020		遠安		0.020	

續表

縣別	年息	月息	典押月息	縣別	年息	月息	典押月息
蘄春				當陽	0.030	0.025	
廣濟	0.020	0.025	0.025	宜都		0.018	
黃梅				宜昌	0.020	0.016	
英山	0.018	0.020	0.020	興山			
羅田		0.020		秭歸	0.024	0.020	
麻城			0.020	長陽	0.016	0.018	
黃安	0.010	0.010		五峯	0.030	0.030	0.010
黃陂		0.025	0.025	鶴峯	0.030		
禮山	0.030	0.025	0.020	宣恩	0.025	0.025	
孝感	0.030	0.025	0.030	來鳳		0.040	
雲夢	0.020	0.030	0.025	咸豐		0.030	
漢川	0.020	0.025	0.020	利川	0.300	0.030	
應城	0.024	0.020	0.025	恩施	0.020	0.020	
安陸	0.020	0.018	0.015	建始	0.030	0.025	
應山	0.020	0.015	0.015	巴東	0.015	0.020	0.020
隨縣	0.020	0.018		房縣	0.240	0.020	

續表

縣別	年息	月息	典押月息	縣別	年息	月息	典押月息
鍾祥	0.020	0.020		均縣	0.020	0.020	
京山	0.030	0.025		鄖縣	0.020	0.030	0.050
天門	0.020	0.020		竹山	0.030	0.030	
沔陽	0.030	0.030	0.025	竹谿		0.040	
潛江	0.080	0.070		鄖西	0.030	0.040	
監利		0.030		漢口市		0.010	0.016
石首			0.040	平均	0.046	0.023	0.035

附註：一、材料見各縣市填報之社會政治經濟狀況調查表。

二、單位以元計。

七、農民生活

縣別	概況	副業	衣	食	住
武昌	生活尚優	商，漁		米，大麥，小麥	
漢陽	儉樸	商，織布	粗布	米，麥	多草屋
嘉魚	沿江奢侈，內湖樸素	漁業	土布	〃	灰磚砌
咸寧	儉樸	漁，砍柴	青白布	米，紅薯，雜糧	多磚瓦建築
蒲圻	樸素簡陋			米，雜糧，麥	磚造
崇陽	儉樸	牧畜，豢禽，養蜂，紡織	青棉布	米和藷	土壁瓦頂
通城	安土重建	挑販，貿易，紡織	土布	米，麥，豆	樸素
通山	儉樸	造紙，販油，伐木等		米，紅薯，玉蜀黍	磚墻粉飾
陽新	〃	挑販，織布，砍柴	土布，式舊	米，麥，高粱，玉蜀黍	茅屋，湫隘卑陋
大冶			布衣	雜糧	
鄂城	尚儉樸	漁業	呢，布	米，麥，高粱，玉蜀黍	

日用生活必需品來源		娛樂	村落	備考
自給	仰給			
衣，食	食鹽，洋油			
米，麥，棉等	芝麻，煤，鹽	迎神，玩燈		
衣，食	百分之二十	〃		
米	鹽，火酒，麵粉，洋紗	龍燈，花鼓	曾經匪禍，村落爲墟	
食	布帛，油鹽，煙	燈會		
豬，雞，鴨	食鹽，火油	競渡，玩燈		
衣，食	食鹽，棉花			
食料，燃料	食鹽，火油，布疋			
雜糧，豆麥，雞，鴨，菜蔬	煤，鹽，牛羊肉	迎神，賽會，龍燈		
食	油，鹽，糖，布疋，雜貨			
〃	鹽，洋貨，化妝品	演戲		各市鎮愛鬥奢華，應提倡儉約

別縣	概況	副業	衣	食	住
黃岡	極儉嗇		棉布，多補綴	粗米，小麥，高粱	
浠水	生活枯澀	漁業	樸素	米，小麥	屋鮮華麗
蘄春	尚優	駕船，漁業	土布	米，麥，過年吃肉	土壁瓦頂
廣濟	〃	漁業	〃	米，麥	〃
黃梅				米，麥，粟，紅薯	
英山				米，麥，黃豆	
羅田	農村經濟破產		儉樸	米，麥，甘藷	簡陋
麻城	尚優	養蠶，繅絲，紡織	土布	米，蔬菜	昔華美，今簡陋
黃安	勤儉樸實		樸實	米，麥，雜糧	
黃陂	儉樸，苟安	漁業	〃	米，麥	
禮山	儉樸	造油，釀酒		米，麥，蔬菜	簡陋
孝感	〃	挑販	土布，式舊	米，麥，麵	土磚砌

續表

日用生活必需品來源		娛樂	村落	備考
自給	仰給			
小菜，魚，肉	米，食鹽，火酒，雜貨			
衣，食	煤，鹽		稠密	
衣，食，燃料，煤炭	雜貨，廣貨		大小不一	
穀米，棉，麻	鹽，煤油，衣料	玩燈，划船	稠密	
衣，食	煤，鹽	玩燈，賽會，演戲酬神		
	衣，食			
食料	鹽，布疋	玩春燈，唱花鼓戲		
食，燃料	鹽，洋油，麵粉，糖	迎神，賽會	稠密	游民少，不失農業社會本色
衣，食	食鹽，火油			
〃			稠密	
麥，豆，芝麻等	米，布疋		村落零星	婦女多向山地耕耘，少坐食
衣，食	煤，鹽，芝麻	年節迎神賽會		

縣別	概況	副業	衣	食	住
雲夢	樸素	漁業	土布	米，麥，黃豆	土壁瓦頂
漢川	困苦	漁業	土布	米，麥	多蘆席搭蓋
應城	勤勞樸實	漁，手工，礦，商	〃	米，麥，粟	
安陸	〃	挑販，砍柴	〃	米，麥	
應山	儉樸	牧畜，挑販	簡陋	米，玉蜀黍，麥	簡陋
隨縣	簡樸，儉約	漁，挑販，貿易	土布	米，麥	土屋，間有茅屋
鍾祥	經濟枯竭，生活較艱	漁，砍柴，織布，養鹽，紡織		米，麥，豆，高粱	
京山	儉嗇，勤勞	挑販，貿易	棉布	米，麥	
天門	勤樸	漁，織布，小販	土布，式舊	麥，米，粟	土壁瓦頂
沔陽	樸實	漁，紡織，養猪，養雞	洋布，土布	米，麥，雜糧	茅草屋
潛江	樸素	漁，織布，紡織	土布	粟，米，麥	簡陋
監利	儉樸，耐勞	紡織，挑販貿易		米，粟，小麥	

續表

日用生活必需品來源		娛樂	村落	備考
自給	仰給			
〃	鹽		稠密	游民少，不失農業社會本色
衣，食	煤，鹽		經水匪患，村落爲墟	
〃	煤	演戲，玩燈，賽會		縣城區及礦區人民，生活容易，漸習奢侈
米，麥，豆等	煤，鹽洋油，洋麵	〃		
米，麵，油菜	茶，鹽			
衣，食	茶，鹽，洋貨		稠密	
米，麥，高粱，大豆	鹽，煤油，洋布		經水旱災，村落爲墟	
米，麥，豆，菜	〃			男女操作，無間寒暑
衣，食，燃料	鹽	迎神，玩燈，唱戲	星羅棋布	社會秩序安定
食料，燃料	鹽，洋油		稠密	〃
衣，食	鹽		均不甚大	無業游民尚少

別縣	概況	副業	衣	食	住
石首				米，麥，豆	
公安	多尚樸素		着土布者少	米，麥，麵	瓦房，草屋
松滋	儉樸	漁，挑販，手工	棉布	米，麥，高粱，黍	
枝江	樸素	漁，駕船，造紙，紡織		米，麥，雜糧	簡陋
江陵	〃	漁，紡織，砍柴，製革		米，麥，高粱	
荆門	簡單，樸素	製革，養蠶	簡樸	米，麥	茅蓋
宜城	儉嗇，勤勞	紡織	布	米，麥，高粱	築茅爲室
棗陽	農村經濟困苦		鶉衣敗絮	小麥，米，黍	土墻茅蓋
襄陽	儉嗇異常	婦女紡紗	棉布，多補綴	大小麥，高粱等	
光化	甚儉樸	紡織	簡陋	小麥，豌豆，米	簡陋
穀城	儉樸勤苦		鶉衣粗食	米，麥，玉蜀黍	土墻矮屋
保康	極苦	獵獸	布	米，玉蜀黍，黍	憑巖而居，編樹爲墻
南漳	勤勞樸實	紡織	土布	米，麥，高粱，粟	多草屋

續表

日用生活必需品來源		娛樂	村落	備考
自給	仰給			
衣，食	煤，鹽			
食料，燃料	衣料，鹽			
燃料，蔬菜	食鹽，糖，布，洋貨	絕少機會		
米，麥，豆，菜，菜油	煤油，鹽，柴，煤			
食	鹽，煤油			
蔴油，小麥，粟，豆	鹽，糖，煤油			閒散者少
衣，食	鹽，煤油，洋貨	古剎會，演戲，賽會		
棉花，芝麻，雜糧	食鹽，布疋，煤油			男女操作，無間寒暑
衣，食	米，洋布，鹽，油			盛行小手工業
薪料，食料	米，洋布，鹽，洋油	演戲，集會	東北稠密，西北星散	
衣，食	鹽，布疋，糖，煤油		稀疏	
衣，食，燃料	食鹽，煤油		均不甚大	

別縣	概況	副業	衣	食	住
遠安	地無廣土，野無游民	手工	土布	米，玉蜀黍，粟	簡陋
當陽	儉樸	紡織		米，麥，豆	
宜都	極苦	挑販，砍柴	土布	米，麥，薯，雜糧	茅屋，瓦屋
宜昌	民風樸素	紡織		米，麵粉，高粱	土壁，瓦頂
興山	樸素	挑販	土布	米，玉蜀黍，甘藷	倚山蓋屋，疊石爲墙
秭歸	極苦	〃		米，麥，玉蜀黍	結茅而居
長陽	樸素	〃		〃	土壁草蓋
五峯	儉樸	養猪，挑販，割漆，採茶	白土布	玉蜀黍，甘藷，米	多茅屋
鶴峯	極苦		衣不蔽體	玉蜀黍，米，馬鈴薯	住不避風雨
宣恩	異常儉樸		襤褸	米，玉蜀黍，馬鈴薯	土墙茅頂
來鳳	儉樸，耐勞	商業	簡陋	米，玉蜀黍，甘藷	簡陋

續表

日用生活必需品來源		娛樂	村落	備考
自給	仰給			
衣，食	鹽，洋油			節約處，爲全省冠
衣，食，林木，燃料	鹽			
麥，豆，芝麻，棉	川鹽，精鹽		零星	
芝麻，豆，玉蜀黍	米，麥麵，鹽，火柴		疏散	
玉蜀黍，麥，柴	米，鹽，洋貨		甚小	
	米，麥，棉，土布，鹽			
米，麥，包谷，蠶豆	鹽，煤油，洋布		甚稀	
食料	鹽，糖，洋油	玩燈，迎神		
食料，燃料	鹽，糖，布疋，雜貨		稀疏	
〃	糖，鹽，煤油			
〃	食鹽，布疋，洋廣雜貨		稀少	

別縣	概況	副業	衣	食	住
咸豐	樸素		樸素	米，玉蜀黍，甘藷	簡陋
利川	貧苦		補綴，破敗	米，玉蜀黍，馬鈴薯	″
恩施	極苦	賣柴，造油，製革，製糖	冬衣缺乏	玉蜀黍，馬鈴薯，甘藷	簡陋
建始				黃豆，小麥，馬鈴薯	
巴東	困苦	牧畜，採茶，榨桐油，採藥		粟，玉蜀黍，米	
房縣	極苦	挑販，貿易	土布，草鞋	玉蜀黍，米，小麥	土屋茅頂
均縣	儉約			米，麥，甘藷，玉蜀黍	亂石堆砌，舖草爲蓋
鄖縣	簡單，樸素	織布，製革，養蠶，挑販		米，小麥，玉蜀黍，甘藷	簡陋
竹山	困苦	販鹽		玉蜀黍，小麥，米	多茅屋
竹谿	樸素	紡織	土布	米，玉蜀黍，甘藷	簡陋
鄖西	樸素	紡織，製革	土布	玉蜀黍，甘藷，粟	倚山蓋屋，築土爲墻

附註：本表係根據湖北省縣政概況之材料編成。

續表

日用生活必需品來源		娛樂	村落	備考
自給	仰給			
米，麥，豆，包谷等	洋廣雜貨		稀少	
食料	食鹽，布疋，雜貨		〃	鴉片爲害，影響農民經濟
〃	〃		稀疏	
〃	食鹽，白糖，布棉			
包谷，黃豆	米，洋油，鹽，酒			
衣料，食料	食鹽			文化落後
油，麻，小麥，粟，米	鹽，糖，煤油	鞦韆戲		
小麥，大麥，豆，煤	鹽，衣料，穀	酬神演劇		
食料，衣料，燃料	食鹽，火油		散漫	
玉蜀黍，麥，桐油等	米，鹽，洋油		甚小	

肆、農　　産

一、概說

　　本省處於東經綫一百零八度至一百十六度，及北緯綫二十八度至三十三度之間，位於長江之中部，扼漢水之下游。全省地形之高度，除西部及北部大都在海平四百公尺以上外，東部及南部殆皆在海平四百公尺以下。氣候就一般言之，春秋兩季，尚稱溫和，夏季最高時達攝氏四十度，冬季最低時皆在攝氏零下一度至十度之間，至於雨量，平均皆在五百公厘以上，而超過一千公厘者幾占大半，故皆適宜於耕種。

　　本省土壤，原極肥沃，中部田疇稻畦，阡陌相通，大抵春夏多種小麥、油菜，兼植豆類；至秋季則改種水稻與棉花。竊考本省主要農產，以棉稻最富，麥豆次之，再次則爲茶麻菸草。稻則到處皆產，豆產各地，麥植平原，玉蜀黍高粱之屬則多產於山地或高原。故謂本省爲國內主要農產區域，誠屬不誣。茲就本省主要農產，分別述其概況於後：

　　稻　稻乃溫熱帶作物，本省均在溫帶，故各縣皆種植之，且爲本省主要之食糧。本省稻之耕種面積：本室估計爲 19 681 000 市畝，全省各縣中以沔陽、黃岡、鍾祥、襄陽、江陵、荊門、京山等爲最大，都在七十萬市畝以上；次爲武昌、漢陽，亦達六十萬市畝；而以保康、興山等縣爲最小，僅數千市畝。年產量：本室估計爲 62 765 000 市担，鍾祥一縣達三百二十萬市担，黃岡、沔陽、江陵、隨縣、京山、荊門等縣次之，各達二百萬市担以上；武昌、漢陽、蘄春、黃陂、監利、襄陽等縣又次之，各在一百六十萬市担以上；餘如黃安、孝感、松滋、鄂城、應城、當陽、黃梅、浠水等縣亦各在百萬市担以上；最少者爲保康、興山兩縣，年僅産一萬數千市担而已。

小麥 本省所産，品質尚佳。耕種面積：本室估計爲 13 234 000 市畝，全省以沔陽縣爲最大，達八十五萬市畝；次爲襄陽、江陵、京山、天門、隨縣等縣爲最大，皆在五六十萬市畝左右；而以興山、通山等縣爲最小，不過一萬市畝左右而已。年産量：本室估計爲 13 227 000 市担，以沔陽縣爲最多，年産八十五萬市担；襄陽、江陵、京山、天門、隨縣等縣次之，皆達五十萬市担以上；而以通山、興山兩縣爲最少，年産不過一萬市担左右。

大麥 本省大麥耕種面積：本室估計爲 5 737 700 市畝，全省以沔陽爲最大，達六十萬市畝；次如京山、襄陽、孝感等縣皆在二十五萬市畝以上；通山、興山兩縣爲最小，不過七、八千市畝。年産量：本室估計爲 6 696 800 市担，以沔陽縣爲最多，達六十六萬市担；京山、襄陽、孝感、天門等縣次之，皆達三十萬市担以上；通山、英山兩縣，不過一萬市担；而興山縣則僅有八千市担左右。

玉蜀黍 玉蜀黍在本省又名包谷或玉米。耕種面積：本室估計爲 3 535 100 市畝，各縣中最大者首推光化縣，達二十八萬市畝；次如沔陽、京山、建始、恩施、監利等縣亦達十三萬市畝以上。至如崇陽、英山等縣不過一千四五百市畝。年産量：本室估計爲 4 197 300 市担。以光化縣爲最多，達三十萬市担，沔陽縣達二十萬市担，恩施、應山、監利、建始等縣各達十五萬市担，而崇陽、英山等縣年産僅二千市担。

高粱 本省有用之以爲食料者，有用之以爲飼料者，亦有用之釀酒者，故本省耕種面積亦頗廣。本室估計有 2 982 200 市畝，以天門縣爲最大，達三十四萬市畝；次如襄陽、沔陽，皆達二十萬市畝以上；餘如京山、棗陽等縣皆在十六萬市畝以上；而崇陽、通山、陽新、蘄春等縣則僅一二千市畝。年産量：本室估計爲 2 732 700 市担，全省以天門爲最多，達三十二萬市担；次如沔陽、襄陽兩縣爲較多，年産皆達廿萬市担；

崇陽縣則僅年産一千五百市担。

甘藷　耕地面積：本室估計爲 723 700 市畝，以大冶縣爲最大，達十五萬市畝，次如陽新亦達十萬市畝，武昌、松滋、蘄春等縣不過千餘市畝，而保康、興山兩縣各僅數百市畝而已。年産量：本室估計 7 237 000 市担，以大冶縣爲最多，達一百五十萬市担；餘如陽新亦達百萬市担，恩施、崇陽等縣皆達六十萬至八十萬市担，而保康、興山，則僅年産四千市担。

大豆　大豆爲食物中最富有养料者，其用途除日常煎煮者外，可製豆腐、豆豉酱油等副産品，用之以榨油亦爲良好的原料，其耕地面積：本室估計爲 3 784 000 市畝，全省以天門爲最大，達五十萬市畝；襄陽次之，達三十萬市畝；漢川、鍾祥、京山等縣亦均在廿萬市畝左右；通山、浠水等縣，則僅數千市畝。年産量：本室估計爲 3 776 500 市担，天門、襄陽、漢川、鍾祥、京山、沔陽、監利等縣皆在十五萬至五十萬市担之間；而通山縣爲最小，年産僅二千市担。

豌豆　耕地面積：本室估計爲 1 380 000 市畝，全省以隨縣、鍾祥、京山爲最大，各達十三萬市畝；黃陂、麻城、嘉魚等縣皆在八萬至九萬市畝；而通山、石首、鄖縣、竹山等縣不過千餘市畝。年産量：本室估計爲 1 144 500 市担；最多者爲隨縣，年産達十二萬市担；次推鍾祥、京山等縣皆達十萬市担；通山、石首、竹山、鄖縣等縣不過各年産千市担。

蠶豆　耕地面積：本室估計爲 1 357 220 市畝，漢川、鍾祥、京山等縣皆達十六七萬市畝，次爲枝江有十萬市畝；餘如隨縣、天門等縣，亦皆在五萬市畝以上；五峯等縣，則約千餘市畝，而恩施縣則僅五百市畝。年産量：本室估計爲 1 267 300 市担，以漢川、鍾祥、京山等縣出産最多，達十五萬市担；次如枝江、隨縣、石首、天門、黃陂等縣亦均在五萬至十萬市担；恩施、鄖縣、竹山等縣則僅在一千至五百市担之間。

芝蔴　耕種面積：本室估計爲 1 165 040 市畝，全省以當陽、襄陽、宜城等縣爲最大，皆在七萬市畝以上；次如武昌、天門、棗陽、鍾祥、漢陽等縣亦各在五萬市畝以上；而以建始爲最小，僅四十市畝。年産量：本室估計爲 897 640 市担，襄陽、當陽兩縣各達七萬市担；次如天門、棗陽亦各在五萬市担；再次宜城、京山、光化、鍾祥、武昌、漢陽等縣亦在三萬市担以上；建始縣最少，年僅産四十市担。

二、主要農産耕種面積估計

以市畝計

縣市	稻	小麥	大麥	玉蜀黍	高粱
總計	19 681 000	13 234 000	5 737 700	3 535 100	2 982 200
武昌	600 000	220 000	160 000	50 000	22 400
漢陽	600 000	160 000	85 000	28 000	23 000
嘉魚	120 000	70 000	50 000	25 000	30 000
咸寧	140 000	40 000	15 000	12 300	
蒲圻	225 000	50 000	20 000	27 500	9 800
崇陽	130 000	60 000	40 000	1 500	1 700
通城	160 000	55 000	40 000		
通山	84 000	12 000	8 000	30 000	2 000
陽新	280 000	60 000	25 000	15 000	2 000
大冶	300 000	250 000	40 000	17 000	3 000
鄂城	350 000	135 000	20 000	18 000	12 000
黃岡	900 000	260 000	130 000	24 900	18 000
浠水	400 000	144 000	36 000	43 000	43 800
蘄春	450 000	200 000	80 000	21 700	2 000

甘藷	大豆	豌豆	蠶豆	芝蔴	縣市
723 700	**3 784 000**	**1 380 000**	**1 357 220**	**1 165 040**	**總計**
1 000	30 000	26 000	17 500	60 000	武昌
	23 000	13 000	11 500	50 000	漢陽
	30 000	79 000		25 000	嘉魚
1 800	5 000	3 000	3 100		咸寧
2 500	12 000	7 300	4 100	22 000	蒲圻
60 000	25 000	5 000	2 100		崇陽
3 000	4 000	1 650	1 700		通城
40 000	2 000	1 300	1 100		通山
100 000	10 000	3 000	7 000		陽新
150 000	10 000	30 000	20 000		大冶
40 000	10 000	5 000	2 300	7 000	鄂城
	8 000	15 000	3 500	12 000	黃岡
	2 000	16 500		6 200	浠水
1 200	3 000	15 300	2 300	7 200	蘄春

縣市	稻	小麥	大麥	玉蜀黍	高粱
廣濟	200 000	120 000	100 000		
黃梅	400 000	180 000	46 000	37 000	10 000
英山	40 000	27 000	7 700	1 400	37 500
羅田	140 000	80 000	50 000		2 700
麻城	500 000	180 000	170 000		50 000
黃安	370 000	200 000	120 000		
黃陂	450 000	260 000	160 000		80 000
禮山	130 000	85 000	75 000		12 000
孝感	500 000	360 000	250 000	37 000	110 000
雲夢	250 000	80 000	60 000		
漢川	230 000	250 000	100 000		46 000
應城	380 000	180 000	90 000	45 000	70 000
安陸	180 000	150 000	40 000	70 000	8 600
應山	250 000	280 000	120 000	105 000	8 600
隨縣	700 000	520 000	75 000		22 000
鍾祥	850 000	300 000	180 000	28 000	54 000

甘藷	大豆	豌豆	蠶豆	芝蔴	縣市
2 500	30 000	13 900	12 300	18 500	廣濟
5 000	64 000	13 900	3 500	6 200	黃梅
	6 000				英山
	23 000	1 650	1 200	12 500	羅田
	100 000	84 000	50 000	1 400	麻城
	10 000	5 300	3 200		黃安
	50 000	90 000	50 000	5 000	黃陂
	30 000			10 000	禮山
	28 000	46 500	15 800	18 500	孝感
	50 000	13 000	9 000	8 000	雲夢
	200 000	50 000	170 000	18 500	漢川
	20 000	40 000		28 000	應城
	4 000	13 000	2 300	13 000	安陸
	100 000	30 000	30 000	10 000	應山
	100 000	130 000	85 000	24 000	隨縣
	200 000	130 000	170 000	54 000	鍾祥

縣市	稻	小麥	大麥	玉蜀黍	高粱
京山	760 000	620 000	450 000	130 000	196 000
天門	700 000	600 000	260 000	50 000	340 000
沔陽	960 000	850 000	600 000	170 000	212 000
潛江	150 000	500 000	110 000	50 000	23 000
監利	400 000	360 000	80 000	125 000	35 000
石首	300 000	150 000	50 000		23 000
公安	300 000	75 000	50 000	17 000	70 000
松滋	400 000	200 000	80 000	35 000	84 000
枝江	250 000	75 000	50 000	35 600	21 000
江陵	800 000	660 000	130 000	6 000	112 000
荆門	800 000	460 000	80 000	50 000	38 000
宜城	200 000	230 000	40 000	14 000	50 000
棗陽	450 000	350 000	120 000	28 000	169 000
襄陽	800 000	760 000	280 000	70 000	240 000
光化	150 000	300 000	100 000	280 000	80 000
榖城	260 000	250 000	50 000	100 000	40 000

甘薯	大豆	豌豆	蠶豆	芝蔴	縣市
	200 000	130 000	160 000	44 000	京山
	500 000	39 000	70 000	60 000	天門
	150 000	16 500		12 000	沔陽
	120 000	6 500	29 000	24 000	潛江
	150 000	30 000		6 000	監利
	30 000	1 300	65 000	22 000	石首
	50 000		45 000	12 000	公安
	60 000	5 300	4 600	24 000	松滋
1 000	100 000	6 500	100 000	18 000	枝江
	10 000	2 600	2 300	24 000	江陵
10 000	40 000	2 600	2 300	36 000	荆門
20 000	150 000	13 000	23 000	70 000	宜城
22 000	30 000	53 000		60 000	棗陽
12 000	300 000	13 000	40 000	76 000	襄陽
30 000	100 000	13 000	40 000	38 000	光化
	20 000	8 000	50 000	20 000	穀城

縣市	稻	小麥	大麥	玉蜀黍	高粱
保康	6 000	25 000	10 000	75 000	2 800
南漳	150 000	200 000	90 000	93 000	110 000
遠安	50 000	100 000	30 000	37 000	11 100
當陽	480 000	200 000	180 000	18 600	63 000
宜都	30 000	75 000	45 000	18 600	11 000
宜昌	200 000	60 000	36 000	50 000	25 000
興山	6 000	10 000	7 000	30 000	2 100
秭歸	20 000	30 000	10 000	14 000	3 200
長陽	25 000	36 000	25 000	35 000	50 000
五峯	15 000	60 000	50 000	98 000	21 000
鶴峯	50 000	60 000	20 000	56 000	
宣恩	35 000	45 000	40 000	84 000	37 000
來鳳	80 000	35 000	25 000	28 000	3 800
咸豐	50 000	40 000	25 000	86 000	
利川	35 000	30 000	15 000	56 000	
恩施	80 000	50 000	30 000	140 000	40 000

甘蔗	大豆	豌豆	蠶豆	芝蔴	縣市
4 00				3 200	保康
	40 000			16 000	南漳
	20 000			27 000	遠安
	20 000	68 000		84 000	當陽
1 100	20 000	6 500	5 000		宜都
	25 000			2 400	宜昌
4 00	5 000				興山
1 100	10 000	11 300		8 400	秭歸
11 000	14 200		21 000		長陽
3 000	100 000	2 000	1 520		五峯
1 800	40 000				鶴峯
18 000	5 000	5 000	3 600		宣恩
1 500	6 000	5 000	3 600		來鳳
1 200	12 800	13 900	2 100		咸豐
5 000	74 000				利川
80 000	3 000	5 000	500		恩施

縣市	稻	小麥	大麥	玉蜀黍	高粱
建始	100 000	65 000	24 000	150 000	16 500
巴東	25 000	75 000	18 000	84 000	40 000
房縣	50 000	150 000	25 000	70 000	47 000
均縣	30 000	100 000	30 000	100 000	32 000
鄖縣	53 000	100 000	30 000	110 000	11 000
竹山	50 000	20 000	10 000	100 000	11 000
竹谿	32 000	20 000	10 000	84 000	5 600
鄖西	25 000	200 000	30 000	120 000	4 000
漢口市	15 000	40 000			21 000

附註：一、本表所依據之主要材料爲湖北省各縣社會政治經濟狀況報告及湖北縣政概況，有時因數字不全，或據耕種面積以推算其總產量，或由總產量以求其耕種面積；有時參酌事實，略爲增減，但其中應特加聲敍者爲下列二項：

甲、關於稻作之耕種面積，據各方面報告，各縣中多有每年二次收穫，然而所報告之數字，僅合一次，事實如何，且待將來實際調查之證明。

乙、關於玉蜀黍與甘藷二種，其中缺乏報告之縣份甚多（玉蜀黍十余縣，甘藷則三十余縣未報），即有報告之縣份，其數字甚少。查此二種作物爲最易繁殖之耐旱作物，且爲本省農民之次要食料，其耕種面積與收穫量應不止此數。

二、少數材料得自各種雜誌報章與零星調查報告，雖不足視爲一般之準則，姑示概略，以待證實。

續表

甘藷	大豆	豌豆	蠶豆	芝蔴	縣市
46 000	34 000	13 900	2 100	40	建始
11 000	10 000	1 300	1 000	400	巴東
1 200	20 000	3 900	3 000	12 000	房縣
10 000				36 000	均縣
4 000	50 000	1 300	1 000		鄖縣
	25 000	1 300	1 000		竹山
10 000	34 000	4 000	2 100		竹谿
15 000	7 000	15 000			鄖西
	10 000				漢口市

三、主要農産年産量估計

以市担計

縣市	稻	小麥	大麥	玉蜀黍	高粱
總計	**62 765 000**	**13 227 000**	**6 696 800**	**4 197 300**	**2 732 700**
武昌	1 800 000	220 000	220 000	56 000	22 000
漢陽	1 800 000	160 000	100 000	32 000	20 000
嘉魚	380 000	80 000	60 000	40 000	25 000
咸寧	360 000	40 000	16 000	15 000	
蒲圻	600 000	50 000	20 000	30 000	8 000
崇陽	450 000	60 000	48 000	2 000	1 500
通城	600 000	55 000	48 000		
通山	250 000	12 000	10 000	33 000	1 800
陽新	1 100 000	60 000	30 000	22 000	1 600
大冶	900 000	250 000	48 000	18 500	2 700
鄂城	1 400 000	135 000	24 000	20 000	10 000
黃岡	2 700 000	260 000	136 000	26 000	16 000
浠水	1 200 000	144 000	44 000	53 300	43 000
蘄春	1 800 000	200 000	100 000	28 000	1 800

甘藷	大豆	豌豆	蠶豆	芝蔴	縣市
7 237 000	**3 776 500**	**1 144 500**	**1 267 300**	**897 640**	總計
10 000	25 000	20 000	15 000	30 000	武昌
	20 000	10 000	10 000	30 000	漢陽
	36 000	60 000		15 000	嘉魚
18 000	5 000	3 000	3 000		咸寧
25 000	12 000	7 000	4 000	20 000	蒲圻
600 000	25 000	4 000	2 000		崇陽
30 000	4 000	1 500	1 600		通城
400 000	2 000	1 000	1 000		通山
1 000 000	10 000	2 500	6 500		陽新
1 500 000	10 000	24 000	19 000		大冶
400 000	10 000	4 000	2 000	5 000	鄂城
	8 000	14 000	3 000	10 000	黃岡
	2 000	15 000		5 000	浠水
12 000	3 000	14 000	2 000	5 000	蘄春

縣市	稻	小麥	大麥	玉蜀黍	高粱
廣濟	800 000	120 000	120 000		
黃梅	1 300 000	180 000	60 000	50 000	8 000
英山	80 000	30 000	10 000	2 000	38 000
羅田	480 000	80 000	60 000		2 800
麻城	1 600 000	180 000	210 000		50 000
黃安	1 500 000	200 000	140 000		
黃陂	1 800 000	260 000	200 000		80 000
禮山	400 000	85 000	80 000		10 000
孝感	1 500 000	360 000	300 000	40 000	100 000
雲夢	1 000 000	80 000	72 000		
漢川	800 000	250 000	120 000		42 000
應城	1 400 000	180 000	98 000	57 000	80 000
安陸	720 000	150 000	48 000	100 000	10 000
應山	800 000	280 000	150 000	150 000	10 000
隨縣	2 400 000	520 000	90 000		20 000
鍾祥	3 200 000	300 000	190 000	30 000	50 000

甘蔗	大豆	豌豆	蠶豆	芝蔴	縣市
25 000	30 000	13 000	12 000	16 000	廣濟
50 000	55 000	13 000	3 000	5 000	黄梅
	6 000				英山
	23 000	1 500	1 200	10 000	羅田
	100 000	80 000	50 000	12 200	麻城
	10 000	4 000	3 000		黄安
	50 000	60 000	50 000	4 000	黄陂
	30 000			8 000	禮山
	28 000	45 000	15 000	14 000	孝感
	50 000	10 000	8 000	8 000	雲夢
	200 000	40 000	150 000	14 000	漢川
	25 000	36 000		25 000	應城
	4 000	10 000	2 000	10 000	安陸
	100 000	25 000	26 000	5 000	應山
	100 000	120 000	80 000	20 000	隨縣
	200 000	100 000	150 000	34 000	鍾祥

縣市	稻	小麥	大麥	玉蜀黍	高粱
京山	2 400 000	620 000	500 000	130 000	170 000
天門	2 100 000	600 000	300 000	55 000	320 000
沔陽	2 700 000	850 000	660 000	200 000	200 000
潛江	450 000	500 000	112 000	55 000	20 000
監利	1 600 000	360 000	96 000	150 000	30 000
石首	800 000	150 000	60 000		20 000
公安	1 200 000	75 000	60 000	20 000	60 000
松滋	1 500 000	200 000	100 000	50 000	80 000
枝江	750 000	75 000	60 000	48 000	20 000
江陵	2 600 000	660 000	150 000	6 500	101 000
荊門	2 400 000	460 000	100 000	55 000	40 000
宜城	600 000	230 000	50 000	20 000	50 000
棗陽	1 000 000	350 000	150 000	40 000	160 000
襄陽	1 600 000	760 000	320 000	100 000	200 000
光化	500 000	300 000	120 000	300 000	70 000
穀城	520 000	250 000	60 000	110 000	35 000

甘蔗	大豆	豌豆	蠶豆	芝蔴	縣市
	200 000	100 000	150 000	36 000	京山
	500 000	30 000	60 000	50 000	天門
	150 000	15 000		10 000	沔陽
	120 000	5 000	25 000	20 000	潛江
	150 000	25 000		5 000	監利
	30 000	1 000	65 000	18 000	石首
	50 000		45 000	10 000	公安
	60 000	4 000	4 000	20 000	松滋
10 000	100 000	5 000	100 000	15 000	枝江
	10 000	2 000	2 000	20 000	江陵
100 000	40 000	2 000	2 000	30 000	荆門
200 000	140 000	10 000	20 000	40 000	宜城
220 000	30 000	40 000		50 000	棗陽
120 000	300 000	10 000	40 000	70 000	襄陽
300 000	100 000	10 000	40 000	35 000	光化
	18 000	7 000	50 000	11 000	穀城

縣市	稻	小麥	大麥	玉蜀黍	高梁
保康	12 000	25 000	12 000	85 000	3 000
南漳	500 000	200 000	100 000	100 000	100 000
遠安	150 000	100 000	40 000	40 000	11 000
當陽	1 400 000	200 000	210 000	20 000	50 000
宜都	60 000	75 000	50 000	20 000	10 000
宜昌	500 000	60 000	40 000	60 800	20 000
興山	18 000	10 000	8 000	40 000	2 000
秭歸	60 000	30 000	12 000	16 000	2 500
長陽	60 000	36 000	30 000	50 000	45 000
五峯	45 000	60 000	60 000	140 000	20 000
鶴峯	120 000	60 000	24 000	80 000	
宣恩	140 000	45 000	42 000	120 000	35 000
來鳳	240 000	35 000	28 000	32 000	3 500
咸豐	150 000	40 000	28 000	100 000	
利川	100 000	30 000	18 000	60 000	
恩施	240 000	50 000	35 000	160 000	36 000

續表

甘藷	大豆	豌豆	蠶豆	芝蔴	縣市
4 000				3 000	保康
	40 000			10 000	南漳
	20 000			20 000	遠安
	20 000	60 000		70 000	當陽
11 000	20 000	5 000	5 000		宜都
	25 000			2 000	宜昌
4 000	5 000				興山
11 000	15 000	10 000		7 000	秭歸
110 000	16 000		20 000		長陽
30 000	100 000	2 000	1 500		五峯
18 000	40 000				鶴峯
180 000	5 000	4 500	3 000		宣恩
15 000	6 000	4 000	3 000		來鳳
12 000	13 000	13 000	2 000		咸豐
50 000	80 000				利川
800 000	3 000	4 500	500		恩施

縣市	稻	小麥	大麥	玉蜀黍	高粱
建始	300 000	65 000	24 800	150 000	16 000
巴東	75 000	75 000	20 000	100 000	35 000
房縣	150 000	150 000	30 000	80 000	40 000
均縣	90 000	80 000	36 000	120 000	30 000
鄖縣	150 000	100 000	40 000	120 000	10 000
竹山	150 000	20 000	12 000	120 000	10 000
竹谿	100 000	20 000	12 000	100 000	5 000
鄖西	75 000	200 000	35 000	140 000	35 000
漢口市	40 000	40 000			15 000

續表

甘藷	大豆	豌豆	蠶豆	芝蔴	縣市
460 000	34 000	13 000	2 000	40	建始
110 000	10 000	1 000	1 000	400	巴東
12 000	20 000	3 000	3 000	10 000	房縣
100 000				30 000	均縣
40 000	50 000	1 000	1 000		鄖縣
	25 000	1 000	1 000		竹山
100 000	34 000	4 000	2 000		竹谿
150 000	7 000	15 000			鄖西
	7 500				漢口市

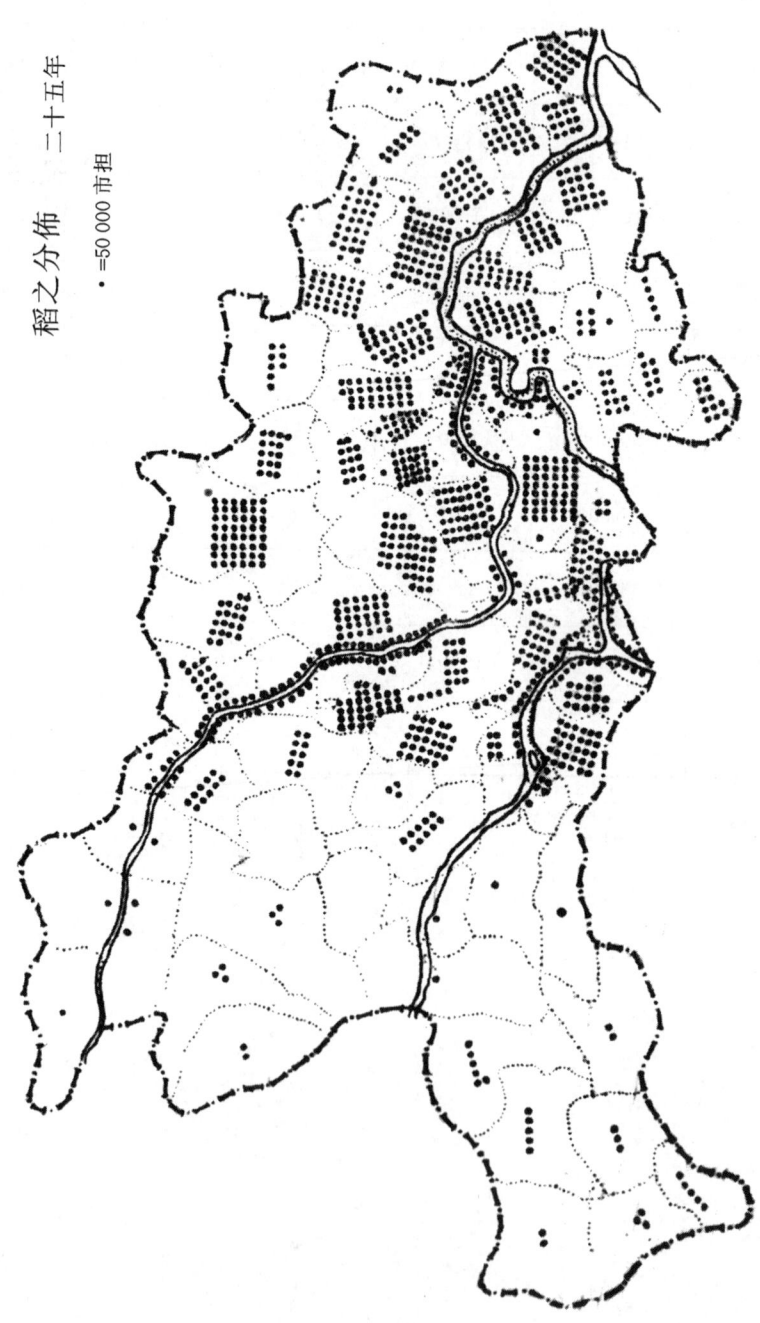

稲之分佈　二十五年

・=50 000 市担

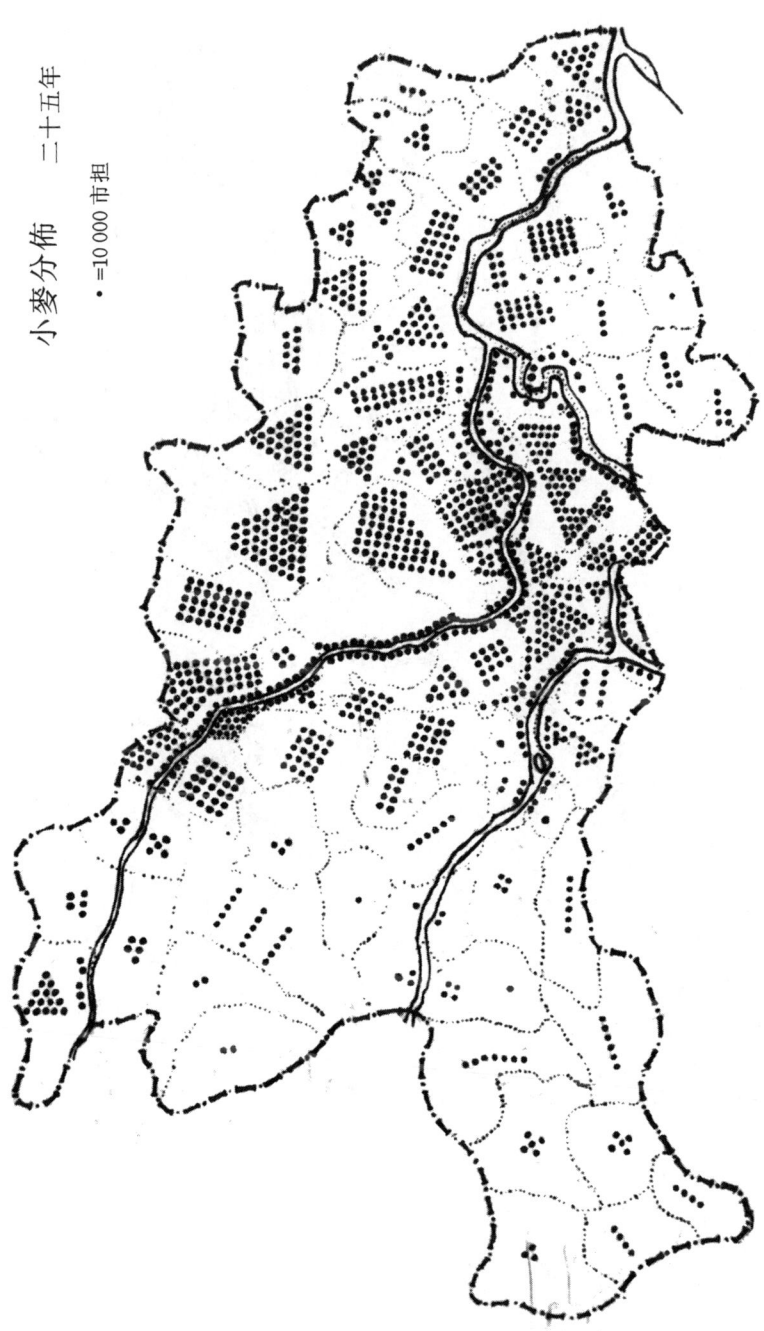

小麥分佈 二十五年

・=10 000 市担

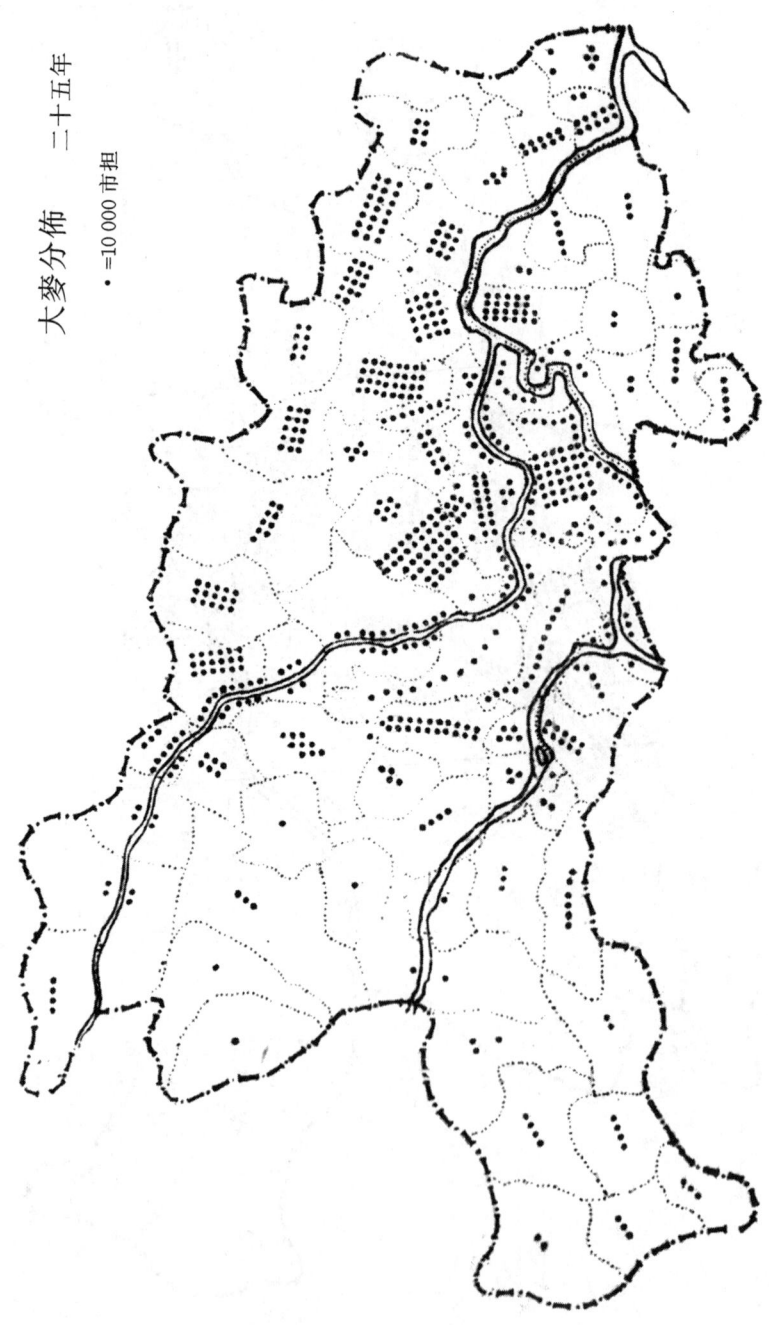

大麥分佈　二十五年

• =10 000 市担

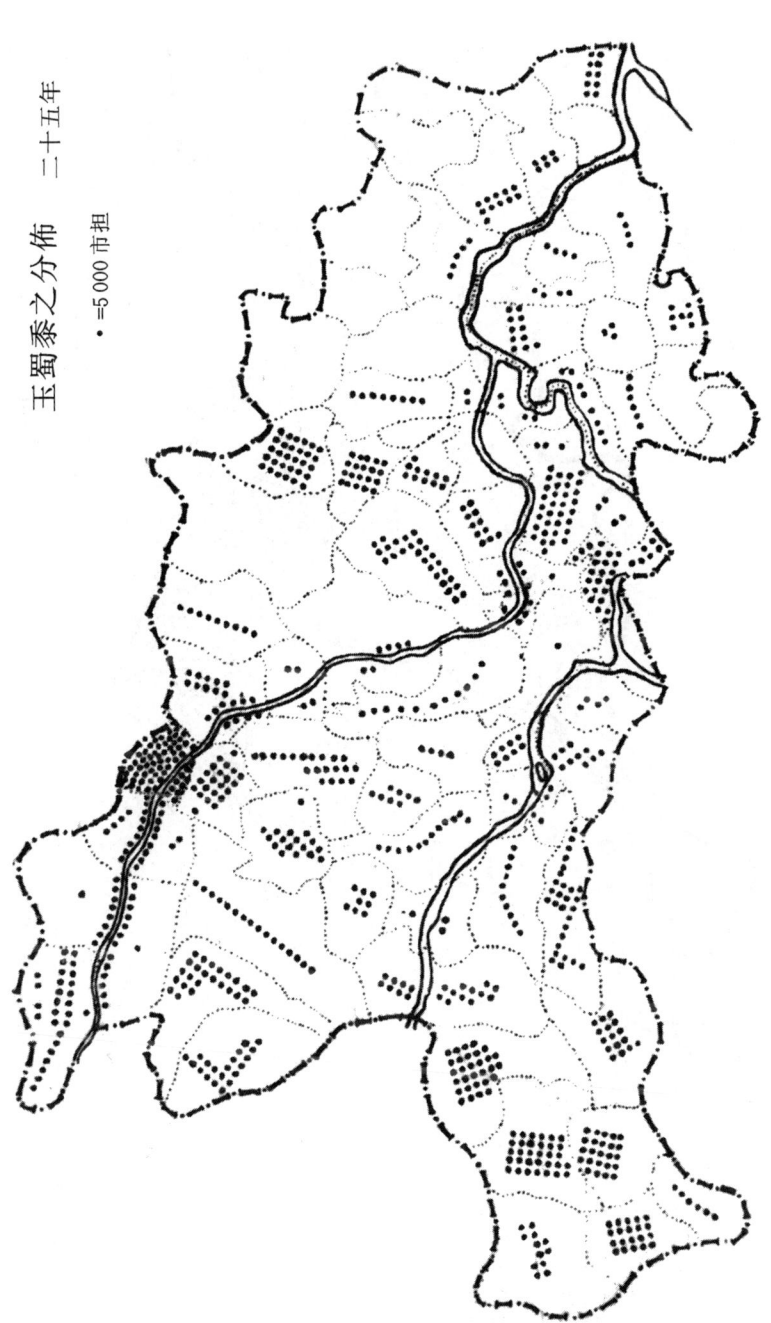

玉蜀黍之分佈 二十五年

・＝5 000 市担

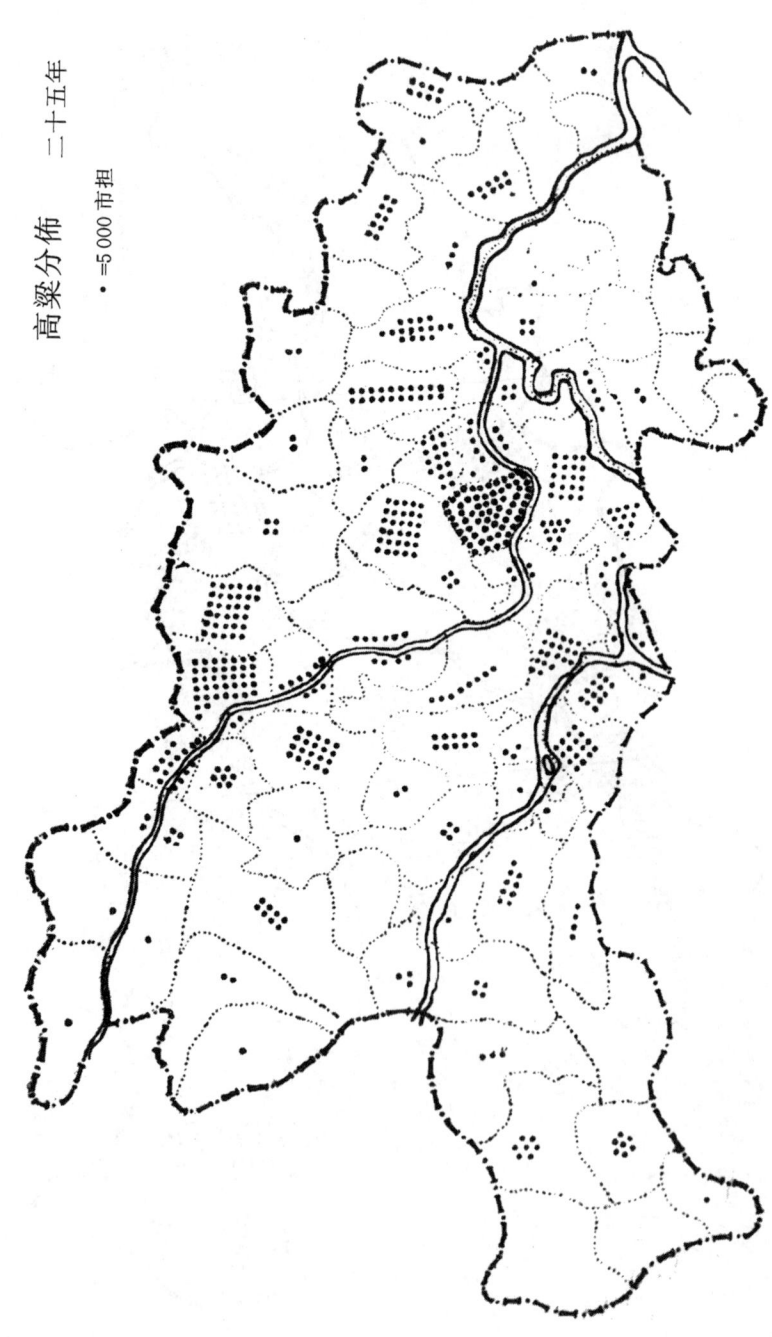

高粱分佈　二十五年

・=5,000 市担

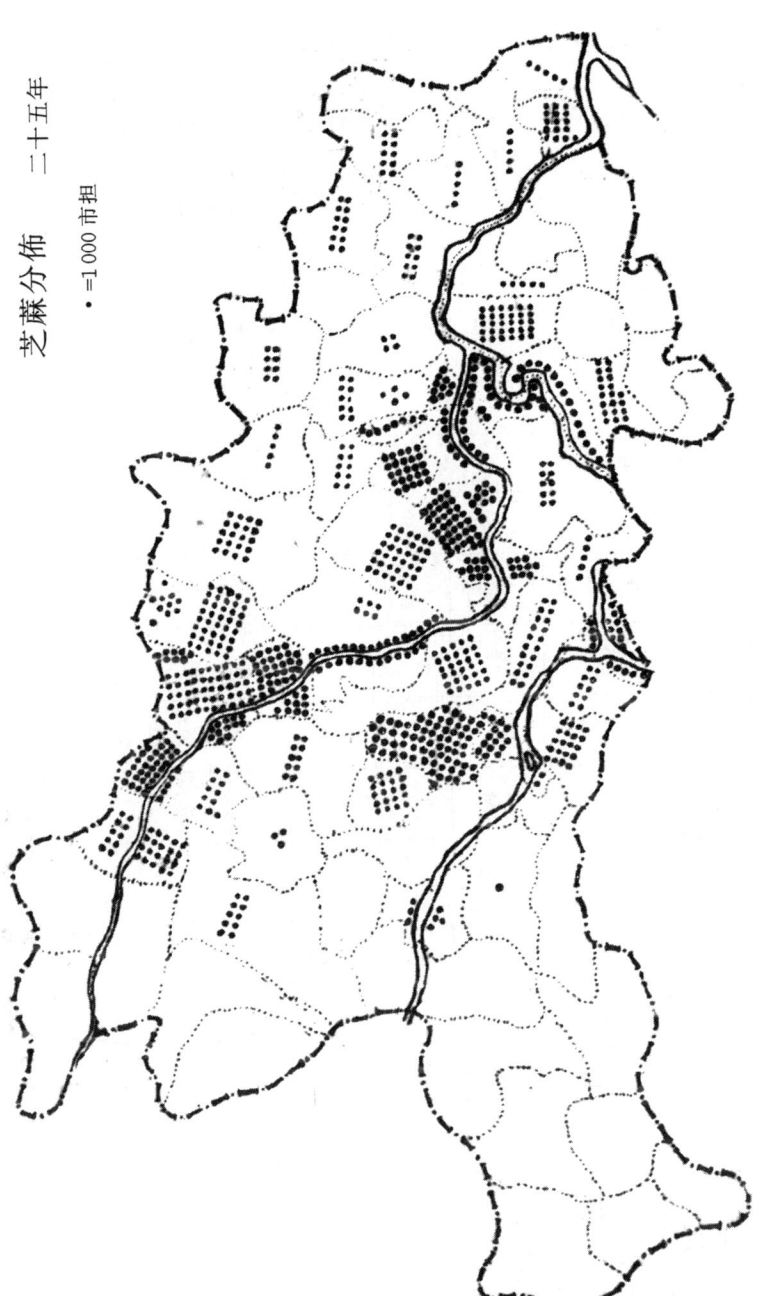

芝蔴分佈　二十五年

・＝1000 市担

四、各縣常年食糧概況

縣別	約收成數	主要食糧			有餘或不足	有 物品
		（一）	（二）	（三）		
武昌	7	米	大麥	小麥	不足	小麥，黃豆
漢陽	〃	〃	麥	麵粉	〃	
嘉魚	〃	〃	玉蜀黍		稻不足，雜糧有餘	雜糧
咸寧	6	高粱，小麥	米	甘藷	不足	
蒲圻	7	米	麥	雜糧	〃	
崇陽	6	〃	甘藷	蕎麥	自給	稻
通城	5	〃	雜糧		約可支持	〃
通山	7	〃	甘藷	玉蜀黍	不足	
陽新	6	〃	〃		〃	
大冶	9	小麥	玉蜀黍	米	〃	
鄂城	8	米	麥	高粱，玉蜀黍	〃	
黃岡		〃	小麥	高粱		稻
浠水	4	〃	〃		豐年能自給	
蘄春	8	〃	麥麵	黃豆	有餘	稻及小麥

餘			不足		自給
數量 （市石）	運往何處	物品	數量 （市石）	何處輸入	物品
	漢口，上海，漕州	稻		湖南，江西	
		稻，芝蔴			大麥，小麥
52 100	漢口	稻	50 000	湖南	
		〃	370 000	沔陽，蕲州	
		稻，小麥，黃豆		漢口，沔陽	
6 000	蒲圻	小麥，高粱，黃豆		沔陽，嘉魚	
30 000	武漢				小麥
		稻，小麥	1 800	漢口，崇陽	玉蜀黍，黃豆
		稻，小麥，黃豆	21 200	武漢，九江，湖南	
		稻，小麥，高粱	298 000	湖南，江西，河南	
		稻及雜糧	1 117 000	漢口及鄰縣	
	鄂城	雜糧		浠水，麻城	
		小麥，黃豆		漢口	稻
180 000	漢口，九江等地				

縣別	約收成數	主要食糧			有餘或不足	有 物品
		（一）	（二）	（三）		
廣濟	8	米	麥		自給	
黃梅	〃	〃	〃	甘藷	豐年有餘，凶年不足	稻及小麥
英山	〃	〃	〃	黃豆	不足	
羅田	7	〃	〃	甘藷	〃	
麻城	8	〃	〃		自給	麥，黃豆，芝蔴
黃安	7	〃	〃	雜糧	〃	
黃陂	8	〃	〃		有餘	稻及雜糧
禮山	5	〃	〃	黃豆	不足	
孝感	3	〃	〃	麵	有餘	稻，小麥，高粱
雲夢	9	〃	小麥	菉豆	〃	稻
漢川	7	〃	麥		不足	小麥，芝蔴
應城	8	〃	〃	粟	有餘	稻及小麥
安陸	〃	〃	小麥	大麥	〃	〃
應山	7	〃	玉蜀黍	麥	〃	稻，小麥，黃豆
隨縣	6	〃	麥		〃	〃

	餘		不足		自給
數量 （市石）	運往何處	物品	數量 （市石）	何處輸入	物品
					稻，麥
豐年 有餘	安徽，江西				
		稻及雜糧	680 000	漢口，霍山及鄰縣	
		稻，小麥，黃豆	830 000	漢口，浠水，黃岡	
	漢口，黃岡				稻
					稻，麥，豆
		稻，小麥，黃豆	12 000	廣水，河南息縣	
120 000	漢口				
790	〃	小麥	35 000	隨縣，環潭，厲山	黃豆
		稻	40 000	天門，應城	
10 000	武漢，鄰縣	雜糧	6 000	武漢，鄰縣	
120 000	漢口	黃豆	900	雲夢，孝感	
80 000	漢，沔，湘，滬				高粱，玉蜀 黍，黃豆
130 000	漢口				

縣別	約收成數	主要食糧			有餘或不足	有 物品
		（一）	（二）	（三）		
鍾祥	7	米	麥	豆，高粱	勉可自給	稻，小麥，黃豆
京山	6	〃	大麥	小麥	有餘	〃
天門	〃	麥	米	粟	不足	小麥，黃豆
沔陽	〃	米	麥	雜糧	豐年自給，凶年不足	高粱，黃豆
潛江	〃	〃	粟	麥	不足	小麥，黃豆
監利	5	米	粟	小麥	有餘	稻及雜糧
石首	4	〃	麥	豆	〃	稻，小麥，芝蔴
公安	6	〃	〃		尚足自給	黃豆
松滋	7	〃	大麥	雜糧	堪足自給	〃
枝江	8	〃	麥	〃	不足	〃
江陵	〃	〃	〃	高粱	不定	
荊門	7	〃	〃		有餘	稻
宜城	〃	〃	〃	高粱	自給	小麥，雜糧
棗陽	〃	小麥	米	黍	〃	稻，雜糧

續表

餘		不足			自給
數量 （市石）	運往何處	物品	數量 （市石）	何處輸入	物品
20 000	漢口	高粱，玉蜀黍，粟	2 000	襄，樊	
	漢口，天門， 漢川，應城	〃		天門，應城，荊門	
180 000	漢口	稻	450 000	京山，鍾祥	高粱，玉 蜀黍，粟
不能 確定	武漢	〃	不能確定	武漢，湖南	小麥，玉 蜀黍，粟
360 000	漢口	〃	900 000	漢口，荊門，江陵	高粱，玉 蜀黍，粟
80 000	武漢	玉蜀黍，粟			
	武漢，沙市				
1 300	沙市	小麥，玉蜀黍，粟	缺乏		稻
1 800	湖南				稻，小麥， 高粱，粟
4 500	沙市	稻	9 000		小麥，高粱，粟
		高粱，黃豆	100 000	河南，襄，樊，沙洋	稻，小麥
13 000	鄖縣				小麥，高粱，粟
90 000	漢口	稻	99 000	鍾祥，荊門，南漳	黍
150 000	漢口，隨縣				

縣別	約收成數	主要食糧			有餘或不足	有 物品
		（一）	（二）	（三）		
襄陽	8	米	麥	高粱	有餘	小麥，高粱，玉蜀黍
光化	〃	小麥	豌豆	米	不足	小麥，玉蜀黍
穀城	7	米	小麥	黍	〃	
保康	〃	〃	玉蜀黍	〃	自給	
南漳	6	〃	麥	玉蜀黍	〃	
遠安	7	〃	玉蜀黍	粟	不足	
當陽	9	〃	麥	豆	有餘	稻及小麥
宜都	5	〃	〃	雜糧	不足	
宜昌	8	〃	麵粉	高粱	〃	
興山	7	〃	玉蜀黍	甘藷	有餘	稻，玉蜀黍
秭歸	5	〃	麥	玉蜀黍	不足	
長陽	7	〃	玉蜀黍	麥	自給	
五峯	5	玉蜀黍	甘藷	米	勉強自給	黃豆
鶴峯	6	〃	米	馬鈴薯	〃	

續表

餘		不足			自給
數量（市石）	運往何處	物品	數量（市石）	何處輸入	物品
80 000	漢口	稻，黍，黃豆	400 000	河南，沙市	
520 000	漢口，沿襄河下各縣	稻，高粱，麵粉	100 000	漢口，河南	
		稻	2 000		小麥，高粱
					稻及雜糧
					〃
		稻及雜糧	22 000	當陽，荊門，南漳	玉蜀黍
600 000	宜昌，沙市				高粱，粟，黃豆
		稻及雜糧		湖南，長陽，五峯	
		稻及麵粉	150 000	川，湘，漢，沙市	小麥，高粱，黃豆
	鄰縣				〃
		稻，玉蜀黍	8 000	川，宜昌，沙市	小麥，黃豆
					稻及雜糧
90	宜都	稻	200		小麥，高粱
		小麥			稻，玉蜀黍，馬鈴薯

縣別	約收成數	主要食糧			有餘或不足	有 物品
		（一）	（二）	（三）		
宣恩	8	米	玉蜀黍	馬鈴薯	自給	
來鳳	6	〃	〃	甘藷	稍有餘	稻
咸豐		甘藷	〃	米	自給	
利川	7	米	〃	馬鈴薯	稍有餘	稻
恩施	8	玉蜀黍	馬鈴薯	甘藷	自給	
建始	7	黃豆	小麥	馬鈴薯	〃	
巴東	8	粟	玉蜀黍	米	米不足	黃豆
房縣	6	玉蜀黍	米	小麥	頗足自給	高粱，玉蜀黍
均縣	7	米，麥	甘藷	玉蜀黍	自給	玉蜀黍，粟，甘藷
鄖縣	3	米	小麥	〃	不足	
竹山	〃	玉蜀黍	〃	米	稍感不足	黃豆
竹谿	5	米	玉蜀黍	甘藷	自給	稻，麥，玉蜀黍
鄖西	〃	玉蜀黍	甘藷	粟	〃	

附註：本表材料係根據二十四年各縣填報之食糧調查表；惟漢陽、黃岡、廣濟、麻城、黃安、黃陂、漢川、咸豐、竹谿等九縣或未填報，或［材］料不全，故根據湖北縣政概況材料填列，以便表示全省概況。

續表

餘		不足			自給
數量 （市石）	運往何處	物品	數量 （市石）	何處輸入	物品
		麵粉，小麥		漢口	稻，高粱， 玉蜀黍
11 000	龍山，咸豐	〃	34 000	龍山	玉蜀黍，甘藷等
		稻		來鳳	麥，玉蜀黍， 甘藷
稍有餘	四川，萬縣，雲陽				玉蜀黍，黃豆
		稻，小麥，黃豆	120 000	來鳳，利川，湖南	玉蜀黍，馬鈴薯
		麵粉	2 200	宜昌	稻及雜糧
600	宜昌，萬縣	稻，高粱	7 500	四川，宜昌	小麥，粟
	不運他處				稻，小麥，粟
	留縣補助	稻，小麥，高粱	十分之三	河口	
		稻及雜糧	160 000	陝南，襄，樊，河口	
	老河口	稻		竹谿	小麥
稍有餘	竹山				
		稻	2 700		小麥，玉蜀 黍，甘藷

五、運銷

本省水陸交通向稱便利，長江之在本省而能通航者，幹支流約達3 200公里，漢水幹支流之能通航者達 2 100公里，復有平漢與粤漢兩鐵路縱貫南北，故本省交通就大體上言，可謂四通八達。至於主要農產之運銷，在長江及漢水流域附近縣份，悉賴長江及漢水以輸運，在兩鐵路附近者，自利用鐵路。省外如江蘇、安徽、江西、四川各省農產品之運進本省者亦大都由長江輸入；河北等省之農產，則由平漢路；湖南、廣東等省之農產則由粤漢路。加之本省近年來公路之發展甚速，對於農產之運銷，更有莫大之幫助。

漢口爲本省農產運銷之集中市場，省外之農產物，固先運至漢口，而復再分運各縣；即各縣農產物之運銷，亦皆以漢口爲最終市場，故漢口實爲本省農產運銷之總樞紐。至於運銷方式：其數量不甚呆笨而較爲靈便者，自以鐵路爲工具，通常仍多用民船，蓋取其運費便宜之故。至於鄂西鄂北一帶，農產品如玉蜀黍、高粱之類，出產亦頗豐富，除供消費外，時有多餘，但因地多山陵，交通不便，公路尚未十分發達，水路亦不曁通，唯一運輸方法則恃人力及畜力，每次運載，數量既極有限，亦且耗費時日，每有農產未能運至市場而已呈腐爛之現象，農民所受之損失，當不知凡幾。且本省農產運銷，農民大都不能直接將其農產運至市場求售，多經過商人或船戶之手，而此種中間人，時持金錢親至鄉間收賣，農產價格當力求低廉；而在農民本身，以資金缺乏，農產登場，多不能囤居以待時，爲全家生活起見，遂不得不甘心受其剝削，而廉價出售。此種中間人於運銷農產途中，甚有不顧道德者，攙水攙雜，或攙以砂粒，加增重量，以期將來運至市場時，可獲更大之利益，因之消費者勢又直接受其影響。

目前屬行國民經濟建設，流曁貨運，列爲要政之一，因而本省之農產運銷問題，實不容忽視。今幸本省已成立農產整理運銷處，想他日對于本省之農產運銷定有通盤之籌劃與相當之改進也。

伍、推 廣

一、沿革

本省於民國二十二年三月，開始成立農業推廣處，掌管全省農林推廣事務，直屬於建設廳，將原有武昌林場之洪山本場及卓刀泉、九峯兩支場，南湖農業試驗場、南湖蠶桑試驗場、赫山畜牧試驗場及襄陽林場七處，改爲洪山、卓刀泉、九峯、南湖、赫山、襄陽六農業推廣區。是年下季，另設立隨縣果園，二十三年下季，更添設均鄖穀農業推廣區、京山農業推廣區，並籌設京山觀音岩農場，二十四年上季，隨縣果園改爲隨縣推廣區。現計轄洪山、卓刀泉、九峯、南湖、赫山、京山、襄陽、隨縣、均鄖穀九區，該處由建設廳委技士一人兼充主任，並派指導員六人，推廣員五人，事務員二人，分駐該處及各區辦理各項任務；另設練習生五名，林警二十四名，長工百名，所有技術人員計共十二人。月支經常費 21 475 元，全年事業費共 31 376 元，分配各區動用。

二、各推廣區概況

二十五年

地址	沿革	成立		任務	員工							每月經費（元）
		年	月		主任	指導員	技術員	推廣員	練習生	林警	長工	
洪山區												
武昌大東門外	民元爲湖北全省模範林場，旋改爲林事試驗場，十八年後改稱武昌林場	22	3	培養林苗，推廣造林	兼	1	兼			6	10	380

續表

地址	沿革	成立		任務	員工							每月經費（元）
		年	月		主任	指導員	技術員	推廣員	練習生	林警	長工	
卓刀泉區												
武昌卓刀泉	民元爲卓刀泉林場，旋改隸武昌林事試驗場，嗣更改隸武昌林場	22	3	培養林苗，推廣造林	1		兼		1	4	10	400
九峯區												
武昌東鄉	民十八年由武昌林場擴充辦理	22	3	培養林苗，推廣造林	1		兼		1	6	10	300
南湖區												
武昌保安門外	清季及民元爲南湖農場，十八年後改爲農業試驗場，二十二年更併入南湖蠶桑試驗場及南湖苗圃兩處	22	2	試種稻麥，改良品種	1		兼		1		20	400
赫山區												
漢陽赫山	民元爲農林試驗場，十八年後改爲畜牧試驗場	22	3	飼養猪牛，推廣仔種	1		兼		1		5	200

續表

地址	沿革	成立 年	成立 月	任務	員工 主任	員工 指導員	員工 技術員	員工 推廣員	員工 練習生	員工 林警	員工 長工	每月經費（元）
京山區												
京山觀音岩	二十三年下季開始籌辦，廿四年九月接收觀音岩農場	23	8	培養林苗，推廣造林	1	兼	1	1	5		9	400
襄陽區												
襄陽城內及隆中	民初爲襄陽農林場，十八年後改稱襄陽林場	22	3	培養林苗，推廣造林	1	兼				3	13	300
均鄖穀區												
均縣草店，鄖縣石堰，穀城石花街	二十三年四月始籌設，計轄均縣、鄖縣、穀城三分區	23	4	培養林苗，推廣造林	1	兼					16	400
隨縣區												
隨縣城外	二十二年下季籌設	22		保管果苗，徐改苗圃	兼						4	80

三、各推廣區實際業務

甲、造林植樹

二十五年春季造林及行道植樹，計洪山、卓刀泉、九峯、南湖、京山、襄陽、均鄖穀七區，共植樹 4 455 599 株，概以青松、側柏、麻櫟爲主，就中以九峯區造林爲最多，其次爲卓刀泉區，而以南湖區爲最少。栽植後生長頗良好，惟秋季天旱，三月未雨，蔥鬱佳苗，多就枯萎，實際成活株數，尚有待于調查，茲附略表：

區別	樹種	株數
洪山	11	203 500
卓刀泉	5	1 041 545
九峯	3	1 900 200
南湖	4	30 000
京山	4	528 000
襄陽	26	646 822
均鄖穀	5	205 000

乙、育苗面積

查苗圃育苗原分播種、移植、插條、留床四項，二十五年各區情形不同，育苗辦法：有四項俱全者，有缺其一者，有僅播種一項者，茲附略表：

區別		辦法	面積
洪山		播種，移植，插條，留床	91.17 公畝
卓刀泉		〃	133.41 公畝
九峯		播種，移植	25.39 公畝
南湖		播種，移植，插條	72.50 公畝
襄陽	本部	播種，移植，插條，留床	86.56 公畝
	隆中	播種，移植，留床	126.68 公畝
京山		播種，移植，插條	2 399 床
均鄖穀	均區	播種	90 床
	穀區	〃	104 床

丙、稻麥育種

小麥育種：南湖區於二十五年秋間，由南京金陵大學寄來小麥一組，計十四品［種］，曾作高級試驗。又由實業部中央農業實驗所購來十品種，湖北教育學院四品種及金大品種與農家種十六種，作一十桿行試驗；本年小麥登場，結果頗佳，並曾推廣 2905 號小麥約十一石。

水稻育種：由中央大學農學院購來帽子頭 258 號兩種及長沙白米冬粘一種，各作比較試驗：因爲時已晚，且品種太少，故結果欠優。本年當繼續進行。

丁、推廣牲畜

赫山區主要業務爲推廣仔畜，而京山區亦飼有牛羊。二十五年赫山區家畜，受氣候不良影響，傳染瘟疫，頗有死亡，現存有哈母喜純種公母豬 4 頭，雜血種用大小公母豬 27 頭，荷種雜血公母牛 2 頭，本國種乳用公母牛 6 頭，公母山羊 2 頭。京山區：二十五年飼養牛羊兩畜，繁殖情形，尚屬良好，現存有黃牛 36 頭，山羊 164 頭，綿羊 5 頭。

戊、果園

隨縣區果園，二十五年因地方不良及環境限制，暫取保管態度。現計存：果苗類栽植苗 14 種，約 1 452 株；移植苗 1 種，20 床；留床苗 1 種，2 床；砧木類 3 種，451 株；樹苗類 2 種，382 株。

四、各推廣區推廣業務

甲、推廣林苗

二十五年推廣樹苗，概以青松、麻櫟、白楊、刺槐及柜柳等行道樹爲大宗，計 1 858 757 株。分配機關，以合作委員會數目爲最巨，軍事機關次之，均由各推廣區就近分發。茲將各區推廣苗木種類及數量，附列略表：

區別	樹種	株數
洪山	21	189 939
卓刀泉	11	393 025
九峯	7	484 400
南湖	12	318 248
襄陽	51	308 665
京山	12	164 408

乙、推廣林木種籽

二十五年推廣林木種籽，以洪山區爲最多，次爲襄陽區，而卓刀泉爲最少，茲附略表：

區別	種籽類數	數量（石）
洪山	15	10.36
卓刀泉	1	1.00
襄陽	32	5.34

丙、推廣小麥種籽

二十五年南湖區試育小麥品種，經秋季推廣民間播種，成績頗佳，已見上述，不再贅。

丁、推廣牲畜

赫山、京山兩區，飼養牲畜，兼事推廣，除赫山區已如上述外，京山區二十五年推廣山羊較多，成年山羊及仔羊合計有 98 頭，總共重 2 279.5 斤。

戊、指導除害

二十五年武昌附近，發見蟲害，由農業推廣處實際指導農民驅除，害虫計有兩種：

子、稻苞蟲　七八月之交，發生於南湖及武豐一帶，該虫吐絲牽合稻葉成管狀，藏身其中，嚙食稻葉，曾由農業推廣處指導農民各持竹耙，梳開稻葉，撲殺害蟲。

丑、紅菜苔蚜蟲　九十月之交，發生於洪山一帶菜園，曾由農業推廣處製成煙草肥皂石油乳劑，利用噴霧器噴布，除指導農民驅除外，農業推廣處職工代農民驅除之菜園約十畝，成績頗佳。

農業推廣處復編有稻麥害蟲驅除法四種，及防治螟蟲標語十種之單行本分贈農民，以作文字上之指導。

陸、農　　會

縣別	共計			省農會		縣農會		區農會		鄉農會	
	農會數	會員數		會數	會員數	會數	會員數	會數	會員數	會數	會員數
		團體	個人								
總計	1 281	1 258	430 258	1	31	31	119	123	1 108	1 126	430 258
武昌	144	173	19 920	1	31	1	6	6	136	136	19 920
漢陽	17	16	20 008			1	4	4	12	12	20 008
嘉魚	56	55				1	4	4	51	51	
蒲圻	29	28	9 538			1	5	5	23	23	9 538
崇陽	37	36	12 382			1			36	36	12 382
陽新	4		1 950							4	1 950
大冶	27	26	562			1	5	5	21	21	562
鄂城	6	5	19 997			1			5	5	19 997
黃岡	75	74	19 759			1	6	6	68	68	19 759
浠水	53	52	19 262			1	4	4	48	48	19 262
蘄春	36	35	19 466			1			35	35	19 466
廣濟	5	4	19 215			1	4	4			19 215

續表

縣別	共計			省農會		縣農會		區農會		鄉農會	
	農會數	會員數		會數	會員數	會數	會員數	會數	會員數	會數	會員數
		團體	個人								
黃梅	17	16	19 782			1	4	4	12	12	19 782
麻城	36	35	19 997			1	7	7	28	28	19 997
黃陂	26	25	19 968			1	4	4	21	21	19 968
孝感	10		4 968							10	4 968
雲夢	29	28	7 189			1	4	4	24	24	7 189
漢川	10	9	19 288			1			9	9	19 288
應城	36	35	10 110			1	3	3	32	32	10 110
安陸	90	89	9 133			1	5	5	84	84	9 133
應山	18	17	2 357			1	4	4	13	13	2 357
隨縣	123	122	20 070			1	14	14	108	108	20 070
鍾祥	38	37	13 219			1	5	5	32	32	13 219
京山	14	13	10 070			1			13	13	10 070
天門	16	15	6 894			1	4	4	11	11	6 894
沔陽	17	16	5 284			1	4	4	12	12	5 284
潛江	48	47	18 955			1	3	3	44	44	18 955
監利	1		19 613			1					19 613

續表

縣別	共計			省農會		縣農會		區農會		鄉農會	
	農會數	會員數		會數	會員數	會數	會員數	會數	會員數	會數	會員數
		團體	個人								
公安	21	20	1 478			1	5	5	15	15	1 478
江陵	66	65	19 450			1			65	65	19 450
荊門	21	20	5 053			1	5	5	15	15	5 053
宜城	31	30	6 763			1	3	3	27	27	6 763
襄陽	1		19 298							1	19 298
南漳	116	115	8 810			1	7	7	108	108	8 810
宜昌	4							4			
來鳳	3									3	

附註：一、本表係根據民國二十五年十月湖北省黨部編印之湖北省人民團體一覽表內材料編製。

二、本表所列縣份，係指已經省黨部批准設立農會者，其已設立而未經省黨部批准，或尚無農會組織之縣份，則一概從缺。

三、本表共計欄內會員數分團體與個人兩項，所謂團體會員即指所轄之農會而言，如武昌省農會一，會員數三十一，意即省農會轄縣農會三十一之謂。

柒、漁 牧 蠶 蜂

一、漁業

本省漁業，尚稱發達，但以本省距離海洋較遠，故所獲之魚產，殆皆爲長江及內地河湖漁獲物。主要經營漁業及漁產區域，則在沿長江及漢水兩旁之各縣。每當春夏之交，魚産亦頗不少。所惜關於本省漁業數字，向未舉行調查，故極感缺乏，而各縣報告，又多殘缺不全；無已，姑示概況，以待增補。

甲、主要縣份

本省漁業比較發達之縣份，約有孝感、黃梅、沔陽、枝江、鍾祥、咸寧、英山、鄖縣、蒲圻、陽新、鄂城、嘉魚等縣。從事長江漁業者則有沔陽、枝江、鄂城、大冶等縣；從事内河湖漁業者，則有咸寧、孝感、黃梅、鍾祥等縣。

乙、漁獲物種類

本省漁獲物之種類，就已報之經營漁業縣份，可概述於下：

魚類　鯉、鯖、鯿、鯽、鱖、鰱、鮻、鰜、鰍、白魚、白鱗、黃顙、河豚等魚。

介殼類　鱉、龜、螺獅等。

丙、捕鱼工具及方法

本省各縣捕鱼方法，雖未一致，但所用漁具及方法，不外：

芭網　一端繫於岸上，用船載網，抛入水中，而後收取。

撒網　以網撒入水中，鐵脚下沈，魚即不能逃脱。

撼罾　以罾沈入水中，以竹竿撼動，時時提起，鱼過，即被取獲。

用罩　漁夫在岸上或船上，手持罩，如見魚行即下罩入水以取魚。

篆罧　用篆及罧兩種漁具以捕鱼。

滾鈎　用滾或鈎，上加以餌，沈入水中，魚多被誘獲，但所獲之數量有限。

丁、魚之貿易

本省經營漁業之縣份，其人民之以漁業爲主業或副業者，數亦不少。近長江及内地河湖之農民，除從事耕作外，則多兼營漁業，孝感、荆門、沔陽、鄖縣、枝江等縣，皆設有鮮魚行及販賣所，專營漁獲物之貿易。漁民捕獲魚後，如數量較少，大半親攜至市場售賣，倘數量較多，則先售與鮮魚行或販賣所，因之魚行或販賣所自不免從中取利，漁民稍受損失。

戊、漁民團體

本省漁民之有組織者，尚不多見；僅嘉魚及陽新兩縣，曾經呈准湖北省黨部組織漁會，至會員數量：陽新未詳，而嘉魚縣則有 820 人。

二、牧畜

甲、概説

本省西部及北部，地多山陵，氣候尚宜於牧畜，惟飼育、加工、運銷諸問題，未經研究改良，加以本省年来災患頻仍，氣候時常失調，畜疫流行，斃畜亦多，故本省大規模之畜牧經營，一時尚未能談及。東部及南部農民多畜之，以供劳作或耕田之用，但皆爲一種副業。本省對于牧畜之數字，尤感缺乏，本編所列，大半皆係推算而來，估計所得。如關於耕牛、豬馬、家禽數字則根據最近各縣填報到府之縣政概況，按本省之農户，加以推算；或據其他材料加以估計。至於屠宰數字，亦因未舉行調查，乃據各縣呈報財政廳之屠宰税實征數加以推算。自知數字不甚精確，但深信有數字總較無數字爲佳，因有不甚精確之數字，可進而求其精確，以爲他日調查之參證。茲述本省畜牧之梗概如下：

耕牛　耕牛分水牛與黃牛兩種，普通農户多豢養之。此項材料，僅有三十九縣。在此三十九縣中，共有耕牛 807 120 頭，水牛爲 306 220 頭，黃牛爲 500 900 頭，水牛占耕牛百分之三十七點九四，黃牛占耕牛百分之六十二點零六，可知本省黃牛實多於水牛。耕牛最多縣份當推應山與隨縣，其次爲沔陽、天門，而以五峯爲最少。

豬馬　豬馬材料，亦僅有四十八縣市。共有豬 1 237 360 頭，馬 5 350 頭；全省豬馬數量，當不止此數，至少豬有 2 000 000 頭，而馬亦有 10 000 隻以上。在此四十八縣市中，豬以沔陽縣爲最多，次爲隨縣、孝感，而以英山、羅田爲最少。馬以枝江縣爲最多，次爲漢口市，而以麻城爲最少。

家禽　家禽包括雞鴨兩項而言，他如鵝鴿等暫未列入。家禽數字，亦僅三十九縣填報之縣政概況中略有記載，本室乃據以推算。三十九縣

共有雞 7 418 000 隻，鴨 1 434 800 隻。預測全省家禽，雞當在 15 000 000
隻左右；而鴨至少亦有 2 000 000 隻，因本省農戶中飼養雞鴨者較多，因
雞鴨所生之卵可以出售，而增加農民之收入故也。

屠宰 屠宰數字乃根據屠宰稅實徵數，按照比例推算：豬稅約占百
分之八十，牛稅約占百分之十五，羊稅約占百分之五。稅率：豬每頭四
角，牛每頭一元二角，羊每頭三角。查此種推算，似較合理，與實際情
形，當不致相差甚遠。但漢口市及武昌市之數字則係根據漢口市政府稅
捐稽徵處及武昌市政處食肉檢查所填報數量列載。

乙、三十九縣耕牛估計

單位：頭

縣別	共計	水牛	黃牛	縣別	共計	水牛	黃牛
總計	**807 120**	**306 220**	**500 900**	潛江	21 000	7 000	14 000
漢陽	6 000	4 000	2 000	公安	6 000	3 000	3 000
咸寧	5 200	3 200	2 000	松滋	20 000	10 000	10 000
蒲圻	14 500	7 500	7 000	荊門	40 000	15 000	25 000
通城	20 000	6 000	14 000	宜城	14 000	2 000	12 000
通山	7 400	3 000	4 400	棗陽	24 000	4 000	20 000
陽新	15 000	7 500	7 500	光化	15 000	5 000	10 000
大冶	7 500	1 500	6 000	保康	30 000	4 000	26 000
鄂城	10 000	3 000	7 000	南漳	10 000	5 000	5 000
麻城	40 000	10 000	30 000	當陽	17 000	5 000	12 000
孝感	53 000	16 000	37 000	宜昌	14 000	4 000	10 000

續表

縣別	共計	水牛	黃牛	縣別	共計	水牛	黃牛
雲夢	1 700	1 000	700	五峯	220	20	200
應城	23 000	9 000	14 000	宣恩	4 000	1 000	3 000
安陸	28 000	8 000	20 000	咸豐	25 000	1 000	1 500
應山	70 000	30 000	40 000	恩施	13 000	6 000	7 000
隨縣	70 000	14 000	56 000	建始	12 000	6 000	6 000
鍾祥	17 000	5 000	12 000	巴東	3 400	400	3 000
京山	40 000	20 000	20 000	均縣	16 000	8 000	8 000
天門	50 000	20 000	30 000	鄖縣	2 700	700	2 000
沔陽	60 000	50 000	10 000	鄖西	4 000	400	3 600

附註：本表數字乃根據縣政概況推算。

丙、四十八縣市豬馬估計

單位：頭

縣市	共計	豬	馬	縣市	共計	豬	馬
總計	**1 242 710**	**1 237 360**	**5 350**	潛江	71 000	71 000	
漢陽	10 070	10 000	70	監利	150		150
咸寧	8 050	8 000	50	石首	30		30
蒲圻	29 000	29 000		公安	33 030	33 000	30

縣市	共計	豬	馬	縣市	共計	豬	馬
崇陽	20 000	20 000		松滋	140		140
通城	40 560	40 560		枝江	1 400		1 400
通山	14 000	14 000		江陵	470		470
陽新	30 000	30 000		荊門	7 600	7 600	
大冶	15 030	15 000	30	宜城	24 600	24 600	
鄂城	16 830	16 800	30	襄陽	22 050	22 000	50
浠水	50		50	光化	16 160	16 000	160
蘄春	40		40	南漳	16 000	16 000	
英山	20		20	當陽	26 000	26 000	
羅田	20		20	宜昌	36 470	36 000	470
麻城	22 010	22 000	10	五峯	16 000	16 000	
孝感	102 740	102 700	40	宜恩	10 000	10 000	
雲夢	3 530	3 500	30	咸豐	20 000	20 000	
應城	24 000	23 500	500	恩施	41 000	41 000	
安陸	20 000	20 000		建始	36 000	36 000	
應山	24 820	24 600	220	巴東	12 000	12 000	
隨縣	119 500	119 200	300	均縣	30 110	30 000	110

續表

縣市	共計	豬	馬	縣市	共計	豬	馬
鍾祥	27 300	27 300		鄖縣	11 000	11 000	
京山	80 000	80 000		鄖西	6 030	6 000	30
天門	47 000	47 000		漢口市	900		900
沔陽	150 000	150 000					

附註：一、本表豬數乃根據各縣最近填報之縣政概況估計。

二、本表馬數乃根據各縣填報之《馬騾調查表》材料填列。

丁、三十九縣家禽估計

單位：隻

縣別	雞	鴨	縣別	雞	鴨
總計	**7 418 000**	**1 434 800**	潛江	50 000	10 000
漢陽	140 000	10 000	公安	160 000	10 000
咸寧	70 000	12 000	松滋	160 000	40 000
蒲圻	90 000	45 000	荊門	700 000	350 000
通城	80 000		宜城	180 000	1 800
通山	44 000	14 000	棗陽	200 000	80 000
陽新	80 000	50 000	光化	150 000	80 000
大冶	150 000	30 000	保康	40 000	
鄂城	150 000	50 000	南漳	80 000	25 000

續表

縣別	雞	鴨	縣別	雞	鴨
麻城	320 000	1 600	當陽	200 000	13 000
孝感	800 000	5 000	宜昌	120 000	80 000
雲夢	34 000	7 000	五峯	30 000	100
應城	120 000	160 000	宣恩	35 000	100
安陸	200 000	10 000	咸豐	55 000	18 000
應山	150 000	50 000	恩施	130 000	10 000
隨縣	700 000		建始	30 000	3 000
鍾祥	150 000	10 000	巴東	140 000	200
京山	240 000	160 000	均縣	35 000	10 000
天門	280 000	1 000	鄖縣	80 000	60 000
沔陽	1 000 000	20 000	鄖西	45 000	8 000

附註：本表乃根據各縣政府填報之縣政概況材料，加以推算，其未填報者，則從略。

戊、畜瘟情形

本省畜瘟，多發生於春秋兩季，其情形分述於下：

瘟疫名稱　牛有頓瘟、瀉心瘟、胆瘟、疔毒等症。馬有心瘟、腸瘟、揭鞍風、黑汗等症，驢與馬同。豬有火症寒症。

疫病起因　牛頓脚瘟係受溼過甚。瀉心瘟、胆瘟係受熱或受寒過甚。疔毒係飲水或草料中含有毒汁。馬驢心瘟係受熱過甚，腸瘟係飲食過飽，行路負重又急，受累過甚；揭鞍風係行路後身汗未乾，即將馬鞍揭除，受風寒過甚。豬火症寒症則係受熱及溼寒過甚。

疫病狀況　牛染溼症，長日睡臥不起，寒症則飲食減少，熱症則狂叫暴跳。馬驢染熱症暴燥，耳張頭抬，四蹄亂踢不止；寒症則頭終日下垂，食量大減。豬染熟症，喘哮不止；寒症下瀉。

死亡情形　牛染溼症熱症，不治，二三日即死；馬驢染熱症寒症，不治，三四日即死；豬染熱症，不治，一日即死。

本省各縣農民對於畜瘟向少注意，且多不知治療及預防方法，故本省牲畜之因瘟疫而死亡者，實不知凡幾；且畜瘟發生，縱能加以治療，亦多用舊法；能以新式方法，延用獸醫專門人材以醫治者，尚不多見。

己、二十四年度各大市場屠宰豬數量

月別	共計	漢口	武昌	沙市	武穴	宜昌	老河口	岳口	團風	羊樓峒	廣水
總計	670 845	162 948	78 854	48 321	59 832	54 954	56 044	42 219	56 557	28 191	82 925
七	39 836	12 637	1 255	3 432	5 680	2 152	1 235	1 785	3 660	2 040	5 960
八	47 322	13 381	6 651	2 747	3 132	3 780	3 185	2 102	4 240	2 222	5 882
九	57 809	14 277	7 559	5 172	5 935	4 732	4 822	2 180	4 700	2 312	6 120
十	55 757	12 495	6 218	4 190	4 242	4 980	5 590	3 047	5 480	2 580	6 935
十一	57 678	12 354	6 120	3 770	6 845	4 530	5 375	3 702	5 510	2 695	6 777
十二	73 814	14 980	7 243	6 147	6 282	8 660	8 005	4 740	6 780	2 315	8 662
一	67 692	17 612	7 191	4 842	4 500	6 640	7 735	4 290	5 120	1 735	8 027
二	49 895	10 584	6 995	3 205	3 457	4 710	4 945	3 487	4 100	1 712	6 700
三	54 205	13 396	6 825	3 400	4 250	3 230	4 420	6 035	4 487	2 080	6 082
四	51 352	12 974	7 047	3 577	6 472	3 735	3 335	1 612	4 360	2 195	6 045

續表

月別	共計	漢口	武昌	沙市	武穴	宜昌	老河口	岳口	團風	羊樓峒	廣水
五	52 324	13 130	7 350	3 437	4 920	3 565	3 240	4 012	3 720	2 660	6 290
六	63 161	15 128	8 400	4 402	4 117	4 240	4 157	5 227	4 400	3 645	9 445
每月平均	55 904	13 579	6 571	4 027	4 987	4 580	4 670	3 518	4 713	2 349	6 910

附註：一、本表所列各大市場係指設有營業稅局之市鎮。

二、屠豬數量係按各營業稅局實征之屠宰稅，約以百分之八十作爲屠豬稅收，再按屠豬稅率每頭大洋四角推算。

三、武昌市政處成立後，廿四年八月起，所有武昌營業稅局第一、二兩稽征所係在市區範圍內，屠宰稅歸武昌稅捐稽征處征收，故除按武昌營業稅局所征之屠宰稅推算外，並將武昌市政處食肉檢查所宰后檢查數目列入，合併計算。

四、本表每月平均數目，係按"算術平均法"計算。

庚、各縣市屠宰牛羊之量及值

縣市	牛		羊		縣市	牛		羊	
	量	值	量	值		量	值	量	值
總計	53 395	1 868 825	71 328	285 312	石首	200	7 000	267	1 068
					公安	375	13 125	500	2 000
武昌	475	16 625	633	2 532	松滋	413	14 455	550	2 200
漢陽	513	17 955	683	2 732	枝江	500	17 500	667	2 668
嘉魚	250	8 750	333	1 332	江陵	1 463	51 205	1 950	7 800
咸寧	238	8 330	317	1 268	荊門	600	21 000	800	3 200

續表

縣市	牛		羊		縣市	牛		羊	
	量	值	量	值		量	值	量	值
蒲圻	350	12 250	467	1 868	宜城	238	8 330	317	1 268
崇陽	225	7 875	300	1 200	棗陽	938	32 830	1 250	5 000
通城	213	7 455	283	1 132	襄陽	875	30 625	1 167	4 668
通山	75	2 625	100	400	光化	763	26 705	1 017	4 068
陽新	688	24 080	917	3 668	穀城	938	32 830	1 250	5 000
大冶	1 050	36 750	1 400	5 600	保康	300	10 500	567	2 268
鄂城	400	14 000	533	2 132	南漳	250	8 750	333	1 332
黃岡	750	36 250	1 000	4 000	遠安	413	14 455	550	2 200
浠水	563	19 705	750	3 000	當陽	625	21 875	833	3 332
蘄春	588	20 580	783	3 132	宜都	450	15 750	600	2 400
廣濟	1 000	35 000	1 333	5 332	宜昌	1 575	55 125	2 100	8 200
黃梅	475	16 625	633	2 532	興山	200	7 000	267	1 068
英山	100	3 500	133	532	秭歸	225	7 875	300	1 200
羅田	438	15 330	583	2 332	長陽	313	10 955	417	1 668
麻城	438	15 330	583	2 332	五峯	200	7 000	267	1 068
黃安	200	7 000	267	1 068	鶴峯	175	6 125	233	932
黃陂	713	24 955	950	3 800	宣恩	250	8 750	333	1 332

續表

縣市	牛 量	牛 值	羊 量	羊 值	縣市	牛 量	牛 值	羊 量	羊 值
禮山	463	16 205	617	2 468	來鳳	225	7 875	300	1 200
孝感	1 225	42 875	1 633	6 532	咸豐	25	875	30	120
雲夢	513	17 955	683	2 732	利川	338	11 830	450	1 800
漢川	250	8 750	333	1 332	恩施	613	21 455	817	3 268
應城	575	20 125	767	3 068	建始	663	23 205	883	3 532
安陸	575	20 125	767	3 068	巴東	250	8 750	333	1 332
應山	600	21 000	800	3 200	房縣	500	17 500	666	2 664
隨縣	1 338	46 830	1 783	7 132	均縣	188	6 580	250	1 000
鍾祥	838	29 330	1 117	4 468	鄖縣	263	9 205	350	1 400
京山	525	18 375	700	2 800	竹山	288	10 080	383	1 532
天門	450	15 750	600	2 400	竹谿	300	10 500	400	1 600
沔陽	438	15 330	583	2 332	鄖西	350	12 250	467	1 868
潛江	125	4 375	167	668	漢口市	13 613	476 455	18 150	72 600
監利	213	7 455	283	1 132	武昌市	5 630	197 050	7 500	30 000

附註：一、本表所列量之單位爲頭，值之單位爲元。

二、本表材料係根據二十四年度各縣市屠宰稅實收數推算而得。

三、本表價值一欄，係根據各縣市平均每頭價值推算而得，如牛每頭平均約值35元，羊每頭平均約值4元。

三、蠶

本省蠶業，向屬發達，長江以北各縣，蠶絲尚有輸出，但年來技術落後，人造絲充斥市場，本省絲繭，自受打擊。加之各蠶戶多用土法，自行繅絲出售，絲質較劣，經營蠶業，當不能獲得厚利。故本省農户之育蠶繅絲者，亦不過爲副業而已。

本省各縣之育蠶者約有棗陽、鄖西、保康、京山、蒲圻、南漳、枝江、谷城、當陽、通山、咸寧、天門、鍾祥、麻城、沔陽、英山、房縣、巴東、鄖縣、荆門等縣。中以沔陽、荆門、通山、當陽等縣產絲較豐，育蠶較爲發達；其餘各縣不過容有少數養蠶之家。當陽、通山、沔陽、麻城、京山等縣每年產絲量皆達二三十萬斤以上，可自織自衣，或有輸出。至於養蠶之户，則以京山爲最多，達九千餘户；次如荆門、英山、枝江、鄖縣亦有一二千户。蠶種大都爲土種及諸桂、新圓、新長等改良種。

本省繭產數量，據《中華民國統計提要》511 頁載：民國元年 27 239 700 公斤；四年 16 541 571 公斤；五年 11 927 491 公斤；六年 10 489 163 公斤；七年 10 576 159 公斤；十四年 5 968 200 公斤；二十年 7 340 886 公斤。茲再將十三縣已填報到府之發種產繭調查表材料，列表如次，藉示本省最近之產繭狀況：

縣別	共計		改良種		土種	
	二十四年	二十五年	二十四年	二十五年	二十四年	二十五年
總計	1 440 081	1 545 483	23 800	26 600	1 416 281	1 518 883
蒲圻	25	30			25	30
崇陽	33	36			33	36
通山	6 000	6 000			6 000	6 000

續表

縣別	共計		改良種		土種	
	二十四年	二十五年	二十四年	二十五年	二十四年	二十五年
陽新	33	27			33	27
英山	2 100	2 300			2 100	2 300
麻城	1 421 000	1 526 000	21 000	26 000	1 400 000	1 500 000
京山	3 000	3 000			3 000	3 000
沔陽	7 600	7 800	2 800	600	4 800	7 200
棗陽	12	12			12	12
保康	36	36			36	36
南漳	120	120			120	120
鄖縣	2	2			2	2
鄖西	120	120			120	120

附註：本表單位以市担計。

四、蜂

　　本省蜂業爲農村副業之一，如武昌、通城、鄂城、漢陽、通山、孝感、雲夢、鍾祥、潛江、應城、麻城、荆門、枝江、宜昌、襄陽、恩施、棗陽、京山、五峯、巴東等縣農户，皆有養蜂者。但除宜昌、通山、麻城、巴東、荆門等縣較爲發達外，其餘各縣不過稍有養蜂之家；甚至如安陸、均縣、雲夢、鄖縣等縣，全境幾無一養蜂之家。因之蜂業之在本省，並不能謂爲十分發達。且本省農民畜蜂方法，多屬古舊，往往分封過多，全羣損失；或熏烟採蜜，尤多摧殘，難望發育。加之本省養蜂多用土種及意大利種，但外來蜂種，價多昂貴，試用常遭失敗，收利甚微；而社會人士，又少提倡新法，農戶養蜂，無由仿效，故本省蜂蜜，除自製糖果或作食料，以供本省之用外，類多不能行銷甚遠，開闢市場。茲將已有蜂之數字縣份，列表如下：

縣別	蜂種	養蜂數量 （箱）	每年出蜜量估計 （市斤）
通山	土種	130	4 000
麻城	意種	500	10 000
應城	土種	10	300
京山	本種	800	2 400
枝江	意種	18	900
荆門	〃	100	3 000
棗陽	土種	10	300
襄陽	意種	200	6 000
保康	未詳	10	300
宜昌	意種	60	1 800
五峯	土種	50	150
宣恩	〃	20	600
巴東	土種及意種	9 000	270 000

捌、墾　殖

本表境內，墾殖事業最大者，厥爲國營金水流域農場，茲特撮要分述于下。

一、沿革

金水爲揚子江支流之一，其流域跨嘉魚、蒲圻、咸寧、武昌四縣，面積約計二千四百八十平方公里。夏秋之間，江水盛漲，水位超過吳淞零點二十公尺時，流域內被淹田地常達九十萬畝以上，農產損失，歲以千萬元計。當局因此，悉心研討所以整治之方，民國十八年揚子江水道整理委員會遂有整理金水流域之計劃。二十一年冬，蔣委員長駐節武昌，軫念民瘼，乃命興築攔河壩於禹觀山麓，並鑿洞建閘，俾得調節水流。計自二十二年春興工，二十四年三月全部工程完成。蔣公復以建閘完成之時，涸出湖荒，勢須清理，爲先事籌謀計，于二十三年二月令飭江漢工程局局長楊思廉負責籌備設立國營農場，以便復興農村，並爲軍隊屯墾之準備。五月金水流域國營農場籌備處成立，積極籌備，經過半年之努力，規模已具。十一月，南昌行營派農村復興業務籌辦處處長陳振先前來接管，二十四年二月農場正式成立，易名爲國營金水流域農場，仍由陳振先任場長。

二、業務

該場現行組織分總務、經濟、社會、農務、工務五股。其重要工作，分列於下：

甲、土地　登記、調查、清丈、驗契、重劃、授佃。

乙、農村社會　佃農登記，推廣鄉村衛生，輔導鄉村教育，推行新字音標，管理碼頭，訓練保甲。

丙、農務墾種　墾務、育種、測候。

丁、工程建設　房屋、道路、水利。

三、經費

甲、事務費（由三省總部及行營按月撥付）

二十四年二月至十二月　　　　　　　52 477 元

二十五年一月至十二月　　　　　　　107 574 元

　　共計　　　　　　　　　　　　　160 051 元

乙、業務費（由籌備處移交餘款 19 220 元，經委會撥給 60 000 元，中國農民銀行息借 265 000 元）

二十四年二月至十二月　　　　　　　96 855 元

二十五年一月至十二月　　　　　　　218 041

　　共計　　　　　　　　　　　　　314 896

事務業務兩項費用總計 474 947 元。

附註：一、金水建閘費用共約 900 000 元，係由經委會就堤工餘款
　　　　　　項下撥用。

　　　二、金水流域國營農場籌備處自二十三年五月十六日起至二
　　　　　　十四年一月底止共用 41 341 元，內楊任自二十三年五月
　　　　　　十六至十一月三日共用 35 451 元，陳任自十一月四日至
　　　　　　二十四年一月底止共用 5 890 元。

玖、特　　產

一、概說

本省地居溫帶，氣候和暖，物產豐富，農產則稻、麥、棉、麻，林產則桐油、茶、漆。各縣物產隨地勢而異，如鄂西鄂北山嶺綿延，水田

甚少，故所産多桐油、茶、漆。鄂中鄂東，多爲盆地，土質肥沃，河港交錯，灌溉便利，舉凡各類農作，無不相宜，而棉麻尤爲特著。本篇就其主要特産，略述梗概，附以圖表，用供參證。

棉花 棉初爲紡織之用，今則火藥及人造絹，無不視爲重要原料。按棉之種植適宜於北緯四十度以南之地，本省極北爲北緯三十三度，故各縣幾無不以植棉爲其主要農業，全省面積達千萬畝，産量達三百萬担以上，佔全國總産額百分之二十，駕冀蘇豫魯各省之上，而居第一位。廿五年産量最豐者爲江陵、棗陽、沔陽等縣，數達二十萬担以上，最少者如鄖西、黃陂亦産二三千担。就品種言，則有中棉洋棉之別，中棉織維粗短，洋棉退化亦甚，現經政府積極改進，如天門襄陽所産，品質業經提高，然較諸陝豫所産，相差仍遠。本省棉花之銷路，一部爲農民自紡自織，銷數有限，一部爲本省各大紗廠所消費，年約七八十萬担，餘則運銷國內各埠及海外市場。每年總值逾一萬萬元，關係全省經濟至鉅。

苧麻 麻爲紡織原料，本省所産，苧麻爲大宗，檾麻火麻次之。産量以陽新、大冶、蒲圻、廣濟、武昌、蘄春及咸寧等爲最鉅，而尤以武昌、咸寧、蒲圻、大冶所産者品質爲最優。計全省産麻區域爲三十二縣，産量約三十餘萬担。因國內缺乏製麻工廠，大都運往外洋，十分之七銷於日本。麻之市場有漢口、武穴、沙市、宜昌等埠，而漢口爲其主要集散地，每年出口約二十萬担；其次爲武穴，約十萬担；沙市、宜昌爲數有限，且全爲火麻。玫植麻年可三穫，即頭麻二麻三麻，於農民經濟之調劑，最爲有利。

茶 茶爲主要國産，國際貿易上之重要商品，全國除湘、粵、皖、浙産額最鉅外，其次爲本省。七十縣中産茶甚著者計二十八縣，以蒲圻、咸寧爲冠，蒲圻之羊樓崗，尤爲茶廠林立之區。全省産額估計約四十餘萬担，以漢市爲集中市場，轉銷國外及陝甘邊區各省，歐戰前，輸出達百萬担，戰後因蘇俄銷場激減，不過五六十萬担而已。近年復因茶價低落，茶林摧殘尤甚，欲復舊觀，尚待異日加緊改進。

桐油 桐油以具有速乾特性，爲製造許多重要物品所不可缺乏之原料，在化學工業上佔有極重要之地位，需要因此增加，價格因而猛漲，不僅桐農與油商起而注意，力圖改進，即政府亦訂定整個計劃，提高油質藉維國際信譽。全國產區，首推四川，次爲湖南，本省居第三位，他如浙江、廣西，亦有大量生產。本省以鄂西鄂北地多山嶺，故各縣產油均豐，產區計三十一縣，產量三十餘萬担，鄂北所產集中老河口，鄂西所產必先集中宜昌、沙市，四川所產集中重慶、萬縣，湖南所產集中長沙、常德，然均總匯於漢口，故漢口爲全國桐油之最大市場，據江漢關統計，每年出口約百萬市担，總值約四五千萬元。查本省所植油桐，不外三年桐與千年桐兩種，品質方面因產地不同而異，如鄂西鄂北所產曰襄古桐，油質較淡，水分稍多，沙市一帶所產曰荊沙桐，品質尚佳，鄂東一帶所產曰邊江桐，品質極劣鮮合於出口之標準。

漆 漆爲本省特產之一，生產區域，達十六縣，每年產量約二萬担，以恩施、建始、巴東、鄖縣產額爲最鉅。歷年市價每担恒在百二三十元之間，故所值不下二百數十萬元，其銷路十分之七運往日本，在對外貿易上亦具有相當重要地位。漆之市場鄂北所產者集中老河口，統稱鄖陽漆；鄂西如利川、恩施，所產稱爲毛壩漆；建始、鶴峯、長陽、秭歸、巴東所產者稱爲建始漆，均集中於宜昌，然後運漢，轉輸出口。各地農民對於採漆方法，不事講求，祇顧近利，故有漆樹種植不滿六年，其幹不及盈握者，即已開割，不獨發育不全，品質不佳，且摧殘過甚，生產量因之減少。

蠶絲梧子桕油藥材 蠶絲、梧子、桕油及藥材，本省均有出產，往昔產量年約十二萬担左右，絲約九千數百担，在國內產絲省區中，僅次於浙、粵、蘇、川四省，而居於第五位，主要地多在漢水流域一帶，以沔陽、天門等縣所產者爲最佳。黃岡、江陵、荊門、宜都、當陽所產次之，近年日趨衰落。梧子年產約四五萬担，以鄂北鄂西爲主要地，農民於秋收之後，登山採集，爲其副業之一，其集中地亦爲漢口，合皖、貴、川、湘所產出口總值約六七十萬元，爲漢市主要貿易之一種。桕油本省所產甚多，據江漢關紀載，每年出口約十餘萬担，總值二百三四十萬元，如黃安、麻城、黃梅、穀城、宜昌、恩施等縣，均爲其主要產地。藥材如黨參、厚樸、茯苓等類，鄂北鄂西各縣幾無不產，總值當亦不在少數。惟蠶絲、棓子、桕油及藥材等，產銷材料，過去未能蒐集齊全，深爲遺憾。擬於最近期間，予以實地調查。

本篇所列各表數字，均係估計，有待將來實地調查，以證實之。

二、歷年棉田面積及皮棉產量

年別	面積（市畝）	產量（市担）
八	1 362 716	1 415 811
九	5 780 663	1 853 400
十	2 626 870	721 571
十一	7 019 094	2 381 014
十二	5 391 948	1 491 774
十三	1 032 019	1 312 969
十四	5 464 694	1 181 673
十五	4 666 242	1 304 438
十六	5 801 224	1 584 480
十七	10 239 773	4 267 345
十八	11 140 773	2 429 640
十九	10 571 364	3 602 973
二十	2 106 088	1 216 403

續表

年別	面積（市畝）	産量（市担）
廿一	7 031 771	1 917 693
廿二	7 545 284	2 554 317
廿三	7 248 686	2 241 348
廿四	4 212 009	1 075 857
廿五	8 189 825	3 135 911

三、本省皮棉産量與各省比較

民國二十五年

省別	面積（市畝）	産量（市担）
湖北	8 189 825	3 135 911
河北	9 613 000	2 979 000
山東	5 632 000	2 101 000
山西	1 912 000	582 000
河南	5 592 000	1 604 000
陝西	3 893 000	1 092 000
湖南	678 000	303 000
江西	209 000	44 000

續表

省別	面積（市畝）	產量（市担）
安徽	1 294 000	605 000
江蘇	9 586 000	2 845 000
浙江	1 584 000	1 000 000
四川	3 687 000	646 000

四、各縣棉田面積及皮棉產量

民國二十五年

縣別	面積（市畝）			產量（市担）		
	共計	中棉	洋棉	共計	中棉	洋棉
總計	**8 189 825**	**1 960 759**	**6 229 066**	**3 135 911**	**912 183**	**2 223 728**
武昌	28 121	13 369	14 752	12 595	5 613	6 982
漢陽	238 798	69 242	169 556	114 961	30 832	84 129
嘉魚	71 916	49 788	22 128	35 556	25 083	10 473
陽新	17 518	17 518		5 884	5 884	
大冶	87 129	87 129		43 859	43 859	
鄂城	77 448	61 774	15 355	28 349	23 144	5 205
黃岡	299 650	299 650		134 000	134 000	

續表

縣別	面積（市畝）			産量（市担）		
	共計	中棉	洋棉	共計	中棉	洋棉
浠水	89 434	89 434		35 272	35 272	
蘄春	23 972	23 972		9 271	9 271	
廣濟	70 994	70 994		26 599	26 599	
黃梅	160 428	160 428		71 436	71 436	
羅田	11 064	11 064		3 284	3 284	
麻城	224 046	224 046		99 764	99 764	
黃安	17 057	17 057		6 250	6 250	
黃陂	13 461	13 461		3 955	3 955	
孝感	188 484	188 484		123 015	123 015	
雲夢	116 762	116 762		79 450	79 450	
漢川	176 563	36 926	139 637	82 998	16 912	66 086
應城	46 100	46 100		27 245	27 245	
安陸	35 774	35 774		19 681	19 681	
應山	8 999	8 759	240	3 991	3 878	113
鍾祥	107 348		107 348	34 962		34 962
京山	62 309	10 585	51 724	29 578	4 310	25 268

縣別	面積（市畝）			產量（市担）		
	共計	中棉	洋棉	共計	中棉	洋棉
天門	194 634	28 582	166 052	81 311	9 273	72 083
沔陽	461 000	74 037	386 963	210 198	32 967	177 251
隨縣	399 595	55 025	344 570	106 932	15 751	91 181
潛江	306 104	15 305	290 799	140 002	6 815	133 187
監利	380 756	39 109	341 647	197 157	21 991	175 166
石首	243 408		243 408	120 772		120 772
公安	416 375	2 028	414 327	196 693	596	196 097
松滋	368 800	23 050	345 750	118 737	6 569	112 168
枝江	233 174	40 752	192 422	68 707	9 954	58 753
江陵	567 952		567 952	216 770		216 770
荆門	78 370	4 610	73 760	36 914	880	36 034
宜城	133 690		133 690	38 099		38 099
棗陽	901 301		901 301	201 812		201 812
襄陽	595 889		595 889	133 426		133 426
光化	171 953		171 953	70 005		70 005
穀城	114 892	350	114 545	41 625	93	41 632

續表

縣別	面積（市畝）			產量（市担）		
	共計	中棉	洋棉	共計	中棉	洋棉
南漳	55 320		55 320	13 513		13 513
當陽	48 368	2 268	46 100	28 890	738	28 152
宜都	52 250	10 419	41 831	17 868	3 499	14 369
宜昌	58 086	7 376	50 710	25 255	1 970	23 285
房縣	102 895		102 875	13 745		13 745
均縣	35 774	1 106	34 668	11 188	317	10 871
鄖縣	27 070	4 426	22 644	5 081	160	4 321
竹山	23 189		23 189	3 540		3 540
竹谿	25 871		25 871	3 456		3 456
鄖西	19 731		19 731	2 260		2 260

五、各縣麻類面積及年產量

縣別	面積（市畝）	產量（市担）	縣別	面積（市畝）	產量（市担）
總計	**395 000**	**395 000**	雲夢	2 000	2 000
武昌	30 000	30 000	應山	1 000	1 000

縣別	面積（市畝）	產量（市担）	縣別	面積（市畝）	產量（市担）
漢陽	1 000	1 000	鍾祥	500	500
嘉魚	15 000	15 000	公安	400	400
咸寧	20 000	20 000	江陵	2 000	2 000
蒲圻	50 000	50 000	光化	1 500	1 500
崇陽	12 000	12 000	穀城	1 000	1 000
通城	5 000	5 000	保康	1 000	1 000
通山	6 000	6 000	當陽	1 000	1 000
陽新	95 000	95 000	五峯	200	200
大冶	60 000	60 000	鶴峯	200	200
鄂城	10 000	10 000	恩施	1 000	1 000
黃岡	5 000	5 000	建始	1 000	1 000
蘄春	30 000	30 000	巴東	400	400
廣濟	40 000	40 000	均縣	600	600
黃安	1 000	1 000	鄖縣	200	200
黃陂	1 000	1 000			

六、各縣茶園面積及年産量

縣別	面積（市畝）	産量（市担）	縣別	面積（市畝）	産量（市担）
總計	315 682	427 923	宜昌	18 716	24 799
咸寧	9 220	35 820	興山	500	238
蒲圻	12 910	59 700	秭歸	200	310
崇陽	900	4 180	長陽	17 794	21 587
通城	7 376	5 970	五峯	5 000	2 380
通山	45 000	9 790	鶴峯	8 000	5 970
陽新	1 500	4 776	宣恩	9 681	12 393
浠水	12 170	18 913	咸豐	17 794	23 880
廣濟	9 773	13 050	利川	15 581	16 059
黃梅	17 149	20 775	恩施	19 362	18 148
公安	900	10 984	建始	11 986	18 292
穀城	18 716	20 238	均縣	9 865	16 059
遠安	170	60	鄖縣	9 864	23 880
當陽	9 496	16 322	竹山	10 234	14 387
宜都	150	179			

七、本省産茶量與各省比較

省別	産量（市担）	省別	産量（市担）
湖北	427 923	雲南	14 925
江蘇	933	貴州	5 272
安徽	601 119	湖南	1 890 615
浙江	586 517	江西	111 024
福建	167 238	四川	256 173
廣東	743 743	河南	3 224
廣西	60 297		

附註：各省産量係根據《中華民國統計提要》廿二年之數字。

八、各縣桐植面積及年産量

縣別	面積（市畝）	産量（市担）	縣別	面積（市畝）	産量（市担）
總計	**143 380**	**359 406**	秭歸	922	2 390
鄂城	922	2 388	長陽	4 610	11 950
廣濟	922	2 388	五峯	230	597
英山	2 310	5 970	宣恩	6 915	17 910
麻城	1 383	3 582	來鳳	2 305	5 970
京山	4 610	11 940	咸豐	2 305	5 970

續表

縣別	面積（市畝）	產量（市担）	縣別	面積（市畝）	產量（市担）
公安	461	1 194	利川	922	2 390
襄陽	9 220	23 880	恩施	1 383	3 580
光化	23 050	59 700	建始	2 310	5 970
穀城	922	2 388	巴東	1 844	4 776
保康	230	597	房縣	9 220	23 880
南漳	461	1 194	均縣	11 525	29 850
當陽	461	1 194	鄖縣	11 525	17 910
宜都	9 220	23 880	竹山	9 220	23 880
宜昌	9 220	23 880	竹谿	9 220	23 880
興山	922	2 388	鄖西	4 610	11 940

九、桐植面積及產量與各省比較

省別	桐植面積（市畝）	桐油產量（市担）	省別	桐植面積（市畝）	桐油產量（市担）
湖北	143 380	359 406	浙江	100 000	238 800
四川	275 000	656 700	廣西	65 000	155 220
湖南	250 000	596 500	其他各省	12 500	19 850

十、各縣產漆數量

縣別	產量（市担）	縣別	產量（市担）
總計	**20 900**	利川	590
保康	240	恩施	4 780
秭歸	240	建始	3 580
長陽	240	巴東	2 980
五峯	720	房縣	590
鶴峯	120	均縣	590
宣恩	1 200	鄖縣	2 400
來鳳	240	鄖西	1 190
咸豐	1 200		

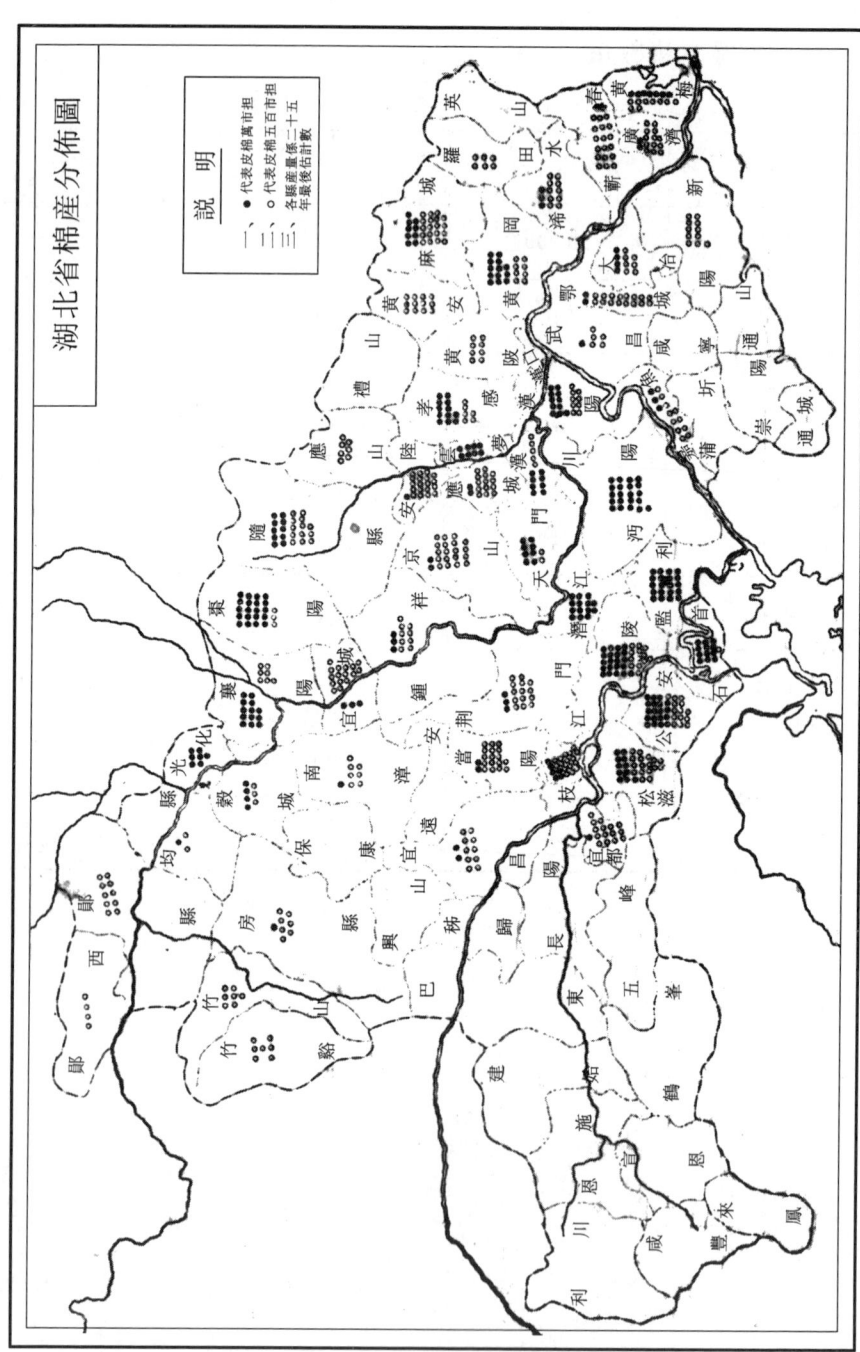

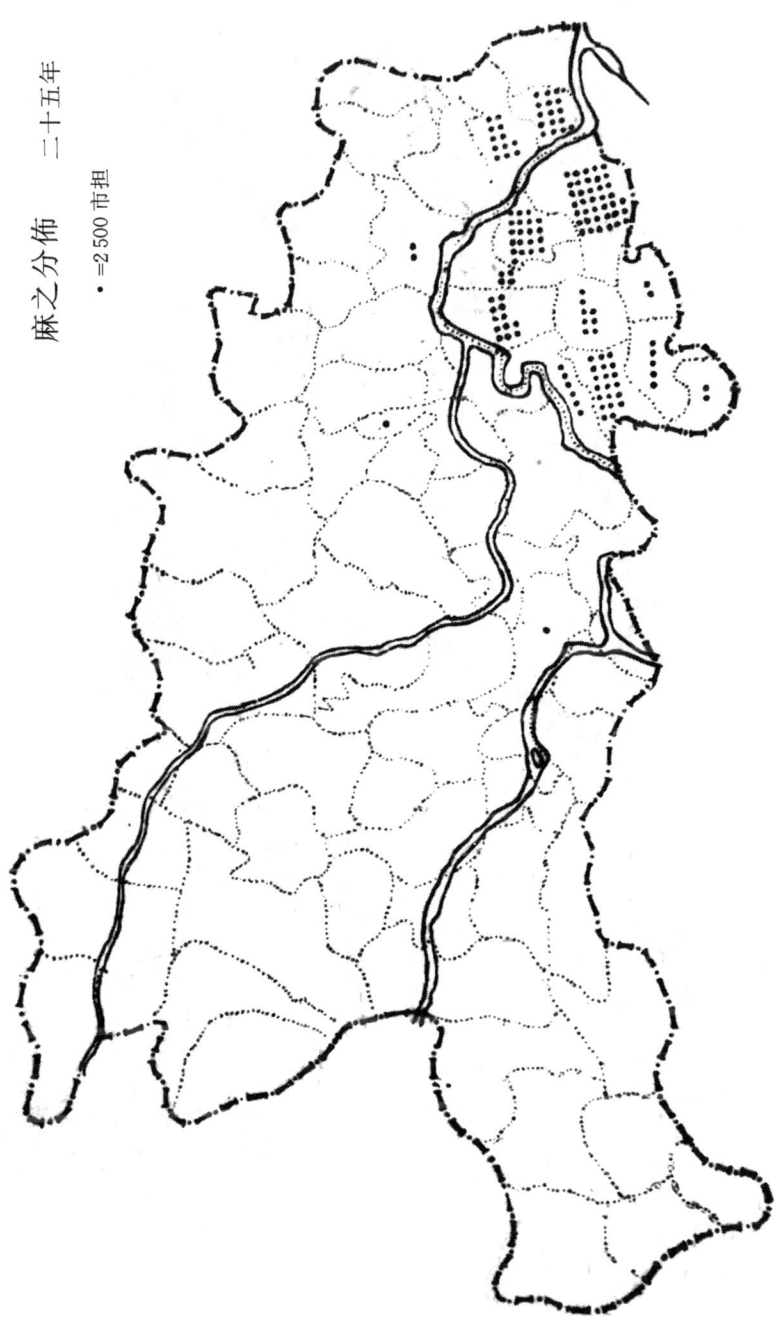

麻之分佈 二十五年

•=2500 市担

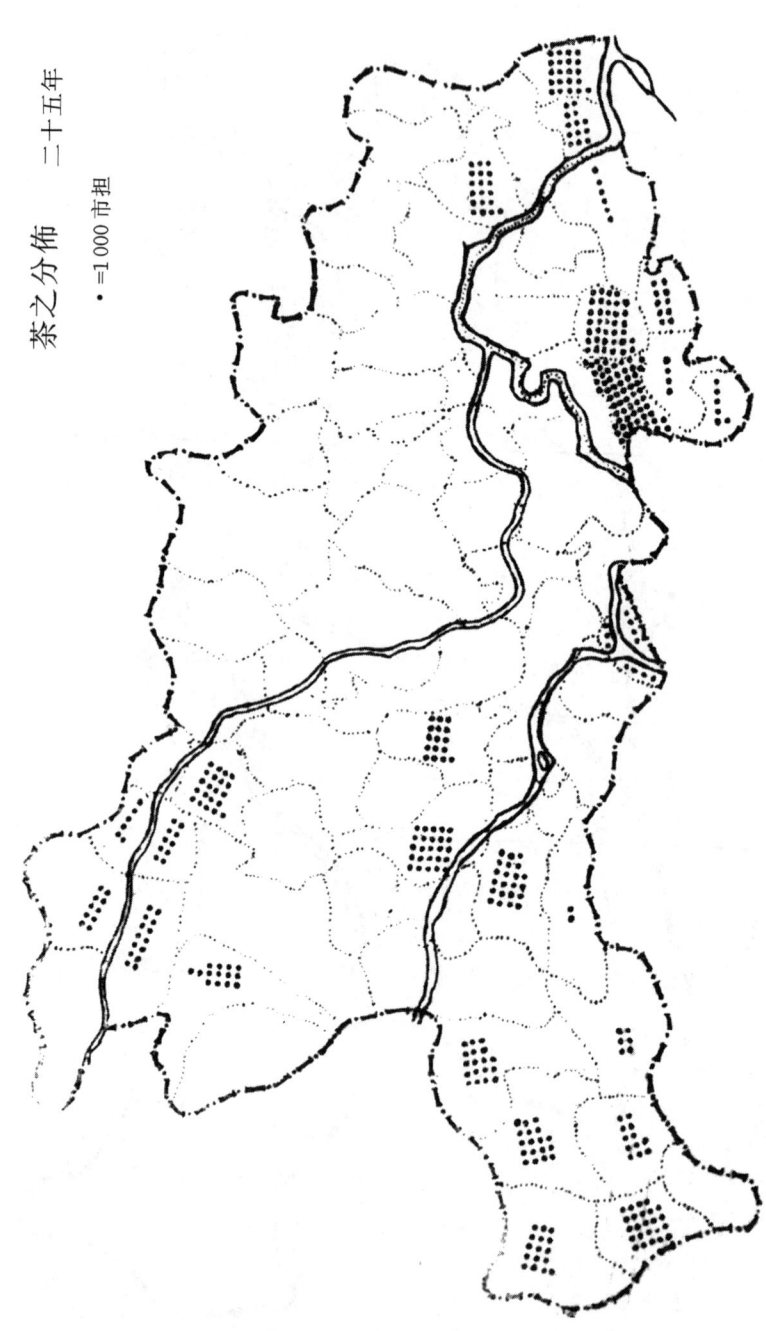

茶之分佈　二十五年

・=1000市担

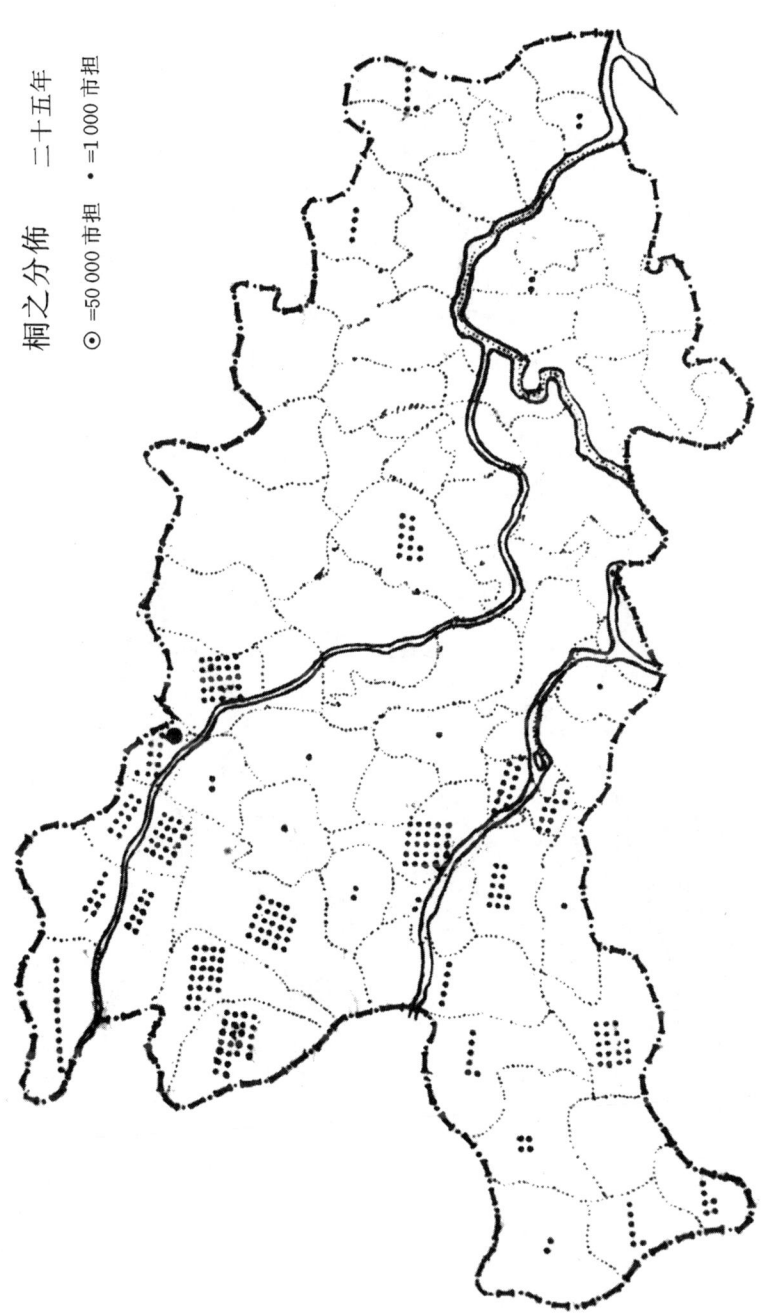

桐之分佈 二十五年

⊙ =50 000 市担 ・=1 000 市担

漆之分佈　二十五年

・＝100 市担

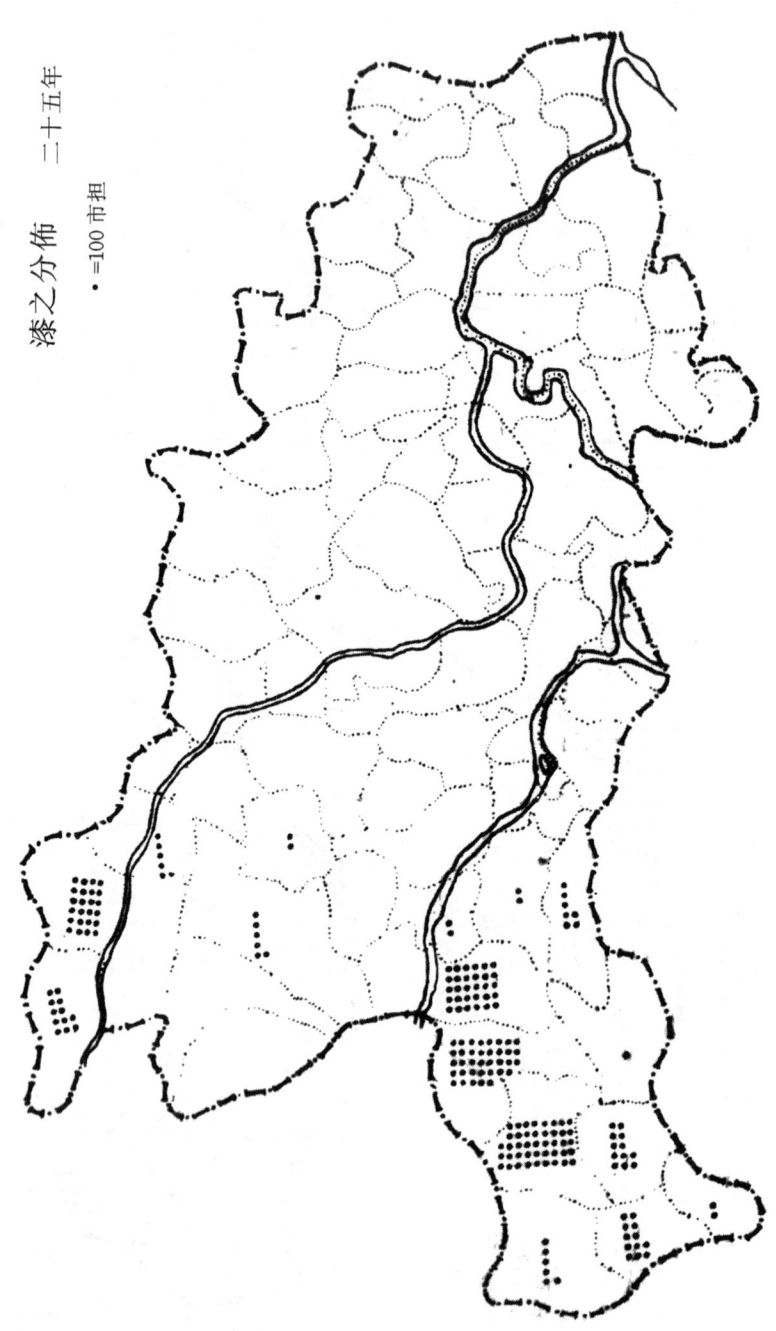

水 利

壹、概 説

本省居長江之中游，爲漢水之尾間，湖泊棋布，港汊交錯，沿岸居民倚堤防爲生命者占全省人口總數百分之三十以上，耕地面積賴堤防爲保障者亦占全省耕地面積百分之三十左右，一旦潰決，生命財產之損失殆不可數計，況水災之後，必繼之以旱災，水旱相乘，民生益形凋敝。就近五年來之災情而言，民國二十年水災被災人數達五百餘萬人，民間損失達四萬餘萬元，廿三年水旱災被災人數達三百餘萬人，民間損失達一萬餘萬元，二十四年水旱災被災人數達八百餘萬人，民間損失達二萬餘萬元，其破壞力之大可以概見。當局有鑒於此，亟謀標本兼治之方，俾挽浩劫，除修正堤綫，加高培厚，造成巨大堅實之堤防外，並擬於漢水上游尋覓適當地點，建築攔洪水庫，以調節水源，又於下游籌開分流，以增去路。關於長江方面，則使洞庭湖繼續保持原來天然水庫之效能，或另闢適宜儲水區域，使水勢暢流，減少災害。至二十四年度之設施中，工程之最艱鉅而又最關緊要者，厥爲舊口至羅漢寺之遙堤，計長十八公里，總土方六百餘萬公方（合一百餘萬市方），耗時年餘，動用人工十餘萬人，耗費四百餘萬元，方告成功。次爲武昌防水牆之建築，已於二十五年八月間完成矣。

茲篇爲時間及篇幅所限，僅就江漢工程局及各專家所發表之材料擇其重要者彙編而成，俾得略知本省水利情形之厓略，至各項詳細圖表統計，已詳於本室出版之《湖北省二十四年水災統計》，故不事重複。

附註：廿三、廿四兩年水旱災損失，係根據各縣之報告；廿年水災損失，係根據經委會之估計數。故廿三、廿四兩年之損失數字較近實際，而廿年之數字則不免估值過高，詳情見本室出版之《湖北省二十四年水災統計》內。

貳、水　位

一、漢口七十二年來最高最低水位

單位：公尺

年別	水位		年別	水位	
	最高	最低		最高	最低
同治　四年　（1865）	13.11	−1.83	光緒　廿七年　（1901）	14.17	−0.98
同治　五年　（1866）	14.78	−0.61	光緒　廿八年　（1902）	11.55	0.00
同治　六年　（1867）	13.87	0.03	光緒　廿九年　（1903）	12.95	0.06
同治　七年　（1868）	13.62	0.00	光緒　三十年　（1904）	11.46	−0.03
同治　八年　（1869）	15.03	3.11	光緒　卅一年　（1905）	13.23	1.52
同治　九年　（1870）	15.39	0.00	光緒　卅二年　（1906）	13.72	3.20
同治　十年　（1871）	13.23	0.31	光緒　卅三年　（1907）	13.50	0.34
同治　十一年　（1872）	14.17	1.46	光緒　卅四年　（1908）	13.35	2.07
同治　十二年　（1873）	13.11	−0.15	宣統　元年　（1909）	14.14	1.16
同治　十三年　（1874）	11.52	1.01	宣統　二年　（1910）	12.07	1.49
光緒　元年　（1875）	13.08	1.16	宣統　三年　（1911）	14.54	1.52
光緒　二年　（1876）	13.72	0.31	民國　元年　（1912）	14.23	2.93
光緒　三年　（1877）	10.58	0.06	民國　二年　（1913）	12.50	0.70
光緒　四年　（1878）	14.90	0.24	民國　三年　（1914）	12.01	0.49

續表

年別	水位		年別	水位	
	最高	最低		最高	最低
光緒　五年（1879）	12.65	0.82	民國　四年（1915）	12.68	−0.09
光緒　六年（1880）	12.04	0.00	民國　五年（1916）	11.77	1.25
光緒　七年（1881）	11.43	0.00	民國　六年（1917）	14.05	0.15
光緒　八年（1882）	14.20	2.10	民國　七年（1918）	13.81	−0.15
光緒　九年（1883）	13.87	0.88	民國　八年（1919）	14.02	1.46
光緒　十年（1884）	11.25	2.35	民國　九年（1920）	13.87	−0.09
光緒　十一年（1885）	13.96	0.09	民國　十年（1921）	14.33	1.74
光緒　十二年（1886）	12.74	0.55	民國　十一年（1922）	14.39	1.77
光緒　十三年（1887）	14.90	1.25	民國　十二年（1923）	13.87	0.18
光緒　十四年（1888）	12.44	−0.09	民國　十三年（1924）	14.69	1.25
光緒　十五年（1889）	14.78	0.06	民國　十四年（1925）	11.00	1.01
光緒　十六年（1890）	14.30	1.62	民國　十五年（1926）	14.94	0.88
光緒　十七年（1891）	13.38	0.55	民國　十六年（1927）	13.38	1.25
光緒　十八年（1892）	13.66	0.37	民國　十七年（1928）	11.37	0.21
光緒　十九年（1893）	13.66	0.61	民國　十八年（1929）	12.53	−0.34
光緒　二十年（1894）	13.14	0.43	民國　十九年（1930）	13.35	1.01
光緒　廿一年（1895）	12.62	−0.12	民國　二十年（1931）	16.35	1.04
光緒　廿二年（1896）	14.30	−0.31	民國　廿一年（1932）	13.47	1.68

續表

年別	水位		年別	水位	
	最高	最低		最高	最低
光緒　　廿三年（1897）	14.30	1.83	民國　　廿二年（1933）	14.39	1.13
光緒　　廿四年（1898）	12.34	1.49	民國　　廿三年（1934）	12.41	0.15
光緒　　廿五年（1899）	12.77	0.00	民國　　廿四年（1935）	15.65	0.52
光緒　　廿六年（1900）	9.60	0.95	民國　　廿五年（1936）	12.23	0.70

附註：一、本表材料根據江漢關記載由英尺換算爲公尺。

　　　　二、最高水位係以當日水位之最高數填列，故與定時記載之水位表不盡相同。

二、長江各站歷年最高最低水位

站別	歷年最高		歷年最低		二十年洪水位（公尺）	二十四年洪水位（公尺）	二十年之理想洪水位（公尺）	零點高度〔以距吳淞零點公尺計〕
	水位（公尺）	年月	水位（公尺）	年月				
宜昌	17.68	光緒二十八年	−0.52	宣統元年三月	15.33	15.00		39.67
沙市	10.76	民國二十四年七月	−0.98	民國四年三月	10.64	16.76	10.64	32.88
岳州	15.61	民國二十四年七月	−0.58	光緒三十三年一月	15.55	15.61	16.46	17.64
漢口	16.35	民國二十年八月	−1.83	同治四年	16.35	15.65	17.37	11.94
九江	13.96	民國二十四年七月	−0.37	光緒七年	13.84	13.96	14.45	6.66

附註：一．本表材料根據各海關之記載由英尺換算爲公尺。

　　　　二、最高水位及洪水位係以當日水位之最高數填列，故與定時記載之水位表不盡相同。

三、漢水各站歷年最高最低水位

站別	民國二十年		民國二十三年		民國二十四年		歷年記載	
	最高水位	日期	最高水位	日期	最高水位	日期	最低水位	年月
白河					19.60	七月七日		
鄖陽	16.50				18.30	〃		
襄陽	68.08	九月三日	66.91	七月五日	70.60	〃	60.05	十九年二月
宜城	58.80	七月二十四日	57.86		61.14	〃	51.72	二十一年一月
鍾祥	49.59	七月十二日	48.83		52.34	〃	40.84	二十三年二月
沙洋	43.46	九月五日	42.67		43.29	〃	32.17	二十二年三月
澤口	38.91		39.37		39.16	七月八日	29.20	
陶朱埠	38.60		39.10		38.86	〃		
岳口	37.36	八月十五日	37.69		37.35	〃	26.32	二十一年一月
仙桃鎮	43.32		34.60	七月五日	34.65	〃	24.42	二十二年三月
新溝	28.55		28.10	七月六日	29.15	七月十二日	18.10	二十三年二月

附註：一、本表材料根據江漢工程局之記載。

二、白河、鄖陽兩處係根據本站零點推算，其餘各處均照吳淞零點推算，以公尺計。

三、最高水位係以當日之最高數填列，故與定時記載之水位表不盡相同。

四、長江漢口站歷年逐月最高最低水位

單位：公尺

月別	高低	十五年 (1926)	十六年 (1927)	十七年 (1928)	十八年 (1929)	十九年 (1930)
一	最高	1.77	4.15	1.65	0.58	2.13
	最低	1.13	2.38	0.55	−0.12	1.01
二	最高	3.38	4.69	0.73	0.49	3.35
	最低	0.88	1.52	0.21	−0.15	1.74
三	最高	5.21	5.37	2.62	1.04	4.88
	最低	3.51	3.32	0.43	−0.34	2.38
四	最高	5.70	8.57	3.72	1.25	9.63
	最低	2.71	5.70	1.19	0.40	4.18
五	最高	9.24	10.67	7.22	8.23	11.03
	最低	4.42	7.32	4.30	1.28	8.96
六	最高	12.19	11.55	8.87	10.30	13.26
	最低	9.48	8.60	6.92	6.00	8.90
七	最高	14.66	13.38	9.42	11.83	13.35
	最低	12.41	11.49	6.77	10.27	8.60

二十年 (1931)	二十一年 (1932)	二十二年 (1933)	二十三年 (1934)	二十四年 (1935)	二十五年 (1936)	高低
2.56	2.90	2.13	2.32	2.93	4.69	最高
1.04	1.68	1.59	0.73	1.31	2.56	最低
2.74	4.18	3.26	0.98	4.82	3.96	最高
1.10	1.77	1.13	0.15	0.52	2.32	最低
5.49	4.30	3.66	3.51	6.80	4.45	最高
2.62	2.68	1.83	1.31	3.44	2.26	最低
8.23	4.27	6.86	7.47	8.93	8.44	最高
2.68	3.20	1.43	2.27	4.54	4.11	最低
11.40	10.70	11.05	9.66	9.42	10.82	最高
8.41	4.85	6.28	7.77	6.16	8.78	最低
12.07	12.74	14.39	11.73	13.14	10.36	最高
11.49	9.85	11.25	8.81	10.18	9.91	最低
15.27	13.47	14.20	12.41	15.65	9.88	最高
11.89	11.86	12.80	10.55	13.47	8.05	最低

月別	高低	十五年 (1926)	十六年 (1927)	十七年 (1928)	十八年 (1929)	十九年 (1930)
八	最高	14.94	13.11	11.37	12.50	10.42
	最低	14.08	11.00	7.25	10.64	8.35
九	最高	14.02	10.94	10.09	10.55	12.16
	最低	10.52	9.75	7.32	8.90	10.73
十	最高	10.94	9.82	8.35	10.49	11.52
	最低	10.15	7.71	6.28	7.07	8.75
十一	最高	10.03	7.50	6.16	6.95	8.99
	最低	5.43	3.38	2.71	3.66	5.21
十二	最高	5.40	3.38	2.56	3.54	5.15
	最低	4.33	1.65	0.61	1.77	2.71

附註：本表材料根據江漢關之記載，由英尺換算爲公尺。

二十年 (1931)	二十一年 (1932)	二十二年 (1933)	二十三年 (1934)	二十四年 (1935)	二十五年 (1936)	高低
16.34	11.80	12.74	11.64	14.17	12.32	最高
15.15	10.73	9.02	11.25	12.13	9.51	最低
15.88	12.41	9.02	11.52	12.77	11.52	最高
14.02	11.22	6.77	11.19	12.04	8.81	最低
13.96	12.38	11.03	11.10	12.01	8.57	最高
10.91	9.66	6.86	8.32	10.70	3.75	最低
10.73	9.45	9.24	8.29	11.37	3.63	最高
5.52	4.60	4.94	5.88	8.69	1.65	最低
5.43	4.42	4.85	6.31	8.47	2.26	最高
2.90	2.04	2.44	1.21	4.82	0.73	最低

五、長江宜昌站歷年逐月最高最低水位

單位：公尺

月別	高低	十五年 (1926)	十六年 (1927)	十七年 (1928)	十八年 (1929)	十九年 (1930)
一	最高	1.71	1.37	0.46	1.04	1.25
	最低	0.58	0.37	−0.06	0.40	0.31
二	最高	1.10	1.22	0.06	0.55	1.22
	最低	0.49	0.12	−0.34	0.09	0.34
三	最高	2.26	2.41	1.19	0.55	2.96
	最低	0.64	0.27	−0.15	−0.15	0.88
四	最高	5.30	4.72	2.56	2.23	5.33
	最低	1.13	2.20	−0.34	−0.06	2.01
五	最高	7.56	6.95	5.06	6.37	5.27
	最低	2.47	2.77	1.95	1.40	2.71
六	最高	9.91	11.70	8.93	9.85	12.01
	最低	6.52	3.63	4.08	4.36	5.00
七	最高	13.11	11.49	10.30	9.52	9.72
	最低	9.66	7.07	4.91	7.77	4.15

二十年 (1931)	二十一年 (1932)	二十二年 (1933)	二十三年 (1934)	二十四年 (1935)	二十五年 (1936)	高低
1.04	0.98	1.04	1.43	0.88	1.04	最高
0.06	0.34	0.43	0.24	−0.09	0.40	最低
0.21	1.13	0.70	1.52	1.46	0.58	最高
−0.18	0.52	0.37	0.12	−0.24	0.24	最低
1.22	1.49	0.61	2.13	1.62	0.76	最高
0.12	0.49	0.03	0.73	0.73	0.03	最低
2.59	3.63	2.47	4.85	2.41	3.90	最高
0	0.67	0.09	0.79	0.43	0.94	最低
6.92	7.68	8.69	7.62	7.44	8.57	最高
3.63	1.52	1.49	3.41	1.07	1.83	最低
8.05	10.18	12.65	8.90	9.75	5.79	最高
5.40	2.90	7.10	5.33	5.24	3.44	最低
12.56	11.49	12.59	12.53	15.00	9.02	最高
6.86	7.32	6.65	7.59	6.71	3.29	最低

月別	高低	十五年 （1926）	十六年 （1927）	十七年 （1928）	十八年 （1929）	十九年 （1930）
八	最高	14.78	10.21	12.65	9.14	12.19
	最低	7.80	5.97	7.13	4.42	5.40
九	最高	9.88	8.78	9.02	10.52	12.28
	最低	4.88	5.88	5.21	5.76	8.38
十	最高	9.36	7.59	8.50	8.38	9.18
	最低	5.12	4.76	5.52	5.15	5.58
十一	最高	5.52	4.51	5.43	5.67	5.52
	最低	2.71	2.07	2.23	2.41	2.93
十二	最高	3.75	2.10	2.23	2.26	3.35
	最低	1.34	0.52	0.98	1.31	1.04

附註：本表根據宜昌海關之記載，由英尺換算爲公尺。

二十年 (1931)	二十一年 (1932)	二十二年 (1933)	二十三年 (1934)	二十四年 (1935)	二十五年 (1936)	高低
15.33	10.67	8.96	11.89	9.30	13.69	最高
8.23	5.94	5.00	8.69	6.40	7.13	最低
11.40	11.67	7.38	10.52	13.08	10.91	最高
7.32	9.05	4.27	8.60	7.80	5.00	最低
10.33	9.91	11.49	10.67	9.33	5.03	最高
5.18	5.79	5.64	4.42	6.80	3.29	最低
5.43	6.07	5.40	7.99	6.98	3.20	最高
2.50	2.80	3.32	3.26	3.69	1.21	最低
3.26	2.77	3.11	3.54	4.14	1.31	最高
0.82	0.98	1.22	0.94	1.10	0.24	最低

六、長江沙市站歷年逐月最高最低水位

單位：公尺

月別	高低	十六年 (1927)	十七年 (1928)	十八年 (1929)	十九年 (1930)	二十年 (1931)	二十一年 (1932)	二十二年 (1933)	二十三年 (1934)	二十四年 (1935)	二十五年 (1936)
一	最高	1.22	0.64	0.73	1.07	0.73	0.61	0.64	1.37	0.95	1.10
	最低	0.40	−0.12	0.09	0.12	−0.12	0.09	0.03	0.15	0.03	0.34
二	最高	0.98	−0.06	0.24	1.10	−0.06	0.67	0.27	1.16	1.40	0.46
	最低	0.06	−0.40	−0.15	0.12	−0.46	0.18	−0.09	0	−0.31	0.12
三	最高	1.62	0.98	0.21	1.98	0.95	0.95	0.18	1.65	1.56	0.46
	最低	0.06	−0.24	−0.46	0.88	−0.06	0.18	−0.27	0.67	0.88	−0.06
四	最高	3.63	1.98	1.62	4.08	1.77	2.74	1.98	3.84	2.29	3.26
	最低	1.77	−0.34	−0.21	1.86	−0.21	0.37	−0.18	0.76	0.52	0.76
五	最高	5.09	3.84	4.57	4.08	5.49	5.94	6.52	5.73	5.70	6.43
	最低	2.29	1.74	1.10	2.44	2.20	1.43	1.25	3.05	1.13	1.92
六	最高	8.63	6.61	7.32	9.36	6.46	7.96	9.51	7.07	7.56	4.79
	最低	2.99	3.11	3.23	4.02	4.51	2.83	5.85	4.33	4.42	2.90
七	最高	8.57	7.10	7.25	7.71	9.94	8.96	9.72	9.54	10.76	6.98
	最低	5.43	3.96	6.10	3.57	5.46	6.19	5.70	6.00	5.70	3.14

續表

月別	高低	十六年 (1927)	十七年 (1928)	十八年 (1929)	十九年 (1930)	二十年 (1931)	二十一年 (1932)	二十二年 (1933)	二十三年 (1934)	二十四年 (1935)	二十五年 (1936)
八	最高	7.83	9.21	7.28	9.05	10.64	8.23	7.19	8.60	7.13	9.94
	最低	5.15	5.58	3.75	4.45	6.83	5.24	4.54	6.61	5.37	5.61
九	最高	6.95	6.86	7.93	9.11	8.41	8.75	5.49	7.89	9.02	8.20
	最低	4.91	4.18	4.60	6.61	6.16	7.07	3.63	6.65	6.10	4.21
十	最高	5.97	6.52	6.55	7.07	7.74	7.32	8.47	8.02	7.01	4.02
	最低	3.90	4.18	3.96	4.30	4.11	4.54	4.51	3.75	5.24	2.62
十一	最高	3.81	4.02	4.30	4.24	4.15	4.63	3.93	5.94	5.61	2.65
	最低	2.04	1.86	2.13	2.26	1.89	2.23	2.77	2.87	2.77	1.16
十二	最高	1.92	1.77	2.01	2.59	2.35	2.17	2.68	2.96	3.57	1.10
	最低	0.70	0.73	1.13	0.76	0.55	0.61	1.10	0.95	1.16	0.21

附註：本表材料根據沙市海關之記載，由英尺換算爲公尺。

七、漢水襄陽站歷年逐月最高最低水位

單位：公尺

月別	高低	二十年 (1931)	二十一年 (1932)	二十二年 (1933)	二十三年 (1934)	二十四年 (1935)
一	最高	60.29	60.39	60.46	60.95	61.36
	最低	60.20	60.18	60.41	60.58	61.11

續表

月別	高低	二十年 (1931)	二十一年 (1932)	二十二年 (1933)	二十三年 (1934)	二十四年 (1935)
二	最高	60.38	60.63	60.50	61.20	61.39
	最低	60.27	60.24	60.37	60.57	61.08
三	最高	60.91	60.88	61.40	61.78	62.04
	最低	60.39	60.38	60.39	60.93	61.18
四	最高	61.23	61.18	63.09	63.34	62.62
	最低	60.39	60.28	60.72	61.40	61.53
五	最高	63.22	63.11	63.59	63.25	63.46
	最低	61.43	60.67	60.78	61.90	61.10
六	最高	63.00	62.93	62.86	63.62	62.51
	最低	60.82	60.36	61.06	61.06	61.31
七	最高	65.72	62.73	63.87	66.90	70.60
	最低	62.31	60.99	61.29	61.65	61.50
八	最高	66.26	63.88	63.78	63.70	65.02
	最低	62.15	61.39	61.26	61.93	61.65
九	最高	68.08	64.20	63.21	64.82	64.56
	最低	61.11	61.21	60.79	62.72	62.00

續表

月別	高低	二十年 (1931)	二十一年 (1932)	二十二年 (1933)	二十三年 (1934)	二十四年 (1935)
十	最高	61.78	62.04	64.18	65.00	63.04
	最低	60.58	60.87	61.30	61.86	61.69
十一	最高	60.75	60.85	61.28	61.83	61.97
	最低	60.28	60.59	60.99	61.54	61.60
十二	最高	61.29	60.59	61.10	61.54	62.18
	最低	60.40	60.46	60.67	61.30	61.15

附註：本表材料根據江漢工程局之記載。

八、漢水鍾祥站歷年逐月最高最低水位

單位：公尺

月別	高低	二十年 (1931)	二十一年 (1932)	二十二年 (1933)	二十三年 (1934)	二十四年 (1935)
一	最高		42.78	41.10	41.45	41.48
	最低		42.55	41.05	40.88	41.07
二	最高		42.87	41.10	41.28	41.43
	最低		42.58	41.02	40.83	40.97

月別	高低	二十年 (1931)	二十一年 (1932)	二十二年 (1933)	二十三年 (1934)	二十四年 (1935)
三	最高	43.67	43.11	42.06	42.25	42.25
	最低	42.98	42.59	40.93	41.25	41.00
四	最高	43.88	43.71	43.69	43.67	42.95
	最低	43.05	42.46	41.45	41.65	41.65
五	最高	44.70	46.48	44.72	44.09	43.80
	最低	43.62	42.18	41.33	42.51	40.93
六	最高	45.41	44.90	43.82	44.86	42.92
	最低	44.00	41.28	41.73	41.72	41.30
七	最高	49.59	44.35	45.53	48.83	48.30
	最低	45.80	42.48	42.21	42.54	41.57
八	最高	48.13	45.47	44.52	45.55	44.29
	最低	45.26	42.85	42.49	43.10	42.35
九	最高	48.25	45.88	45.06	46.84	44.60
	最低	44.43	42.59	41.57	43.51	42.17
十	最高	44.52	42.93	46.03	47.02	43.29
	最低	43.81	41.34	42.09	42.43	41.79

月別	高低	二十年 (1931)	二十一年 (1932)	二十二年 (1933)	二十三年 (1934)	二十四年 (1935)
十一	最高	43.85	41.34	42.06	42.39	41.89
	最低	43.45	41.13	41.60	41.84	41.59
十二	最高	43.83	41.14	41.65	41.80	42.55
	最低	42.78	41.09	41.12	41.38	41.17

附註：本表材料根據江漢工程局之記載。

九、漢水沙洋站歷年逐月最高最低水位

單位：公尺

月別	高低	二十年 (1931)	二十一年 (1932)	二十二年 (1933)	二十三年 (1934)	二十四年 (1935)
一	最高		34.82	32.47	33.37	33.65
	最低		34.00	32.30	32.82	33.16
二	最高		34.83	32.32	33.05	33.48
	最低		34.20	32.23	32.77	33.00
三	最高	36.67	35.29	33.40	34.31	34.71
	最低	35.76	34.34	32.17	33.20	33.01

續表

月別	高低	二十年 (1931)	二十一年 (1932)	二十二年 (1933)	二十三年 (1934)	二十四年 (1935)
四	最高	36.39	34.31	36.85	36.04	35.86
	最低	35.58	33.89	32.85	33.40	33.98
五	最高	39.03	38.00	38.14	37.58	37.61
	最低	36.14	33.90	32.87	34.87	33.04
六	最高		37.82	36.49	37.86	35.70
	最低		34.41	33.48	33.50	33.16
七	最高		36.51	39.21	42.42	42.47
	最低		34.76	33.91	34.92	33.68
八	最高		40.25	37.96	38.94	37.47
	最低		34.58	34.41	35.61	33.96
九	最高		39.50	38.35	40.31	36.47
	最低		34.11	33.44	36.48	33.67
十	最高	35.92	35.37	39.83	40.67	34.67
	最低	35.40	33.70	34.20	35.27	33.48
十一	最高	35.30	33.67	34.15	35.16	33.62
	最低	34.96	32.86	33.60	34.16	33.26

續表

月別	高低	二十年 (1931)	二十一年 (1932)	二十二年 (1933)	二十三年 (1934)	二十四年 (1935)
十二	最高	35.65	32.85	33.58	34.14	34.20
	最低	34.73	32.47	33.07	33.53	32.88

附註：本表材料根據江漢工程局之記載。

十、漢水岳口站歷年逐月最高最低水位

單位：公尺

月別	高低	二十年 (1931)	二十一年 (1932)	二十二年 (1933)	二十三年 (1934)	二十四年 (1935)
一	最高	27.92	27.43	28.64	28.30	28.21
	最低	27.79	26.32	28.49	27.64	27.79
二	最高	28.07	28.17	28.59	27.78	28.01
	最低	27.79	26.65	28.43	27.52	27.65
三	最高	29.11	28.84	29.02	29.20	28.81
	最低	27.99	28.10	28.22	27.91	27.66
四	最高	28.55	29.32	32.30	31.11	30.45
	最低	27.76	28.02	28.70	28.26	28.19
五	最高	31.91	32.57	33.19	32.56	32.43
	最低	28.17	29.24	28.83	30.10	27.53

續表

月別	高低	二十年 (1931)	二十一年 (1932)	二十二年 (1933)	二十三年 (1934)	二十四年 (1935)
六	最高	32.40	30.44	31.97	33.31	30.97
	最低	30.99	29.00	28.99	28.81	27.73
七	最高	34.33	32.30	34.86	37.14	37.35
	最低	31.76	30.15	29.68	30.10	28.63
八	最高	37.36	34.88	33.38	34.34	32.86
	最低	32.96	30.22	30.02	30.84	29.02
九	最高	37.47	35.14	33.66	35.30	32.10
	最低	30.96	30.21	28.75	32.10	28.70
十	最高	31.02	31.24	35.34	35.90	29.54
	最低	30.25	29.28	29.54	30.19	28.30
十一	最高	30.23	29.69	29.47	30.08	28.43
	最低	29.91	28.81	28.68	28.85	28.15
十二	最高	30.13	28.79	28.69	28.80	29.00
	最低	27.45	28.59	27.98	28.15	27.82

附註：本表材料根據江漢工程局之記載。

長江漢口站水位漲落圖

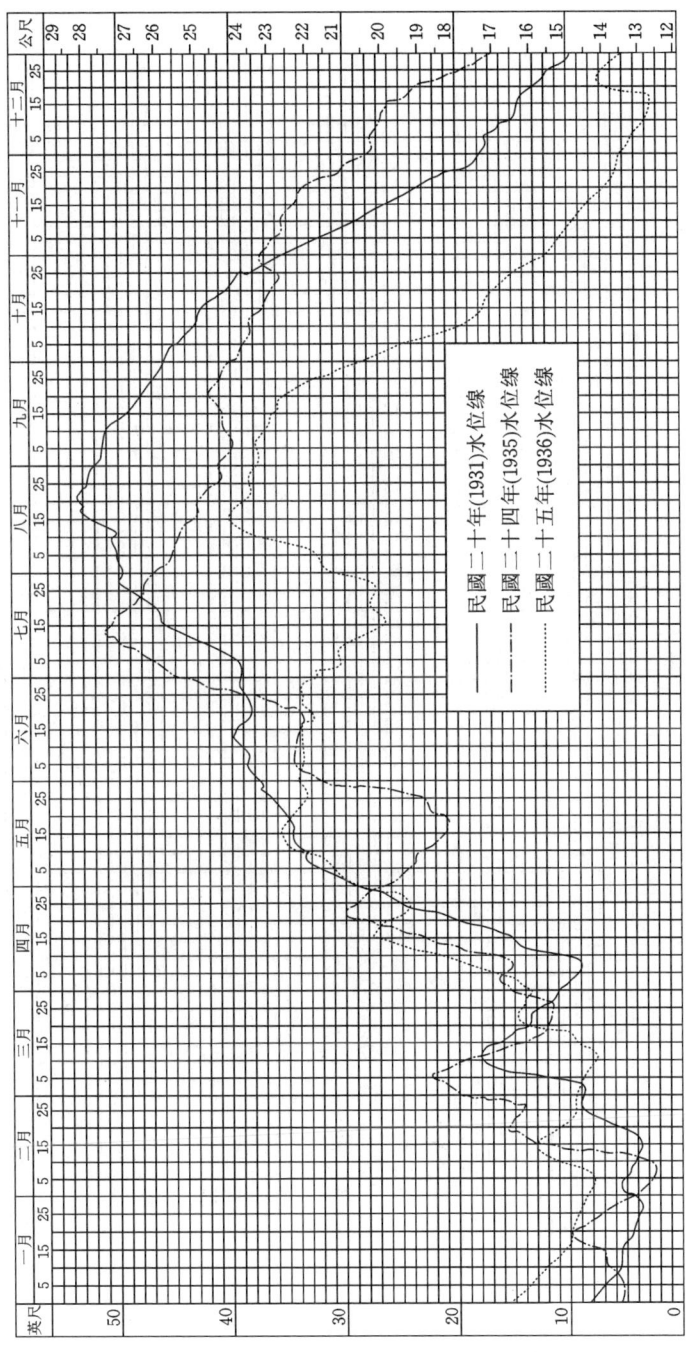

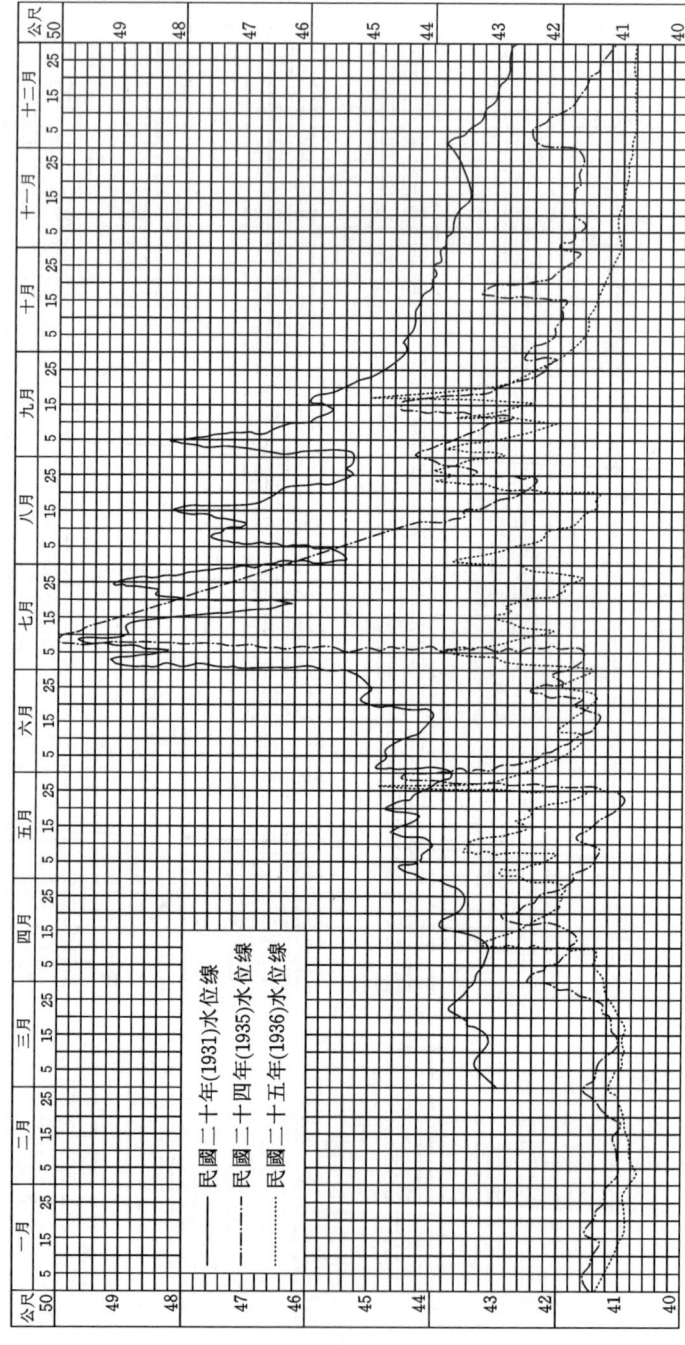

襄河鍾祥站水位漲落圖

叁、堤　款

年别	共計 （元）	歲修工程費 （元）	防汛費 （元）	復堤堵口費 （元）	振款 （元）
總計	37 248 000	15 792 000	2 386 000	16 300 000	2 770 000
十六	1 902 000	1 810 000	92 000		
十七	1 120 000	1 110 000	10 000		
十八	1 732 000	1 690 000	42 000		
十九	1 835 000	1 810 000	25 000		
二十	14 120 000	1 650 000	470 000	12 000 000	
廿一	1 657 000	1 620 000	37 000		
廿二	1 410 000	1 160 000	250 000		
廿三	1 474 000	1 204 000	270 000		
廿四	5 298 000	1 538 000	990 000		2 770 000
廿五	6 700 000	2 200 000	200 000	4 300 000	

附註：一、本表所列，係十年來堤工用款概數，除振款及廿五年復堤堵口費兩項係根據本室編印之《湖北省廿四年水災統計》外，其餘各項概係根據省府楊專員所編《江漢洪水之成因及治防方法》。

二、表列數目係公款而大部份又係用於幹堤方面者，其他就地籌款之民堤費用未計在內。

肆、堤　綫

一、江漢兩岸

單位：公里

水系及管轄局所	共計	北岸					南	
		起訖地點		小計	堤身	山地或市鎮	起訖地點	
		起	訖				起	訖
總計	2 118.077			1 174.081	1 079.229	94.852		
長江	1 414.306			803.545	708.693	94.852		
第一工務所	322.430	李家灣	堵城	222.550	179.189	43.361	馬家灣	窑山
第二工務所	329.911	堵城	新灘口	178.450	130.135	48.315	窑山	武嘉分界
第三工務所	295.659	新灘口	荊河腦	160.000	156.824	3.176	武嘉分界	鴨南磯
第四工務所	340.761	荊河腦	拖茅埠	117.000	117.000		艾家咀	李家腦

岸			經過縣份	局所駐在地	備註
小計	堤身	山地或市鎮			
943.996	**871.420**	**72.576**			
610.761	**541.205**	**69.556**			
99.880	73.057	26.823	黃梅，廣濟，蘄春，浠水，黃岡，陽新，大冶，鄂城	黃石港	內北岸掛口堤長 17.090 公里，保新堤長 4.870 公里，均係民堤
151.461	122.168	29.293	黃岡，漢口，漢陽，鄂城，武昌，黃陂	武昌	內南岸武惠堤、永保堤長 25.062 公里，係民堤
135.659	125.878	9.781	漢陽，監利，沔陽，嘉魚	新堤	自谷花洲至鴨南矶係湖南臨湘地界 內南岸珍福垸、小三合垸長 7.264 公里，係民堤
223.761	220.102	3.659	監利，石首，公安，江陵，松滋	監利	內南岸謙吉垸、復陵垸、大興垸三堤長 12.930 公里，均爲民堤

水系及管轄局所	共計	北岸					南	
		起訖地點		小計	堤身	山地或市鎮	起訖地點	
		起	訖				起	訖
荆江堤工局	125.545	拖茅埠	馬山	125.545	125.545			
漢水	**703.771**			**370.536**	**370.536**			
第五工務所	276.000	鄒家墩	仙桃鎮	141.000	141.000		琴斷口	仙桃鎮
第六工務所	196.850	仙桃鎮	狗腿灣	81.000	81.000		仙桃鎮	閻家榨
第七工務所	230.921	狗腿灣	鍾祥	148.536	148.536		關家榨	馬良山

附註：本表根據江漢工程局材料。

續表

岸			經過縣份	局所駐在地	備註
小計	堤身	山地或市鎮			
			石首，江陵	沙市	
333. 235	**330. 215**	**3. 020**			
135. 000	133. 730	1. 270	漢陽，漢川，沔陽	蔡甸	
115. 850	114. 100	1. 750	沔陽，天門，潛江	岳口	東荊河兩岸至田關梅家咀包括在內
82. 385	82. 385		鍾祥，荊門，潛江，京山	沙洋	老龍堤及鍾祥襄堤在內內北岸鍾祥護城堤長 2.764 公里，南岸小江湖堤長 24.835 公里，均爲民堤

二、長江兩岸

第一工務所

北岸							
堤名	山河及鎮名	縣屬	起迄地點	起迄里程椿號	堤長		
					共計	堤身	山地或市鎮
總計					**222.550**	**179.189**	**43.361**

第五工段

堤名	山河及鎮名	縣屬	起迄地點	起迄里程椿號	共計	堤身	山地或市鎮
七口堤		黃梅縣	李家灣至小池口	0＋000－16＋000	16.000	16.000	
九江江堤		九江縣	小池口至汪家廟	16＋000－31＋200	15.200	15.200	
黃梅江堤		黃梅縣	汪家廟至衞靈寺西	31＋200－57＋870	26.670	26.670	

第四工段

堤名	山河及鎮名	縣屬	起迄地點	起迄里程椿號	共計	堤身	山地或市鎮
武穴江堤		黃梅縣 廣濟縣	衞靈寺西至水仙廟	57＋870－85＋937	28.067	26.247	1.820
	馮安山及水仙廟至枯木嶺平地	廣濟縣		85＋937－91＋960	6.023		6.023
保新堤		〃	枯木嶺至馬口山	91＋960－96＋830	4.870	3.015	1.855

北岸

堤名	山河及鎮名	縣屬	起迄地點	起迄里程樁號	堤長		
					共計	堤身	山地或市鎮
	馬口山	廣濟縣		96＋830－97＋700	0.870		0.870
永全堤		〃	馬口山至橫壩頭	97＋700－110＋460	12.760	11.007	1.753
永城堤		廣濟縣蘄春縣	橫壩頭至蘄春南門	110＋460－113＋950	3.490	3.190	0.300
	蘄春北門外街	蘄春縣		113＋950－116＋820	2.870		2.870

民堤

掛口堤	全興堤		蘄春縣	法勝寺至紅石頭	116＋820－118＋500	1.680	1.680	
		龍王寺山腳平地	〃		118＋500－122＋415	3.915		3.915
	永一堤		〃	十里鋪至雞鳴山	122＋415－125＋817	3.402	3.402	
		雞鳴山	〃		125＋817－126＋000	0.183		0.183

續表

北岸

堤名	山河及鎮名	縣屬	起迄地點	起迄里程樁號	堤長		
					共計	堤身	山地或市鎮
掛口堤	嵐頭磯堤		蘄春縣	雞鳴山至嵐頭磯	126＋000－128＋600	2.600	2.600	
		嵐頭磯小山	"		128＋600－129＋180	0.580		0.580
	小瀾泥灘堤		"	嵐頭磯至磨盤磯	129＋180－133＋910	4.730	2.306	2.424

第二工段

堤名	山河及鎮名	縣屬	起迄地點	起迄里程樁號	堤長		
					共計	堤身	山地或市鎮
	磨盤磯至石兒塘山地及平地		蘄春縣		133＋910－141＋342	7.432		7.432
茅山堤			蘄春縣浠水縣	石兒塘至花果園	141＋342－163＋794	22.452	19.578	2.874
	山地或福壽堤		浠水縣		163＋794－165＋370	1.576		1.576
永固堤			"	郁家水口至蘭溪	165＋370－169＋700	4.330	3.882	0.448

					堤長		
堤名	山河及鎮名	縣屬	起迄地點	起迄里程樁號	共計	堤身	山地或市鎮

北岸

堤名	山河及鎮名	縣屬	起迄地點	起迄里程樁號	共計	堤身	山地或市鎮
	浠水河及兩岸平地	浠水縣		169＋700－170＋500	0.800		0.800
永保堤		〃	金家灘汽車站至王家灣	170＋500－175＋273	4.773	4.773	
	土硬	〃	175＋273－175＋375	0.102			0.102
北永堤		〃	王家灣至涂家灣	175＋375－182＋184	6.809	6.689	0.120
	平地及土硬	〃	182＋184－188＋500	6.316			6.316

第一工段

堤名	山河及鎮名	縣屬	起迄地點	起迄里程樁號	共計	堤身	山地或市鎮
長成堤	長圻潦堤	黃岡縣	六房灣至黃州	188＋500－202＋400	13.900	13.900	
	平地	〃	202＋400－203＋500	1.100			1.100
	萬福堤	〃	黃州至堵城	203＋500－222＋550	19.050	19.050	

續表

南岸

堤名	山河及鎮名	縣屬	起迄地點	起迄里程椿號	堤長		
					共計	堤身	山地或市鎮
總計					**99.880**	**73.057**	**26.823**

第四工段

菖蒲堤		陽新縣	尖峯山馬家灣至後背腦	0＋000－6＋582	6.582	5.069	1.513
	大火山	″		6＋582－8＋600	2.018		2.018
海口堤		″	大火山鄔家港至成真橫堤	8＋600－19＋240	10.640	9.142	1.498

第三工段

成真堤		陽新縣蘄春縣	成真觀至上漳源山	19＋240－28＋091	8.851	8.851	
	上漳山	蘄春縣		28＋091－28＋990	0.899		0.899
四顧堤		大冶縣陽新縣蘄春縣	漳源口至蓼葉山	28＋990－30＋817	1.827	1.432	0.395

堤名	山河及鎮名	縣屬	起迄地點	起迄里程樁號	堤長		
					共計	堤身	山地或市鎮
	蓼葉山	大冶縣		30＋817－30＋900	0.083		0.083
鼎豐堤		蘄春縣	蓼葉山至新閘	30＋900－37＋882	6.982	6.982	
合興堤		大冶縣	新閘至楊泗廟余家山	37＋882－40＋100	2.218	2.193	0.025
	余家山	〃		40＋100－40＋153	0.053		0.053
保生堤		〃	楊泗廟余家山至范家山	40＋153－40＋262	0.109	0.109	
	范家山	〃		40＋262－40＋388	0.126		0.126
西塞堤		大冶縣	范家山至西塞山	40＋388－44＋958	4.570	4.570	
	西塞山	〃		44＋958－52＋630	7.672		7.672

南岸

續表

南岸					堤長		
堤名	山河及鎮名	縣屬	起迄地點	起迄里程椿號	共計	堤身	山地或市鎮

第二工段

堤名	山河及鎮名	縣屬	起迄地點	起迄里程椿號	共計	堤身	山地或市鎮
勝陽港堤		大冶縣	青龍崗至富盆墩	52＋630－55＋144	2.514	2.035	0.479
	富盆墩	〃		55＋144－55＋150	0.006		0.006
港鄉堤		〃	富盆墩至老虎山	55＋150－60＋300	5.150	3.708	1.442
	老虎山	〃		60＋300－61＋043	0.743		0.743
昌大堤		大冶縣鄂城縣	老虎山至吞兒咀	61＋043－78＋216	17.173	15.933	1.240

第一工段

堤名	山河及鎮名	縣屬	起迄地點	起迄里程椿號	共計	堤身	山地或市鎮
	山地	鄂城縣		78＋216－78＋756	0.540		0.540
車湖堤		〃	觀音港至馮家村	78＋756－80＋646	1.890	1.661	0.229

續表

南岸

堤名	山河及鎮名	縣屬	起迄地點	起迄里程椿號	堤長		
					共計	堤身	山地或市鎮
	秀水磯蛇山君山煙墩山	鄂城縣		80+646—84+840	4.194		4.194
談家湖堤		〃	葉家崗至燕磯	84+840—85+000	0.160	0.160	
	燕磯	〃		85+000—85+091	0.091		0.091
燕磯堤		〃	燕磯至木魚山夏家灣	85+091—85+213	0.122	0.122	
	木魚山	〃		85+213—85+286	0.073		0.073
夏家湖堤		〃	夏家灣至吳家墩大路	85+286—85+609	0.323	0.323	
黃湖堤		〃	吳家墩大路至李家腦	85+609—87+062	1.453	1.376	0.077
	李家腦龍王磯	〃		87+062—87+996	0.934		0.934

續表

					堤長		
堤名	山河及鎮名	縣屬	起迄地點	起迄里程椿號	共計	堤身	山地或市鎮
楊湖堤		鄂城縣	紅石山汪家灣至雷家山	87＋996－88＋769	0.778	0.703	0.070
	雷家山	〃		88＋769－88＋938	0.169		0.169
泥湖堤		〃	雷家山至談九腦	88＋938－89＋124	0.186	0.186	
琵琶湖堤		〃	談九腦至汪家咀	89＋124－92＋436	3.312	3.312	
	荒灘	〃		92＋436－93＋460	1.024		1.024
茅草湖堤		〃	談家後墩至熊家山	93＋460－96＋060	2.600	2.578	0.022
	熊家山	〃		96＋060－96＋118	0.058		0.058
洋南湖堤		〃	熊家山至窰山	96＋118－99＋880	3.762	2.612	1.150

南岸

第二工務所

北岸

堤名	山河及鎮名	縣屬	起迄地點	起迄里程椿號	堤長		
					共計	堤身	山地或市鎮
總計					**178.450**	**130.135**	**48.315**

第四工段

堤名	山河及鎮名	縣屬	起迄地點	起迄里程椿號	共計	堤身	山地或市鎮
堵龍堤		黃岡縣	堵城至龍口	222＋550－268＋100	45.550	45.550	

第三工段

堤名	山河及鎮名	縣屬	起迄地點	起迄里程椿號	共計	堤身	山地或市鎮
	山坡及平地	黃岡縣		268＋100－295＋500	27.400		27.400
張公堤		漢口市	諶家磯至礄口	295＋500－316＋550	21.050	21.050	
	襄河及漢陽城	漢陽縣		316＋550－321＋664	5.114		5.114
江永堤		〃	漢陽岳王廟至蝦蟆磯	321＋664－332＋480	10.816	10.816	
	沌口平地	〃		332＋480－338＋731	6.251		6.251

續表

北岸

堤名	山河及鎮名	縣屬	起迄地點	起迄里程椿號	堤長		
					共計	堤身	山地或市鎮
軍山堤		漢陽縣	小軍山至大軍山	338＋731－345＋240	6.509	6.509	
	大軍山	〃		345＋240－347＋580	2.340		2.340
東城垸堤		〃	大軍山至陡埠頭	347＋580－354＋470	6.890	6.890	
四合垸堤		〃	陡埠頭至麻陽灣	354＋470－371＋980	17.510	17.510	
東城垸堤上段		〃	麻陽灣至窰頭溝	371＋980－383＋117	11.137	11.137	
水洪口堤		〃	窰頭溝至新灘口	383＋117－399＋540	16.423	10.673	5.750
	平地及東荆河	〃		399＋540－401＋000	1.460		1.460
總計					151.461	122.168	29.293

續表

					堤長		
堤名	山河及鎮名	縣屬	起迄地點	起迄里程椿號	共計	堤身	山地或市鎮

南岸

第二工段

堤名	山河及鎮名	縣屬	起迄地點	起迄里程椿號	共計	堤身	山地或市鎮
	窰山西山樊山雷山	鄂城縣		99＋880－104＋961	5.081		5.081
樊口堤		″	雷山至徐家山	104＋961－123＋358	18.397	17.370	1.027
	官山茨山及山地	″		123＋358－127＋258	3.898		3.898
斧塘湖堤		″	官山至煙燈山	127＋258－128＋124	0.868	0.811	0.057
	煙燈山	″		128＋124－129＋328	1.204		1.204
七磧湖堤		″	蛇咀至皮家山	129＋328－130＋412	1.084	0.852	0.232
羅湖堤		″	皮家山至徐家山	130＋412－135＋249	4.837	4.837	
	徐家山	″		135＋249－135＋615	0.366		0.366

南岸

堤名	山河及鎮名	縣屬	起迄地點	起迄里程樁號	堤長		
					共計	堤身	山地或市鎮
蚌兒湖堤		鄂城縣	徐家山至江北山	135＋615－135＋993	0.378	0.212	0.166
	泥磯	〃		135＋993－136＋722	0.729		0.729
張北湖堤		〃	泥磯至中磯	136＋722－138＋049	1.327	1.001	0.326
	中磯	〃		138＋049－138＋684	0.635		0.635
彭北湖堤		〃	中磯至李家磯	138＋684－139＋843	1.159	1.159	
	吳家山	〃		139＋843－141＋288	1.445		1.445
新港湖堤		〃	吳家山至杜家山	141＋288－147＋542	6.254	6.254	
	趙家山范家山平頂山杜家山	〃		147＋542－149＋657	2.115		2.115
陳塘湖堤		鄂城縣	黃家磯至佘家山	149＋657－150＋234	0.577	0.547	0.030

南岸

堤名	山河及鎮名	縣屬	起迄地點	起迄里程樁號	堤長		
					共計	堤身	山地或市鎮
	佘家山	〃		150＋234－151＋679	1.445		1.445
牧鵝湖堤		〃	竹林村至七賢村	151＋679－152＋174	0.495	0.495	
	劉家山周家山	〃		152＋174－153＋050	0.876		0.876
路口堤		〃	周家山至祁家灣	153＋050－153＋712	0.662	0.662	
	李家山	〃		153＋712－154＋191	0.479		0.479
五家湖堤		〃	李家山至白滸山	154＋191－154＋418	0.227	0.227	
	白滸山	武昌縣		154＋418－156＋194	1.776		1.776
永保堤		〃	白滸山馬家嶺至周楊港	156＋194－158＋857	2.663	2.663	
武惠堤		〃	周楊港至青山	158＋857－181＋250	22.393	22.393	

續表

南岸							
堤名	山河及鎮名	縣屬	起迄地點	起迄里程樁號	堤長		
					共計	堤身	山地或市鎮
第一工段							
	青山	武昌縣		181＋250－181＋810	0.560		0.560
武豐堤		〃	武豐閘東端至下新河	181＋810－195＋040	13.230	13.230	
省會防水堤		〃	下新河至武泰閘東端	195＋040－203＋334	8.294	8.294	
武金堤		〃	武泰閘東端至金口	203＋334－232＋240	28.906	26.130	2.776
	金口鎮	〃		232＋240－233＋714	1.474		1.474
甘家湖堤		〃	金口堤街至黃鶴腦龍王廟	233＋714－234＋180	0.466	0.466	
	黃鶴腦	〃		234＋180－234＋637	0.457		0.457
五里湖堤		〃	黃鶴腦至繡球山	234＋637－236＋882	2.245	2.245	

續表

南岸

堤名	山河及鎮名	縣屬	起迄地點	起迄里程樁號	堤長		
					共計	堤身	山地或市鎮
	繡球山獅子山	武昌縣		236+882－237+209	0.327		0.327
金口橫堤		〃	獅子山至赤磯山石灰窰	237+209－238+456	1.247	1.247	
	赤磯山	〃		238+456－240+268	1.812		1.812
金口長堤		〃	赤磯山至武嘉界居字號	240+268－251+341	11.073	11.073	

第三工務所

北岸

堤名	山河及鎮名	縣屬	起迄地點	起迄里程樁號	堤長		
					共計	堤身	山地或市鎮
總計					**160.000**	**156.824**	**3.176**

第四工段

堤名	山河及鎮名	縣屬	起迄地點	起迄里程樁號	共計	堤身	山地或市鎮
天福垸江堤		漢陽縣	新灘口至養口上	401+000－402+000	1.000	0.910	0.090
疆理及合豐垸江堤		嘉魚縣	養口上至上北洲蝦子溝	402+000－412+400	10.400	10.400	

續表

北岸

堤名	山河及鎮名	縣屬	起迄地點	起迄里程椿號	堤長		
					共計	堤身	山地或市鎮
姚湖江堤		漢陽縣	上北洲蝦子溝至永樂閘	412＋400－421＋850	9.450	9.450	
上河口至永樂閘江堤		〃	永樂閘至上河口	421＋850－432＋250	10.400	10.400	
王家邊至上河口江堤		漢陽縣汊陽縣	上河口至王家邊	432＋250－441＋000	8.750	8.750	

第三工段

下宏恩江堤		漢陽縣汊陽縣	王家邊至汪家洲	441＋000－455＋000	14.000	14.000	
五合垸堤		嘉魚縣	汪家洲至龍口	455＋000－465＋000	10.000	10.000	
合豐垸堤		〃	龍口至梁洲	465＋000－474＋810	9.810	9.810	

第二工段

六合垸堤		嘉魚縣	梁洲至牛埠頭	474＋810－484＋920	10.110	10.110	
上宏恩江堤		汊陽縣	牛埠頭至葉家洲	484＋920－497＋000	12.080	12.080	

北岸

堤名	山河及鎮名	縣屬	起迄地點	起迄里程樁號	堤長		
					共計	堤身	山地或市鎮
新葉段堤		沔陽縣	葉家洲至新堤	497＋000－507＋000	10.000	10.000	
界新段堤		〃	新堤至界牌	507＋000－518＋700	11.700	11.700	

第一工段

堤名	山河及鎮名	縣屬	起迄地點	起迄里程樁號	共計	堤身	山地或市鎮
螺界段堤		監利縣	界牌至螺山	518＋700－527＋814	9.114	9.114	
	螺山	〃		527＋814－529＋100	1.286		1.286
楊螺段堤		〃	螺山腳至楊林山	529＋100－538＋800	9.700	9.700	
	楊林山	〃		538＋800－540＋200	1.400		1.400
白楊段堤		〃	楊林山至白螺磯	540＋200－549＋483	9.283	9.283	
	白螺磯	〃		549＋483－549＋883	0.400		0.400
荊白段堤		〃	白螺磯至荊河腦	549＋883－561＋000	11.117	11.117	

續表

南岸

堤名	山河及鎮名	縣屬	起迄地點	起迄里程樁號	堤長		
					共計	堤身	山地或市鎮
總計					**135.659**	**125.878**	**9.781**

第五工段

堤名	山河及鎮名	縣屬	起迄地點	起迄里程樁號	共計	堤身	山地或市鎮
四縣公堤		武昌縣 嘉魚縣	武嘉界居字號至馬鞍山	251＋341－292＋964	41.620	40.949	0.674
	馬鞍山	嘉魚縣		292＋964－295＋950	2.986		2.986
護障垸堤		〃	馬鞍山至文廟山	295＋950－297＋754	1.804	1.804	
	文廟山	〃		297＋754－298＋102	0.348		0.348
嘉魚護城堤		〃	文廟山至任家山	298＋102－307＋385	9.283	8.265	1.018
	任家山	〃		307＋385－307＋550	0.165		0.165
同樂垸堤		〃	任家山至邱家灣橫堤	307＋550－315＋870	8.320	8.320	

南岸							
堤名	山河及鎮名	縣屬	起迄地點	起迄里程椿號	堤長		
					共計	堤身	山地或市鎮

第六工段

堤名	山河及鎮名	縣屬	起迄地點	起迄里程椿號	共計	堤身	山地或市鎮
三合垸堤		嘉魚縣	邱家灣橫堤至金家灣	315＋870－323＋000	7.130	7.130	
普樂垸堤		〃	金家灣至臥犬山	323＋000－328＋143	5.143	5.085	0.058
	臥犬山窯咀山	〃		328＋143－328＋535	0.392		0.392
珍福垸堤		〃	窯咀山至網山	328＋535－332＋910	4.375	4.178	0.197
	柳山	〃		332＋910－334＋236	1.326		1.326
赤壁垸堤		〃	柳山窯灣至赤壁山	334＋236－343＋648	9.412	9.412	
	赤壁山獅子山	〃		343＋648－344＋170	0.522		0.522
六合垸堤		〃	獅子山石頭山至上茅邊	344＋170－348＋518	4.348	4.348	
鐵屏垸堤		〃	上茅邊至太平口橫堤	348＋518－351＋886	3.368	3.368	

續表

南岸

堤名	山河及鎮名	縣屬	起迄地點	起迄里程樁號	堤長		
					共計	堤身	山地或市鎮
鐵山垸堤		嘉魚縣	太平口橫堤至鐵山咀	351＋886－353＋960	2.074	1.936	0.138
	鐵山咀	〃		353＋960－355＋917	1.957		1.957
小三合垸堤		〃	高家墩至大清江	355＋917－358＋806	2.889	2.889	
萬城垸堤		嘉魚縣臨湘縣	大清江至鴨南磯	358＋806－387＋000	28.194	28.194	

第四工務所

北岸

堤名	山河及鎮名	縣屬	起迄地點	起迄里程樁號	堤長		
					共計	堤身	山地或市鎮
總計					117.000	117.000	

第三工段

| 下鄉江堤 | | 監利縣 | 荊河腦至陶朱埠 | 561＋000－600＋000 | 39.000 | 39.000 | |

續表

北岸

堤名	山河及鎮名	縣屬	起迄地點	起迄里程樁號	堤長		
					共計	堤身	山地或市鎮

第二工段

堤名	山河及鎮名	縣屬	起迄地點	起迄里程樁號	共計	堤身	山地或市鎮
下汛江堤		監利縣	陶朱埠至監利城	600＋000－629＋000	29.000	29.000	

第一工段

堤名	山河及鎮名	縣屬	起迄地點	起迄里程樁號	共計	堤身	山地或市鎮
中汛江堤		監利縣	監利城至八尺弓	629＋000－652＋700	23.700	23.700	
上汛江堤		″	八尺弓至拖茅埠	652＋700－678＋000	25.300	25.300	

荆江堤工局

北岸

堤名	山河及鎮名	縣屬	起迄地點	起迄里程樁號	堤長		
					共計	堤身	山地或市鎮
總計					125.545	125.545	
萬城堤		監利縣江陵縣	拖茅埠至窰灣	678＋000－751＋600	73.600	73.600	
萬城大堤		江陵縣	窰灣至馬山	751＋600－803＋545	51.945	51.945	

續表

南岸

堤名	山河及鎮名	縣屬	起迄地點	起迄里程樁號	堤長		
					共計	堤身	山地或市鎮
總計					**223.761**	**220.102**	**3.659**

第七工段

堤名	山河及鎮名	縣屬	起迄地點	起迄里程樁號	共計	堤身	山地或市鎮
陳公東垸堤		石首縣	艾家咀至焦山河南岸	505＋239－536＋600	31.361	31.199	0.160
	焦山河	〃		536＋600－536＋837	0.237		0.237
陳公西垸堤		〃	焦山北小湖口至二聖寺	536＋837－553＋814	16.977	16.977	
羅城垸堤		〃	二聖寺至石首臥蛋街	553＋814－568＋670	14.856	13.586	1.270

第六工段

堤名	山河及鎮名	縣屬	起迄地點	起迄里程樁號	共計	堤身	山地或市鎮
橫堤垸		石首縣	石首臥蛋街至老山咀	568＋670－585＋100	16.430	16.430	
	東河	〃		585＋100－586＋000	0.900		0.900
謙吉垸堤		〃	塗家咀至楊桐咀	586＋000－591＋140	5.140	5.140	

續表

南岸

堤名		山河及鎮名	縣屬	起迄地點	起迄里程樁號	堤長		
						共計	堤身	山地或市鎮
復陵垸堤			石首縣	楊桐咀至悶食岡	591＋140－595＋700	4.560	4.560	
		西河	〃		595＋700－596＋170	0.470		0.470
大興垸小堤			〃	康家崗至藕池口	596＋170－599＋400	3.230	3.230	
大興垸堤	護堤北垸堤		〃	藕池口至周家屋	599＋400－610＋540	11.140	11.140	
	裕公垸堤		〃	周家屋至橫堤市	610＋540－612＋432	1.942	1.942	
	柳平垸堤		〃	橫堤市至謝家嶺	612＋432－623＋000	10.518	10.518	
東大垸堤			公安縣	謝家嶺至北堤子	623＋000－634＋000	11.000	11.000	

第五工段

東大垸堤			公安縣	北堤子至二聖寺	634＋000－651＋000	17.000	17.000	

南岸							
						堤長	
堤名	山河及鎮名	縣屬	起迄地點	起迄里程樁號	共計	堤身	山地或市鎮
大定垸堤 楊公堤		公安縣	二聖寺至大勝垸橫堤	651＋000－652＋023	1.023	1.023	
大勝垸堤		〃	大騰垸橫堤至陡湖堤	652＋023－652＋850	0.827	0.827	
大定垸堤		〃	陡湖堤至馬家咀	652＋850－666＋115	13.265	13.265	
金城垸堤		江陵縣	馬家咀至埠河	666＋115－686＋000	19.885	19.885	

第四工段

虎東垸堤		江陵縣	埠河至太平巷	686＋000－699＋300	13.300	13.300	
	虎渡河			699＋300－699＋920	0.620		0.620
虎西垸堤（即大同垸）		江陵縣 松滋縣	張家塘至松滋河口李家腦	699＋920－729＋000	29.080	29.080	

三、漢水兩岸

第五工務所

北岸					堤長		
堤名	山河及鎮名	縣屬	起迄地點	起迄里程樁號	共計	堤身	山地或市鎮
總計					141.000	141.000	

第四工段

堤名	山河及鎮名	縣屬	起迄地點	起迄里程樁號	共計	堤身	山地或市鎮
長豐南垸		漢陽縣	鄒家台至舵落口	0+000－8+100	8.100	8.100	
長安垸		〃	舵落口至余氏墩	8+100－10+100	2.000	2.000	
長樂垸		〃	余氏墩至小台	10+100－13+200	3.100	3.100	
自新垸		〃	小台至熊家台	13+200－17+950	4.750	4.750	
三保垸		〃	熊家台至走馬嶺	17+950－25+500	7.550	7.550	
六合垸		〃	走馬嶺至蕭家渡	25+500－31+100	5.600	5.600	
大興垸		〃	蕭家渡至高家台	31+100－35+440	4.340	4.340	

北岸

堤名	山河及鎮名	縣屬	起迄地點	起迄里程椿號	堤長		
					共計	堤身	山地或市鎮
沐泥垸		漢陽縣	上高家台至貓兒湖	35＋440－36＋680	1.240	1.240	
興隆垸		〃	貓兒湖至胡家台	36＋680－37＋180	0.500	0.500	
同興垸		〃	胡家台至張家台	37＋180－39＋220	2.040	2.040	
同福垸		〃	張家台至天福廟	39＋220－40＋850	1.630	1.630	
鐵鎖垸		〃	天福廟至新溝	40＋850－42＋000	1.150	1.150	

第三工段

堤名	山河及鎮名	縣屬	起迄地點	起迄里程椿號	堤長		
					共計	堤身	山地或市鎮
鐵鎖垸		漢陽縣	新溝至義和垸	42＋000－43＋554	1.554	1.554	
田家垸		漢川縣	義和垸至田家台	43＋554－47＋000	3.446	3.446	
洪湖北垸		〃	田家台至曹家口	47＋000－51＋000	4.000	4.000	

北岸

堤名	山河及鎮名	縣屬	起迄地點	起迄里程樁號	堤長		
					共計	堤身	山地或市鎮
洪湖南垸		漢川縣	曹家口至窰灣	51＋000－65＋000	14.000	14.000	
劉家垸		〃	窰灣至烏北口	65＋000－67＋000	2.000	2.000	
王家垸		〃	烏北口至斧頭壋	67＋000－68＋800	1.800	1.800	
江西垸		〃	斧頭壋至楊池口	68＋800－83＋000	14.200	14.200	

第二工段

尹家垸香花垸		漢川縣	楊池口至蚌湖口	83＋000－96＋000	13.000	13.000	
六湖垸彭公垸		〃	蚌湖口至脈旺咀	96＋000－114＋000	18.000	18.000	

第一工段

七十二垸		沔陽縣	脈旺咀至仙桃鎮	114＋000－141＋000	27.000	27.000	
總計					135.000	133.730	1.270

續表

堤名	山河及鎮名	縣屬	起迄地點	起迄里程樁號	堤長 共計	堤長 堤身	山地或市鎮

南岸

第四工段

堤名	山河及鎮名	縣屬	起迄地點	起迄里程樁號	共計	堤身	山地或市鎮
保豐垸		漢陽縣	琴斷口至城頭山	0＋000－14＋200	14.200	14.200	
襄永堤		〃	城頭山至金牛港楊家灣	14＋200－18＋730	4.530	4.530	
	金牛港及兩岸平地	〃		18＋730－20＋000	1.270		1.270
協心垸		〃	金牛港西至東堤頭	20＋000－23＋370	3.370	3.370	
三合垸		〃	東堤頭至張家灣	23＋370－29＋600	6.230	6.230	
沫溜垸		〃	張家灣至徐家台	29＋600－33＋000	3.400	3.400	

第三工段

堤名	山河及鎮名	縣屬	起迄地點	起迄里程樁號	共計	堤身	山地或市鎮
沫溜垸		漢陽縣	徐家台至楊家口下	33＋000－40＋000	7.000	7.000	
三合垸上岸		〃	楊家口下至謝八家	40＋000－41＋000	1.000	1.000	

續表

南岸

堤名	山河及鎮名	縣屬	起迄地點	起迄里程樁號	堤長		山地或市鎮
					共計	堤身	
謝家垸		漢川縣	謝八家至橫堤	41＋000－45＋000	4.000	4.000	
索子垸		〃	橫堤至油榨河	45＋000－60＋000	15.000	15.000	
何家垸		〃	油榨河至邱子腦	60＋000－67＋000	7.000	7.000	
永埶垸		〃	邱子腦至周家台	67＋000－70＋000	3.000	3.000	
仁和垸		〃	周家台至三屋台	70＋000－74＋000	4.000	4.000	

第二工段

堤名	山河及鎮名	縣屬	起迄地點	起迄里程樁號	堤長		山地或市鎮
					共計	堤身	
黃公垸永福垸		漢川縣	三屋台至三汊潭	74＋000－89＋500	15.500	15.500	
五德垸白魚垸		〃	三汊潭至脈旺嘴	89＋500－107＋000	17.500	17.500	

第一工段

堤名	山河及鎮名	縣屬	起迄地點	起迄里程樁號	堤長		山地或市鎮
					共計	堤身	
八十三垸		沔陽縣	脈旺嘴至仙桃鎮	107＋000－135＋000	28.000	28.000	

第六工務所

					堤長		
堤名	山河及鎮名	縣屬	起迄地點	起迄里程椿號	共計	堤身	山地或市鎮

北岸

堤名	山河及鎮名	縣屬	起迄地點	起迄里程椿號	共計	堤身	山地或市鎮
總計					81.000	81.000	

第五工段

| 七十二垸堤 | | 沔陽縣 | 仙北街至麻洋潭 | 141＋000－162＋000 | 21.000 | 21.000 | |

第四工段

| 黃沙垸堤 | | 天門縣 | 麻洋潭至彭市河 | 162＋000－172＋000 | 10.000 | 10.000 | |
| 七十二垸堤 | | 〃 | 彭市河至楊家拐 | 172＋000－183＋000 | 11.000 | 11.000 | |

第三工段

| 七十二垸堤 | | 天門縣 | 楊家拐至陳家場 | 183＋000－198＋000 | 15.000 | 15.000 | |
| 黑流渡大堤 | | 〃 | 陳家場至槁布場 | 198＋000－203＋000 | 5.000 | 5.000 | |

第二工段

| 黑流渡大堤 | | 天門縣 | 槁布場至李家咀 | 203＋000－214＋000 | 11.000 | 11.000 | |
| 張截港堤 | | 潛江縣 | 李家咀至狗腿灣 | 214＋000－222＋000 | 8.000 | 8.000 | |

					堤長		
堤名	山河及鎮名	縣屬	起迄地點	起迄里程樁號	共計	堤身	山地或市鎮
總計					115.850	114.100	1.750

南岸

第五工段

八十三垸堤		沔陽縣	仙桃鎮至蔡家灘	135＋000－150＋000	15.000	15.000	
馬家垸堤		天門縣	蔡家灘至黃家場	150＋000－155＋000	5.000	5.000	

第四工段

清汛垸堤		天門縣	黃家場至黃家灘	155＋000－160＋000	5.000	5.000	
漚蔴垸堤		〃	黃家灘至風口頭	160＋000－165＋000	5.000	5.000	
南陵垸堤		〃	風口頭至雷家場	165＋000－170＋000	5.000	5.000	
南灣垸堤		〃	雷家場至胡家拐	170＋000－175＋000	5.000	5.000	

第三工段

雪花大垸堤		天門縣	胡家拐至孫家灣	175＋000－195＋000	20.000	20.000	

續表

						堤長		
堤名	山河及鎮名	縣屬	起迄地點	起迄里程椿號		共計	堤身	山地或市鎮

南岸

第二工段

堤名	山河及鎮名	縣屬	起迄地點	起迄里程椿號	共計	堤身	山地或市鎮
黑南鎮大堤		天門縣	孫家灣至徐家台	195＋000－206＋000	11.000	11.000	
義豐垸堤		潛江縣	徐家台至沙街	206＋000－212＋000	6.000	6.000	
楊林洲堤		〃	沙街至孫家拐	212＋000－215＋000	3.000	3.000	
騎馬堤		〃	孫家拐至龍頭拐	215＋000－222＋100	7.100	7.100	

第一工段

堤名	山河及鎮名	縣屬	起迄地點	起迄里程椿號	共計	堤身	山地或市鎮
東荊河東堤		潛江縣	龍頭拐至梅家咀	0＋000－15＋000	15.000	15.000	
東荊河西堤		〃	關家榨至田關	0＋000－12＋000	12.000	12.000	
	東荊河	〃		222＋100－223＋850	1.750		1.750

第七工務所

					堤長		
堤名	山河及鎮名	縣屬	起迄地點	起迄里程樁號	共計	堤身	山地或市鎮

北岸

堤名	山河及鎮名	縣屬	起迄地點	起迄里程樁號	共計	堤身	山地或市鎮
總計					148.536	148.536	

第三工段

堤名	山河及鎮名	縣屬	起迄地點	起迄里程樁號	共計	堤身	山地或市鎮
襄北幹堤		潛江縣	狗腿灣至潛京分界	222＋000－245＋700	23.700	23.700	
京山幹堤		京山縣	潛京分界至王萬口	245＋700－270＋000	24.300	24.300	

第二工段

堤名	山河及鎮名	縣屬	起迄地點	起迄里程樁號	共計	堤身	山地或市鎮
京山幹堤		京山縣 鍾祥縣	王萬口至王家營	270＋000－292＋900	22.900	22.900	
鍾祥幹堤		鍾祥縣	王家營至十一工	292＋900－314＋000	21.100	21.100	

第一工段

堤名	山河及鎮名	縣屬	起迄地點	起迄里程樁號	共計	堤身	山地或市鎮
鍾祥幹堤		鍾祥縣	十一工至鍾祥城東山皇廟	314＋000－349＋700	35.700	35.700	
鍾祥護城堤		〞	鍾祥城山皇廟至鍾祥城西	349＋700－352＋464	2.764	2.764	

續表

北岸

堤名	山河及鎮名	縣屬	起迄地點	起迄里程樁號	堤長		
					共計	堤身	山地或市鎮

遥堤

堤名	山河及鎮名	縣屬	起迄地點	起迄里程樁號	共計	堤身	山地或市鎮
遥堤		鍾祥縣	舊口至羅漢寺	0＋000—18＋072	18.072	18.072	

南岸

堤名	山河及鎮名	縣屬	起迄地點	起迄里程樁號	堤長		
					共計	堤身	山地或市鎮
總計					**82.385**	**82.385**	

第五工段

堤名	山河及鎮名	縣屬	起迄地點	起迄里程樁號	共計	堤身	山地或市鎮
襄南幹堤		潛江縣	關家榨至荆潛分界	223＋850—260＋700	36.850	36.850	

第四工段

堤名	山河及鎮名	縣屬	起迄地點	起迄里程樁號	共計	堤身	山地或市鎮
沙界幹堤		荆門縣	荆潛分界至沙洋	260＋700—274＋000	13.300	13.300	
	沙洋	〃		274＋000—275＋000	1.000	1.000	

續表

南岸

| 堤名 | 山河及鎮名 | 縣屬 | 起迄地點 | 起迄里程椿號 | 堤長 | | 山地或市鎮 |
					共計	堤身	
小江湖堤		荆門縣	沙洋至馬良山	275＋000－299＋835	24.835	24.835	

第六工段

老龍堤		襄陽縣			6.400	6.400	

伍、機　　關

一、沿革

本省水利機關，在民國十五年以前，原設有水利局，但以經費有限，十五年下季籌定湖北堤工專款，於十一月重行組織湖北水利局，專司全省水利及江漢兩岸幹堤修防事宜，至十七年十二月歸併湖北建設廳辦理，十八年九月又由建設廳劃出仍設水利局，直隸於湖北省政府。二十年洪水爲災，國民政府救濟水災委員會在湖北境內分設第五、第六、第七、第八、第九各區工賑局，辦理本省工賑工程，將江漢各堤加高至二十年洪水位相平，二十一年下期各工賑局結束，同年九月將水利堤工事務劃分另設專局辦理，十一月底湖北水利堤工兩局奉令裁撤，全國經濟委員會設立江漢工程局於漢口，所有堤防水利工程一律移交該局接辦。

二、組織

江漢工程局現行組織分下列各科室：一、秘書室：掌文書、出納、庶務，及不屬於其他各科室事項；二、會計室：掌預算、計算、決算之編審，各項用款之請領核發，及帳務報告等事項；三、工務科：掌工程實施，考核材料，及其他有關工程事項；四、設計科：掌工程計劃、水文地形測量、氣象觀測，及其他有關設計事項。另由該局組織材料購辦委員會，掌辦各項工程材料之採運，委員七人，除聘請湖北省政府、漢口市商會各一人外，其餘五人均由局長指派，各科室主管人員均爲當然委員。此外該局於湖北境內沿江漢幹堤分設工務所凡七，每所視管轄堤綫長短酌分爲若干段，每段設置工程員監工員各一人，又設有氣象測候所、測量隊、水文站，及勘查隊辦理勘測各事務。

三、經費來源

民十五年以前，鄂省堤防經費大率皆由利害相關各堤就地籌款自行修築，遇有款巨工艱民力不能勝任者即由省府籌措辦理。十五年秋，國軍奠都武漢，地方各法團鑒於頻年水患民不聊生，聯名呈奉中央黨部中央政府聯席會議議決，於湖北之特稅釐金暨有堤之武昌等三十六縣田賦內各照正稅附徵十分之一堤工捐，並於鄂、湘、贛三省海關出進口貨按物價百分之一附徵堤工捐，專款存儲，由財政部通令施行，俾作鄂省修堤經費，不准移作別用，垂爲定案。此項堤捐由全國經濟委員會湖北堤工專款保管委員會負收付及保管責任。

四、測驗工作概況

甲、測候所

類別	施測項目	站數	地點	備註
測候所	氣溫，濕度，雨量，蒸發量，風力，風向，雲量，能見度及天氣狀況，惟漢口站加測氣壓及預報天氣	16	蒲圻，陽新，蘄春，黃安，隨縣，天門，江陵，襄陽，鄖縣，恩施，漢口，監利，五峯，巴東，鍾祥，房縣	
雨量站	雨量，風向，風力及天氣狀況	47	崇陽，通城，咸寧，嘉魚，鄂城，通山，黃梅，英山，廣濟，浠水，羅田，禮山，黃陂，麻城，孝感，雲夢，安陸，應山，應城，荊門，京山，沔陽，枝江，石首，公安，松滋，棗陽，穀城，南漳，光化，當陽，秭歸，宜都，遠安，建始，來鳳，咸豐，鶴峯，均縣，竹谿，竹山，興山，長陽，宣恩，利川，保康，鄖西	凡設測候所之處雨量站均經歸併
雨量兼蒸發量站	雨量，風向，風力，天氣狀況及蒸發量	11	白河，丹江口，宜城，鍾祥，沙洋，澤口，岳口，仙桃鎮，漢川，新溝，天星洲	除宜城、沙洋、岳口、仙桃鎮、漢川五處由水位站兼測外，餘由流量站兼測

乙、水位站

水系	河名	站數	地點	備註
長江	東荊河	4	陶朱埠，天星洲，清灘口，沌口	均係流量站兼測，並測驗含沙量 東荊河爲漢水分洩入江之主要河道
漢水	漢水	13	白河，堵河口，鄖陽，丹江口，襄陽，宜城，鍾祥，沙洋，澤口，岳口，仙桃鎮，漢川，新溝	上列各站，除宜城、沙洋、岳口、仙桃鎮、漢川爲水位站外，餘爲流量站兼測，並測驗含沙量
	唐白河	1	張家灣	流量站兼測，並測含沙量
	潰水	1	老潰口	流量站兼測

丙、流量站

水系	河名	站數	地點	備註
長江	東荊河	4	陶朱埠，天星洲，清灘口，沌口	測量漢水由東荊河分洩入江之量
漢水	漢水	6	白河，鄖陽，襄陽，鍾祥，澤口，新溝	
	堵河	1	堵河口	
	丹江	1	丹江口	
	唐白河	1	張家灣	
	潰水	1	老潰口	

丁、水道地形及水準測量

類別	區域或路線	緣由	時期	工作成績
地形	自舊口至羅漢寺遙堤綫	確定遙堤之路綫及計算土方	廿四年八月中旬至廿四年九月中旬	測導綫 24 公里，水準 28 公里，地形 3 平方公里
〃	自舊口至三四工一帶潰口	測估復堤工程與建築遙堤之比較	廿四年八月中旬至廿四年十二月底	測導綫 35.5 公里，水準 54.7 公里，地形 39.3 平方 [公] 里
〃	自鍾祥汪家集至劉港	研究截彎取直之工價	廿四年八月中旬至廿四年八月下旬	測水準 6 公里，地形 5.3 [平方] 公里
〃	中府河	整理中府河航運及灌溉	廿四年十二月中旬至廿五年三月中旬	導綫 39.4 公里，水準 50.6 公里，橫斷面 514 個，地形 51.5 平方公里
〃	東荊河流域	整理河道及研究分洩問題	廿四年七月起至廿五年六月底止尚未完成	測三角 134 個，水準 182 公里，橫斷面 418 個，地形 584 平方公里
〃	鍾祥舊口間襄河兩岸地形	作攔洪蓄水庫之研究	廿五年二月至廿五年六月底止	導綫 64 公里，三角 77 點，水準 45 公里，橫斷面 117 個，地形 437.9 平方公里
〃	沙市至潛江新運河	研究航運問題	續測至七月底暫行停測	七月中僅測導綫 3 公里，地形 1 平方公里，橫斷面 19 個
水準	襄河左岸自龍頭拐至鍾祥	設置水準點並求堤身橫斷面	廿四年九月十一日至廿四年十一月底止	測水準 126 公里，設永久水準點 46 個，臨時水準點 31 個，里程標 13 個

續表

類別	區域或路綫	緣由	時期	工作成績
水準	襄河右岸自龍頭拐至馬良	設置水準點並求堤身橫斷面	廿四年十月一日至廿四年十月卅一日	測水準 77.8 公里，設永久水準點 30 個，臨時水準點 76 個，里程標 76 個

五、設計工作概況

計劃名稱	緣由	計劃概要	工款估計	備註
鍾祥遙堤工程	民國廿四年七月襄水暴漲，鍾祥襄堤漫決甚多，其中以三四工潰口情形最爲嚴重，水奔天門汈汊湖直達漢口之張公堤，沿河各縣同罹災難，特設鍾祥襄堤工程處辦理善後工程	分堵口、斷流及建築遙堤兩部進行，擇定熊家橋爲斷流壩址，用柴埽捆廂法層土層柴點點推進後澆餞土以至合龍閉氣。斷流壩之兩端接築攔水壩，其險要地段並加建柴埽護岸工程。遙堤工程起於火龍山下之羅漢寺，迄於舊口鎮，與舊堤相接，全長 18.02 公里。堤頂較最洪水位高一公尺，平均堆土高度約爲 9.5 公尺，築堤總土方爲 1 856 066 市方。凡築堤土質欠佳之處，外坡全用粘土包邊，以免浸透，低窪之地一律加建護腳工程	全部工程費預算爲二百七十八萬餘元	

續表

計劃名稱	緣由	計劃概要	工款估計	備註
蘇布拐堵復工程	民國廿四年七月上旬，荆湘並漲，沙市城陵磯間水位突破最高紀錄，以致蘇布拐堤漫決成災，由四工務所經辦堵復	先擇河身較爲窄淺處用推埽法斷流，次爲建築外月，計長 2.5 公里，堤頂除河口兩處高出洪水 1.8 公尺外，餘爲 1.5 公尺。河口堤身陡高 13 公尺，內外坡加築平台，並打樁拋石護脚，以資鞏固	共計十一萬三千元	
漢口市環週堤防	民國廿四年七月，因襄河上游三四工決口，來水直奔張公堤，情勢至爲危急，高度坡度兩感不足，因將環週堤防，大加修築，以期安全	張公堤加高培厚，一律高出最大洪水位兩市尺，坦坡概予修理，沿江防水墻外面加築一道，分金爐至晒甲山一帶駁岸一律予以升高，迨下年度將礄口至江漢關一段拆築完竣，即全部可擋江漢關水尺零點以上 17.07 公尺之水	張公堤培修工程二十萬五千餘元，沿江防水墻八萬五千餘元，水廠至礄口及分金爐至堤角工程，共計十八萬九千餘元，總計四十七萬九千餘元	漢口江漢關水尺，廿年洪水位爲 16.35 公尺。水廠至礄口及分金爐至堤角工程係由漢口市政府担任

續表

計劃名稱	緣由	計劃概要	工款估計	備註
四顧閘工程	該閘爲大冶、陽新、蘄春三縣五萬畝農田之保障，且往往蓄水防匪，於地方治安有關，以啟閉不時，致送水墻冲去無餘，閘孔一部份傾落，兩側閘堤崩毀，形勢危迫，特予修理	就舊閘予以修補，根據江水湖水最高最低水位，憑學理計算應做各部份尺度。前後坦均用箕式，前坦最低層用 0.25 公尺厚之鋼筋混凝土，頂層用混凝土磚，中層則舖以蠻石以求撙節。後坦面砌蠻石已屬穩固，閘板仍用木質，基礎堅實，不用樁工	共計經費十二萬元	
老龍堤上車灣等其他堵口復堤加高培厚拋石護岸以及砌坦護堤工程，計石工 58 處，土工 227 處，堵復工程 24 處	民國廿四年七月，江漢同時並漲，所有幹堤均吃緊異常，漫決之處亦復不少，一律予以培修。上車灣冲和觀等處迎流頂冲，崩塌甚烈，概拋鉛絲籠石，予以保護	堵口處如有深潭，用沙先墊海底，再行築堤，普通堤之高度高出洪水位 0.5 公尺至 1 公尺，頂寬 4 公尺至 6 公尺，內外坡 1：2.5 至 1：6，隨各堤之形勢及重要性而定。護岸工程，在低水位以下則用拋蠻石辦法，有散拋塊石及用鐵絲籠裝拋兩種，視流速及崩坍情形而定。低水位以上則削岸成坡，分舖砌石，砌坦分漿砌乾砌兩種，視水流冲刷及堤岸形勢而定	共計經費二百十萬餘元	

六、工程實施概況

工程名稱	施工地點	施工時期	工費數目及來源	工作成績	施工機關	備註
鍾祥襄堤工程	羅漢寺至舊口鎮	廿五年一月十七日開工至五月二十日止	已用工款一百四十六萬八千餘元（獎金，雨工津貼，填路築壩，意外工程等尚未統計在內），統由中央補助	堵口及攔水壩已完成，遙堤工程已成百分之86，計 1 593 000 市方	襄堤工程處	五月廿六日襄水陡漲，熊家橋之攔水壩及遙堤未完之第四工段相繼潰決，冲成口門 550 公尺，六月十一日重組遙堤善後委員會辦理
蘇布拐堵復工程	拖茅埠鎮南監利石首交界處	廿四年十二月廿六日至廿五年七月八日	工款大致如設計預算，來源係湖北堤工專款	照原計劃完成	第四工務所	各項工程尚未驗收，故實做成績及實用工款之細數不能註出
漢口市環週堤防工程	漢口市	廿五年二月一日至六月廿七日	〃	〃	第二工務所	〃
四顧閘工程	大冶漳源口	廿五年三月廿一日至十月	〃	〃	第一工務所	
老龍堤等其他工程	湖北境內江漢兩岸	廿五年一月至七月	〃	〃	第一至第七各工務所	

鑛　業

壹、概　說

　　本省鑛藏之具有經濟價值者，在金屬鑛產中，以鐵鑛爲最著，總儲量約四五兆公噸，當我國本部總儲量三二二兆公噸百分之一四，長江流域總儲量一一二兆公噸百分之四〇，他如銅、鉛、鋅、鉬、錳等鑛亦蘊藏頗豐。非金屬鑛產，首推應城之石膏，總儲量爲四六〇兆公噸，除已開採三兆公噸外，尚存四五七兆公噸，歷年產量常當全國總產量百分之八五有奇。至於大冶、陽新、秭歸、蒲圻、宜都及南漳等縣之煤，亦佔極重要地位，其儲量計有四八六兆公噸，佔全國總儲量千分之二，以之較諸長江中下游各省，雖僅及江西省之半數，然亦不失爲一重要產煤之區。此外如鄖縣、竹山之綠松石及各處煤層中含藏之黃鐵鑛，亦不無經濟上之價值。

　　本省鑛業，如銅、鐵、石膏及煤等固久爲國人所稱道。夷攷過去情形，大抵因組織散漫及人力與財力之不足，未克充分發展，致有日就衰落之勢，其間作輟靡常，固無論矣。至於因債款關係，而使大權旁落，尤堪痛惜。今後果能投以巨資，力圖組織與技術之改善及挽回已損失之利權，則本省鑛業前途，固未可限量也。

　　茲編所載係根據《中國鑛業紀要》，《湖北省地質圖說明書》，本省各種地質鑛產報告書（地質研究所編），建設廳鑛業案卷，楊大金編《近代中國實業通志》及饒杰吾編《湖北之鑛業》等材料，所得結果尚未臻十分滿意，祇以匆促付梓，未克補查，此中缺憾，惟有待於將來調查彌補之耳。

貳、礦　產　地

縣別	所在地	礦床情形	備註
金			
鄖縣	三柱香，黃家坪，上溝	未詳	
銀			
鄖西	未詳	未詳	
銅			
陽新	西鄉赤馬山及富池口南封山洞等	礦床生於花崗岩與灰岩間	久經開採現已停頓
大冶	龍角山，紅山口（縣西南 45 里）	礦床在花崗斑岩與灰岩間	〃
枝江	未詳	未詳	
南漳	東鞏及荊山	水成礦床，生於巴東系之灰岩中	
遠安	未詳	未詳	
興山	城外 160 里石槽河	礦床生於黑色灰岩中，成扁豆狀	
五峯	縣城南 50 里界頭堡等	礦床生於灰岩中	前清曾經開採

續表

縣別	所在地	鑛床情形	備註
鶴峯	縣城東南 200 里九台山一帶	鑛床扁豆狀，生於石灰岩中	光緒間採出鑛石三萬餘斤
宣恩	縣城南一帶	鑛床脈狀，生於灰岩中	曾經土法採煉
咸豐	縣城 45 里丁砦	鑛床生於奧陶紀灰岩中，成不規則塊形	曾經土法開採，產銅數十萬斤
恩施	縣城東南 70 里沙子嶺	鑛床塊狀，生於灰岩中	光緒間曾經開採
建始	縣城北 15 里銅廠坡	〃	明清之交曾經開採
巴東	未詳	未詳	
房縣	西鄉	脈狀鑛體，生於石灰岩中	
鄖縣	石人河	鑛床成脈狀，生於震旦紀片岩中	鑛量不豐，且大部業已採完
竹山	縣城西北 70 里	鑛床成脈狀，生於石灰岩中	曾經開採，前後共出鑛石萬餘斤
鄖西	未詳	未詳	
鐵			
陽新	銀山	鑛床生陽新灰岩中，係鐵液與灰岩交換而成	
大冶	縣城東北鐵山象鼻山等	鑛床生於閃長岩與陽新灰岩之間	現均開採，歷年採出鑛石約千萬噸

續表

縣別	所在地	鑛床情形	備註
鄂城	靈鄉及西山，雷山	鐵液交換白堊紀噴出岩而成（靈鄉）。鐵液交換志留紀砂岩而成（西山雷山）	
松滋	未詳	未詳	
枝江	刹圓寺土地埡間	水成鑛床，生於志留紀砂岩上部	
宜都	縣城南寫經寺	水成鑛床，生於志留紀砂岩上部	
興山	未詳	未詳	
長陽	資邱西北 60 里土木埫，東南 170 里大龍坪及南部之剪刀山	水成鑛床，生於志留紀砂岩上部	
五峯	縣城西南楊花子岩及土坪間	〃	
咸豐	未詳	未詳	
建始	〃	〃	
巴東	〃	〃	
房縣	〃	〃	
竹山	西鄉爐子溝一帶	赤鐵礦生於片岩或板岩中	
鄖西	未詳	未詳	

續表

縣別	所在地	鑛床情形	備註
		鉛	
陽新	未詳	未詳	
大冶	〃	〃	
蘄春	距城 180 里蓮花菴	鑛床生於灰岩或頁岩中	
遠安	未詳	成脈狀，生於巴東系之灰岩中	
宜昌	〃	未詳	
興山	縣城東南五指山一帶	成斷續不定之鑛脈，生於灰岩中	
秭歸	未詳	未詳	
五峯	〃	〃	
鶴峯	縣城東南 150 里	成斷續不定之鑛脈，生於灰岩中	
宣恩	縣城東南 80 里	鑛床生於灰岩或頁岩中	
房縣	未詳	未詳	
鄖西	縣城西 100 里銀尙埡	成脈狀，生於灰岩中	
		銻	
蒲圻	萬家山洪石團，大港饒家冲木魚嘴，羊樓峝饒家冲柘樹坡	未詳	

續表

縣別	所在地	鑛床情形	備註
崇陽	三山堡獅形山笺燈笺窩	未詳	
通山	七區永安下鄉石航山大塝，六區永安上鄉北山魯家源	〃	
秭歸	三間鄉楊桑溝	〃	
鶴峯	陽河堡印坪台柑子園，大典河堡趙家灣	〃	

<table>
<tr><td colspan="4" align="center">鉬</td></tr>
</table>

縣別	所在地	鑛床情形	備註
陽新	未詳	未詳	
房縣	〃	〃	
竹山	〃	〃	

<table>
<tr><td colspan="4" align="center">錳鐵</td></tr>
</table>

縣別	所在地	鑛床情形	備註
陽新	銀山	未詳	

<table>
<tr><td colspan="4" align="center">錳</td></tr>
</table>

縣別	所在地	鑛床情形	備註
陽新	方家山，韶草林，白楊林，陳家灣	未詳	
大冶	北仰松嶺，西沛平等坑，北鄉董家垱，盧家垱，銀山，大嶺山，石壁鐺	〃	

續表

縣別	所在地	鑛床情形	備註
		硫磺	
通山	未詳	生於石炭紀煤層中	
陽新	〃	〃	
松滋	竣極鄉秀水溝	〃	
宜昌	霧渡小鳳村	未詳	
五峯	石柱山堡右爭坪	未詳	
咸豐	東鄉香樹槽	〃	
建始	縣城西北二鄉	〃	
竹山	未詳	〃	
		石棉	
黃安	未詳	未詳	
南漳	〃	〃	
		石膏	
應城	王家廟，潘家集，龍王集	生於三疊紀砂頁岩層中	
京山	公安岩	〃	
興山	中區三保蔡家埡石膏溝	未詳	
鄖西	未詳	〃	

續表

縣別	所在地	鑛床情形	備註

石鹽

縣別	所在地	鑛床情形	備註
應城	王家廟及龍王集等處	生於三疊紀砂頁岩層中	
京山	公安岩	〃	
長陽	巴山	未詳	
咸豐	鹽井坳，尖山	〃	
巴東	紙陪溪長峯	〃	

重晶石

縣別	所在地	鑛床情形	備註
南漳	黃界山	成脈狀，生於巴東系灰岩中	量微

硝

縣別	所在地	鑛床情形	備註
興山	大峽口	未詳	
長陽	巴山	〃	
建始	南鄉老龍遺	〃	
竹山	野山關	〃	

綠松石

縣別	所在地	鑛床情形	備註
鄖縣	未詳	生於矽質灰岩裂隙中	
竹山	〃	〃	

白石

縣別	所在地	鑛床情形	備註
大冶	金銀坡白岩山	未詳	

續表

縣別	所在地	礦床情形	備註
鄖西	未詳	未詳	

陶土

縣別	所在地	礦床情形	備註
漢陽	仙女山	產於烏桐石英岩層中	

石灰岩

縣別	所在地	礦床情形	備註
大冶	未詳	未詳	

水泥

縣別	所在地	礦床情形	備註
大冶	石灰窰	未詳	

煤

縣別	所在地	礦床情形	備註
武昌	南鄉	侏羅紀煤系	
嘉魚	何家山及南鄉張家山	〃	
咸寧	未詳	未詳	
蒲圻	東蟹山白石團及石家橋	侏羅紀煤系	
崇陽	三山堡	〃	
陽新	縣城下迁里，樂平里等	二疊紀煤系	
大冶	石灰窰，窰窩，馬鞍山，關王堡	〃	

續表

縣別	所在地	礦床情形	備註
鄂城	未詳	未詳	
蘄春	永衡鄉，平安鄉	二疊紀煤系	
廣濟	未詳	未詳	
鍾祥	〃	〃	
京山	〃	〃	
松滋	〃	〃	
荆門	〃	〃	
襄陽	〃	〃	
南漳	〃	〃	
遠安	〃	〃	
當陽	崔家溝觀音寺	侏羅紀煤系	
宜都	南鄉及文華鄉	石炭紀煤系	
宜昌	未詳	未詳	
興山	南鄉一帶	侏羅紀煤系	
秭歸	香溪一帶	〃	
長陽	未詳	未詳	

續表

縣別	所在地	鑛床情形	備註
來鳳	未詳	未詳	
咸豐	〃	〃	
恩施	〃	〃	
建始	〃	〃	
巴東	〃	〃	
竹山	〃	〃	
竹谿	〃	〃	
鄖西	〃	〃	

附註：一、本表係根據《湖北省地質圖說明書》，歷次《中國鑛業紀要》，《湖北鄂城靈鄉鐵鑛》
（葉良輔，趙國賓編），《湖北陽新大冶鄂城之地質鑛產》（葉良輔，趙國賓編），《湖
北蒲圻嘉魚咸寧崇陽武昌等縣煤田地質》（李捷，舒文博，俞建章合編），《湖北宜昌
興山秭歸巴東等縣地質鑛產》（謝家榮，趙亞曾合著），《湖北南漳當陽遠安等縣煤田
地質》（孟憲民編），《中國煤鑛》（胡榮銓著），《近代中國實業通志》（楊大金編），
《湖北之鑛業》（饒杰吾編），暨《湖北縣政概況》（民政廳廿三年編）等項材料編製。

二、本省各鑛產地除表內所列外，其餘各縣間或亦有各種鑛藏，但未經詳細調查，尚無
確實根據，故無從列入。

三、所在地及鑛床情形欄內，除經專家調查及曾開採者外，餘均未詳。

四、《湖北省鑛產分佈圖》亦係根據本表材料繪製。

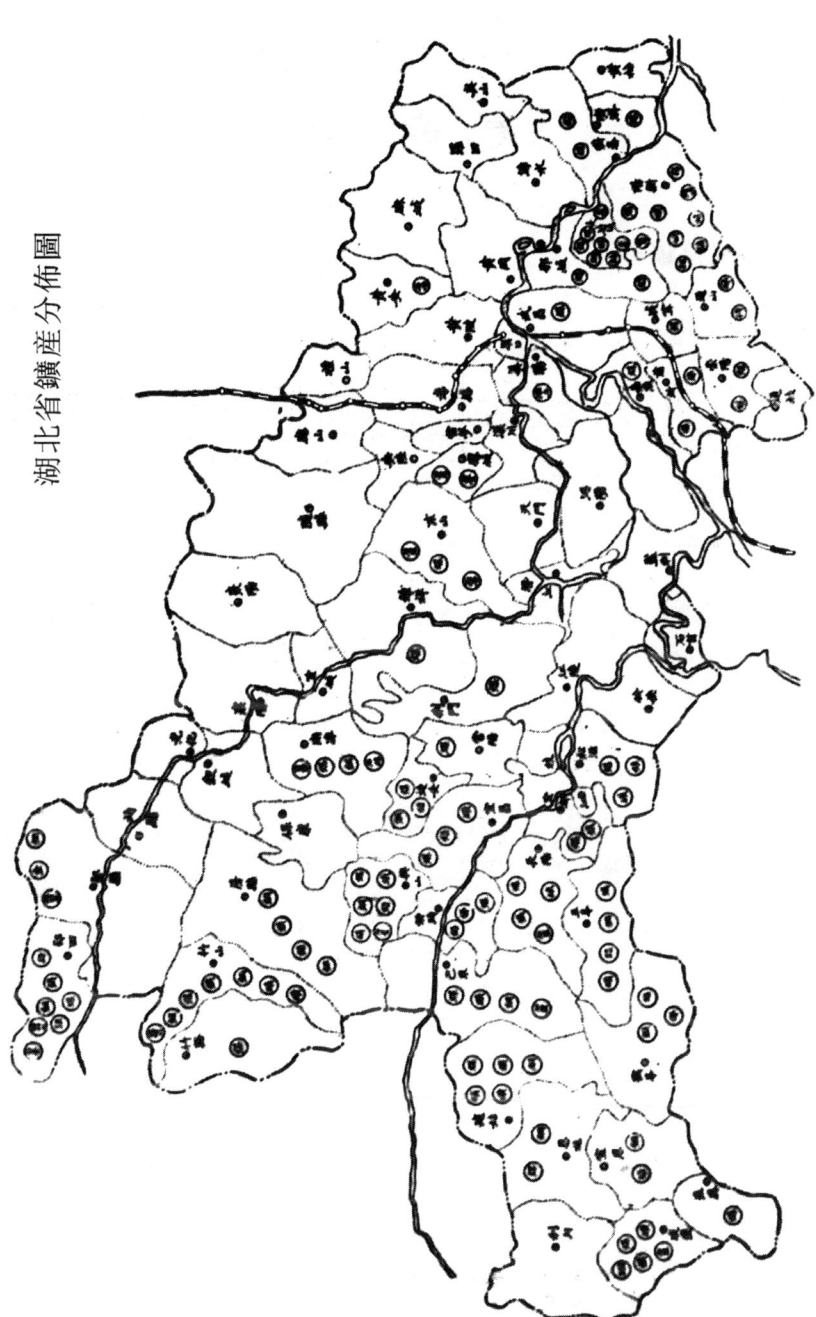

湖北省鑛產分佈圖

叁、鑛　區

一、國營鑛區

縣別	鑛區所在地	鑛區面積（公畝）	核准			現況
			年	月	日	
銅						
陽新——大冶	赤馬山，李家山，龍角山	3 162 452.62	24	8	10	尚未開採
〃	銅緑山，天台山，獅子山	1 591 250.00	〃	〃	〃	〃
鐵						
陽新	五湖鎮夾節鄉龍口源，雞籠山，寇公堡	1 014.00	19	12	2	尚未開採
鄂城	靈鄉下野山，獅子山，玉坪山，小包山，大包山，周家山，麻雀窩，神山，廣山，劉岱山	24 521.20	25	7	〃	〃
〃	西山，雷山	9 699.47	〃	10	16	〃

附註：本表材料係根據建設廳二十六年三月一日編製之《湖北省各種鑛區表》。

二、省營鑛區

縣別	鑛區所在地	鑛區面積（公畝）	鑛業權別	核准			每年應納鑛區稅		滿期			現況
				年	月	日	稅率（分）	稅額（元）	年	月	日	
鐵												
大冶	象鼻山	1 456.13	採	7	4	5	5	72.81	39	11	30	由湖北省象鼻山鐵礦管理處開採，年產鑛砂平均十萬公噸
〃	尖山	417.79	〃	〃	〃	〃	〃	20.89	〃	〃	〃	尚未開採
〃	峯烈山	1 535.51	〃	8	5	13	〃	76.78	〃	〃	〃	〃
〃	大宕山	709.32	〃	〃	〃	〃	〃	35.47	〃	〃	〃	〃
宜都	寫經寺李家山	11 999.85	〃	9	1	24	〃	599.99	〃	〃	〃	〃
〃	寫經寺東廣坡	22 941.70	〃	〃	〃	〃	〃	1 147.09	〃	〃	〃	〃
煤												
大冶	白坟堡，黃獺捕魚，朱家山，上梨山，施家山，叫化壋，木魚山，清墩，金家塘，狗頭山，石灣	9 639.00	採	25	4	6	2	192.78	45	4	5	前係租與民生公司，嗣于二十二年停採

附註：一、本表材料係根據建設廳二十六年三月一日編製之《湖北省各種鑛區表》。

二、本表所列各種鑛區係以依據鑛業法取得鑛業權之登記者爲限。

三、民營礦區

縣別	鑛區所在地	鑛區面積（公畝）	礦業權者	
			商號	負責人
				鉛
蘄春	崇居鄉高家崖，田家河	192.23		賈悟人
				錳
漢陽	康家山，龍陽湖	6 830.64	資若公司	孫家徵
				石
陽新	北鄉福壽鎮上豐樂里，石屋坪，生基墳，粟米台，楊家山蟬嘴	1 092.75	民生公司	張逢寅
蘄春	第二區西河驛，蜈蚣地，粉舖對面山	1 071.20		王季良
〃	第四區野雞宨，銅石山，鐵籠山，天星崗，大宨，小宨，銅石墕，烏龜頸，駱家包，龔户壋	2 779.62		賈悟人
				石
京山	東鄉公安岩，袁家坡，塔山	1 749.22		陸德澤
				煤
武昌	徐家灣塪上，徐家灣程家山，余家山，周家團，毛山嘴，脱背山	12 193.19	源昌	胡少民

鑛業權別	核准			每年應納鑛區稅		滿期			通訊處
	年	月	日	稅率（分）	稅額（元）	年	月	日	
小	25	7	29	2	3.85	35	7	28	武昌青石橋公興巷一號
採	〃	3	9	〃	136.61	45	3	8	漢口湖南街德隣大樓 12 號半
棉									
〃	26	2	25	〃	21.86	46	2	24	大冶縣城育嬰堂
〃	〃	7	23	〃	21.42	〃	7	22	大冶石灰窰源華煤鑛公司轉
〃	〃	10	15	〃	55.59	〃	10	14	武昌青石橋公興巷一號
膏									
〃	24	11	13	〃	34.98	44	11	12	漢口江漢路陸恒昌
〃	17	8	23	5	609.66	39	〃	30	武昌人字街豆腐巷十三號方雪高轉

縣別	鑛區所在地	鑛區面積（公畝）	鑛業權者	
			商號	負責人
武昌	南鄉仙人山，爛木橋，蔡家橋	2 669.88	裕興	周樹棠
〃	南鄉曹婆山，徐家山	2 568.99	晉昌	阮英豪
嘉魚	官橋，大頭山	568.45		張仲淑
〃	南鄉石蒲塘，石冠山，母女山，太師椅，六九槽	1 433.72		簡贊連
蒲圻	第四區小柏鄉長慶山，觀山，團山土凸	2 714.40	富德	周延澤
〃	第四區小柏鄉獅形山	786.90	益昌	黃香波
〃	第四區小柏鄉獅形山坡，毛坡塘，生雞膀，木魚山	1 352.00		譚石松
〃	第一區豐財鄉虎山脚下山坡	493.88		周文郁
〃	東鄉豐財堡仙人觀，獺兒山	930.31		龔體仁
陽新	李家灣獅子山，胡家灣土地塪，樹木園，銅架山，草毛山，霸牛墩，半山	5 382.14	福東	范阮青
〃	善福里禹門山	5 905.38	裕利	熊樹勳
陽新	宣化里周寶山	783.52	福星公司	羅時英
大冶	東鄉尚和堡龍頭山，蔡家山，蔴溜尖	5 069.38	新華	梅燦山
〃	東鄉石灰堡楊竹尖，石人山，大團山，韭菜岩，桐梓包，獅子山，金盆山，黃荊山，田家墩，香火山，大衆山，大橫山，抱日林，馮家蕩	49 040.15	源華公司	鄭爕卿

續表

鑛業權別	核准			每年應納鑛區稅		滿期			通訊處
	年	月	日	稅率（分）	稅額（元）	年	月	日	
採	17	8	28	5	133.49	39	11	30	武昌人字街豆腐巷十三號方雪高轉
〃	14	9	1	〃	128.45	〃	〃	〃	武昌土地堂培德堂藥號轉
小	22	11	11	2	11.37	32	〃	10	武昌老馬號十五號
〃	25	12	1	〃	28.67	35	11	30	漢口黃陂街黃慶昌漆號
採	〃	4	2	〃	54.29	45	4	1	漢口平漢鐵路南局轉
小	23	8	31	〃	15.74	33	8	30	蒲圻縣左隔壁張逢元轉
〃	25	11	6	〃	27.04	35	11	5	新堤三邑賓館
〃	〃	10	15	〃	9.88	〃	10	14	蒲圻縣城南門內真明照像館
〃	22	12	9	〃	18.61	32	12	8	蒲圻縣城南門內
採	17	6	5	5	269.11	39	11	30	漢口花布街太平會館九號樓上
〃	24	5	8	〃	295.27	〃	〃	〃	漢口模範區宏春里六號
小	23	12	15	2	15.67	33	12	14	
〃	24	6	28	〃	101.40	44	6	27	漢口前花樓粵華坊元盛莊
採	*〃	3	12	5	2 452.01	39	11	30	漢口特三區漢潤里

縣別	鑛區所在地	鑛區面積（公畝）	鑛業權者	
			商號	負責人
大冶	東鄉石灰堡中窰灣，袁家倉，小鶯窠，貓兒肚，大鶯窠，徐家山，銅鼓岩	7 097.50	富源	
〃	東鄉白坟堡巴古山，竹葉山，桐梓園	2 043.49	華利	李襄宇
〃	東鄉白坟堡周家山，癲癇山，徐家大山，許家山	3 579.58	振華	高芷垣
〃	東鄉白坟堡大王山，細王山，乾隆山	1 818.62	華利	李襄宇
〃	東鄉關王堡，黃青壢，大衆山	3 155.80	德和	周孚
〃	南鄉馬叫堡上角金家山，冲天鳳，謝家山，歐家山，陰山	4 958.95	利源公司	葉鳳時
〃	西鄉金山下半堡仙人打坐，官山頂，王家坳，木魚山，馮家山	28 768.97	富源	陶相
〃	北鄉土橋堡，李家冲，舒家山，藕塘坳，大山塪	3 505.00	春大公司	楊義利
〃	黃青壢，三炮山，大衆山，羅漢肚，野貓洞	3 416.06	四維	羅崇本
〃	關王堡，黃思堡，袁湖堡，蚱蜢塪，黃思山，勝家灣，楊家塪，黃思灣，竇岩塪，牛角冲，獅子山，老虎洞，榨茨包，大路溝，烏家岩裏塍，袁安山陡塍，和尚塪，朱家山，蛇魚肚，周公山，虎頭山，放牛家	45 250.81	源華公司	鄭燮卿

續表

鑛業 權別	核准			每年應納鑛區稅		滿期			通訊處
	年	月	日	稅率 （分）	稅額 （元）	年	月	日	
採	21	12	21	2	141.95	41	12	20	漢口特三區漢潤里
″	19	4	3	5	102.18	39	11	30	″
″	24	9	19	2	71.59	44	9	18	武昌涵三宮馬家巷四號
″	14	″	6	5	90.93	39	11	30	
採	16	4	1	5	157.79	39	11	30	大冶石灰中窰德和煤礦運售所
″	25	6	24	2	99.18	45	6	23	大冶縣城東四季祠
″	16	″	27	5	1 438.45	39	11	30	漢口特三區漢潤里源華公司
″	24	9	4	2	70.10	44	9	3	南京内政部楊在春轉
″	″	12	18	5	170.80	39	11	30	大冶石灰窰四維公司
″	*″	1	12	″	2 262.54	″	″	″	漢口特三區漢潤里源華公司

縣別	鑛區所在地	鑛區面積（公畝）	鑛業權者	
			商號	負責人
大冶	保安金山堡童子堖	2 663.42	協合	柯化龍
〃	關王堡株連嘴，伏虎山，蚱蜢堖，尚和堡王侯山，鼓堖山，羊古山	49 334.86	利華	徐榮廷
〃	關王堡李路溝	1 934.81	興華	廖景齊
〃	陽武山煤炭嶺，馬水冲，徐家墻，三斗窩，蔴蘇堖	21 143.53	慈惠	羅立三
〃	西鄉橫山堡汪雷村柿灣山	918.31		雷新三
〃	東鄉楊嶺堡碧石渡，王家林，簡家湖，東窰基，劉家山	930.00		程榮
荊門	雙河口洞溝山	2 011.55		陳慶光
當陽	北鄉觀音寺賈家堰	1 337.15	同裕	羅經五
宜都	南鄉李家灣大花山嶺	1 800.19	開源	楊西谷
〃	文華鄉鄭家堖	4 915.20	信義	王子鳴
〃	文華鄉洞河江家灣	2 466.82		劉西伯
〃	文華區人洞溝	2 352.84	同興	劉伯英

續表

鑛業權別	核准			每年應納鑛區稅		滿期			通訊處
	年	月	日	稅率（分）	稅額（元）	年	月	日	
採	16	4	10	5	133.17	39	11	30	大冶保安第七區金山堡泥畈鄉
〃	23	5	4	〃	2 466.74	〃	〃	〃	漢口特三區商業大樓
〃	16	12	13	〃	96.74	〃	〃	〃	大冶石灰窰漢冶萍葉家塘地字三十一號
〃	21	7	7	2	422.87	41	7	6	
小	22	3	23	〃	18.37	32	3	22	鄂城保安鎮福壽康
〃	25	7	4	〃	18.60	35	7	3	漢口八元里二十一號
採	19	4	30	5	100.58	39	11	30	荊門縣十字街
小	24	1	30	2	26.74	34	1	29	武昌磨石街廿五號胡正清轉
採	14	6	1	5	90.01	39	11	30	枝江西正街永茂鴻轉
〃	8	7	2	〃	245.76	〃	〃	〃	枝江洋溪
〃	9	6	3	〃	123.34	〃	〃	〃	宜都磨盤井街張藎臣轉
〃	22	11	9	2	47.06	42	11	8	枝江縣城嚴振興齋舖轉

縣別	鑛區所在地	鑛區面積（公畝）	礦業權者	
			商號	負責人
宜都	第六區松木坪，廟河	267.26	全成	劉書麟
秭歸	香溪扇子岩	1 892.35	正大	向必旦
〃	香溪黃楊畔桃子埡	1 677.31	桂元	熊自香
〃	香溪賈家店	6 199.91	協成	冷開泰

附註：一、本表材料係根據建設廳二十六年三月一日編製之《湖北省各種鑛區表》。

二、本表所列鑛區係以依據鑛業法取得鑛業權之登記者爲限，漢冶萍公司及應城石膏公司均未依法登記故不列入。

三、附有＊號者係增區換照年月日，附有▲號者展限換照年月日。

續表

鑛業權別	核准			每年應納鑛區稅		滿期			通訊處
	年	月	日	稅率（分）	稅額（元）	年	月	日	
小	▲23	10	27	5	13.36	27	3	12	宜都南正街謝復興轉
採	12	〃	15	〃	94.62	39	11	30	秭歸香溪白馬灘一七一三號
〃	14	5	11	〃	83.87	〃	〃	〃	宜昌一馬路中市桂元公司宋華堂轉
〃	19	〃	14	〃	310.00	〃	〃	〃	宜昌通惠路一百十六號

肆、公　　司

民營鑛業公司

縣別	公司名稱	負責人	鑛區所在地
			鐵
大冶	漢冶萍		縣城西北四十里
			錳
漢陽	資若	孫家徵	康家山，龍陽湖
			石
陽新	民生	張逢寅	北鄉福壽鎮上豐樂里，石屋坪生基墳等
			石
應城	應城石膏		縣城西北及西南一帶
			水
大冶	華記		石灰窰
			煤
武昌	源昌	胡少民	徐家灣塯上，徐家灣程家山，余家山，周家團，毛山嘴，脫背山
〃	裕興	周樹棠	南鄉仙人山，爛木橋，蔡家橋

鑛區面積 （公畝）	資本 （元）	職工人數	通訊處
	10 000 000	5 500	
6 830.64			漢口湖南街德隣大樓十二號半
棉			
1 092.85			大冶縣城育嬰堂
膏			
	800 000		漢口鼎安里應城石膏公司
泥			
	2 777 778		
12 193.19	60 000	80	武昌人字街豆腐巷十三號方雪高轉
2 669.88			

縣別	公司名稱	負責人	鑛區所在地
武昌	晉昌	阮英豪	南鄉曹婆山，徐家山
蒲圻	富德	周延澤	第四區小柏鄉長慶山，觀山，團山土凸
〃	益昌	黃香波	第四區小柏鄉獅形山
陽新	福東	范阮青	李家灣獅子山，胡家灣土地塴，樹木園，銅架山，草毛山，霸牛墩，半山
〃	裕利	熊樹勳	善福里禹門山
〃	福星	羅時英	宣化里周寶山
大冶	新華	梅燦山	東鄉尚和堡龍頭山，蔡家山，蔴溜尖
〃	源華	鄭燮卿	東鄉石灰堡楊竹尖，石人山等 關王堡，黃思堡，袁湖堡等
〃	富源	陶相	東鄉石灰堡中窰灣，袁家倉等 西鄉金山下半堡仙人打坐，官山頂等
〃	華利	李襄宇	東鄉白坟堡巴古山，竹葉山，桐梓園 東鄉白坟堡大王山，細王山，乾隆山
〃	振華	高芷垣	東鄉白坟堡周家山，癲痢山，徐家大山，許家山
〃	德和	周孚	東鄉關王堡黃青壢，大衆山
〃	利源	葉鳳時	南鄉馬叫堡上角金家山，冲天鳳等

鑛區面積（公畝）	資本（元）	職工人數	通訊處
2 568.99	896	48	武昌土地堂培德堂藥號轉
2 714.40			漢口平漢鐵路南局轉
786.90			蒲圻縣左隔壁張逢元轉
5 382.14	5 000	112	漢口花布街太平會館九號樓上
5 905.38	300 000	550	漢口模範區宏春里六號
783.52			
5 069.90			漢口前花樓粵華坊元盛莊
49 040.15			
45 250.81	800 000	2 600	漢口特三區漢潤里源華公司
7 097.50			
28 768.97			〃
2 043.49			
1 818.62			〃
3 579.58			武昌涵三宮馬家巷四號
3 155.80			大冶石灰中窰德和煤鑛運售所
4 958.95			大冶縣城東四季祠

縣別	公司名稱	負責人	鑛區所在地
大冶	春大	楊義利	北鄉土橋堡李家冲，舒家山等
〃	四維	羅崇本	黃青壢，三炮山，大衆山，羅漢肚，野貓洞
〃	協合	柯化龍	保安金山堡童子塪
〃	利華	徐榮廷	關王堡株連嘴，伏虎山，蚱蜢塪等
〃	興華	廖景齊	關王堡李路溝
〃	慈惠	羅立三	陽武山煤炭嶺，馬水冲，徐家墻等
荆門	瑞記	陳慶光	雙河口
當陽	同裕	羅經五	北鄉觀音寺賈家堰
宜都	開源	楊西谷	南鄉李家灣大花山嶺
〃	信義	王子鳴	文華鄉鄭家塪
〃	同興	劉伯英	文華區人洞溝
〃	全城	劉書麟	第六區松木坪，廟河
秭歸	正大	向必旦	香溪扇子岩
〃	桂元	熊自香	香溪黃楊畔桃子埡
〃	協成	冷開泰	香溪賈家店

附註：本省已登記之民營礦業公司，僅有利華、裕利及德和等三家，餘均未依法登記。

續表

鑛區面積 （公畝）	資本 （元）	職工人數	通訊處
3 505.00			南京内政部楊在春轉
3 416.06	2 000	500	大冶石灰窰四維公司
2 663.42			大冶保安第七區金山堡泥畈鄉
49 334.86	500 000	1 000	漢口特三區商業大樓
1 934.81			大冶石灰窰漢冶萍葉家塘地字三十一號
21 143.53			
2 011.00	3 000	50	荆門縣十字街
1 337.15			武昌磨石街二十五號胡正清轉
1 800.19	625	14	枝江西正街永茂鴻轉
4 915.20			枝江洋溪
2 352.84			枝江縣城嚴振興轉
267.26			宜都南正街謝復興轉
1 892.35	100 000	200	秭歸香溪白馬灘一七一三號
1 677.31	400	20	宜昌一馬路中市桂元公司宋華堂轉
6 199.91			宜昌通惠路一百十六號

伍、儲　　量

一、各鑛總儲量

單位：公噸

鑛別	總儲量
銅	910 000
鐵	44 640 000
石膏	457 000 000
煤	486 000 000

附註：本表根據《湖北省地質圖説明書》及《第五次中國鑛業紀要》材料。

二、各鑛儲量

單位：公噸

縣別	所在地	鑛床情形	儲量
		銅鑛	
總計			**910 000**
陽新	白沙舖，牛頭山	花崗岩與灰岩間	10 000
大冶	龍角山	〃	400 000

續表

縣別	所在地	礦床情形	儲量
其他			500 000

鐵礦

總計			**44 640 000**
大冶	得道灣，鐵山	接觸變質	10 500 000
〃	象鼻山	〃	8 800 000
鄂城	靈鄉	熱液交換	6 340 000
宜都	寫經寺	水成礦床	4 000 000
本省西南部		〃	5 000 000

石膏

總計			**457 000 000**
應城	縣城西北至西南一帶	三疊紀砂頁岩層中	457 000 000
京山	縣城東南一帶	〃	

附註：本表係根據《湖北省地質圖説明書》及《第五次中國礦業紀要》材料。

三、煤鑛儲量

單位：公噸

縣別	共計	煤別		煤田	面積（方公里）	煤層總厚（公尺）	地質時代
		烟	無烟				
總計	**486 000 000**	**326 000 000**	**160 000 000**				
嘉魚蒲圻	100 000 000	100 000 000		神山，仙人山	80	1—3	侏羅紀
崇陽通山陽新	30 000 000	30 000 000			30	1	石炭紀
陽新大冶	30 000 000	30 000 000		石灰窰，炭山灣			二疊紀
遠安當陽	56 000 000	56 000 000		東鞏，觀音寺	20	1	侏羅紀
〃	20 000 000	20 000 000					石炭紀
宜都	40 000 000	40 000 000			50	1—2	〃
興山秭歸	62 000 000		62 000 000	香溪至大峽口	12	4	侏羅紀
〃	23 000 000		23 000 000	江南窰灣	6	3	〃

續表

| 縣別 | 共計 | 煤別 | | 煤田 | 面積
（方公里） | 煤層總厚
（公尺） | 地質
時代 |
		烟	無烟				
興山 秭歸	15 000 000		15 000 000	大峽口至 興山	12	1	侏羅紀
″	10 000 000		10 000 000	洩灘至巴東	15	0.5	三疊紀
長陽	70 000 000	20 000 000	50 000 000		80	1	石炭紀
其他	30 000 000	30 000 000		本省北部 及西南			

附註：本表材料係根據《湖北省地質圖説明書》。

陸、産　　量

一、各礦年産量值

單位：公噸

礦別	産量概數	單位價值（元）	總值（元）	總值百分比
總計			**18 919 000**	**100.00**
礦砂	467 000	4.00	1 868 000	9.87
生鐵	95 000	70.00	6 650 000	35.15

續表

礦別	產量概數	單位價值（元）	總值（元）	總值百分比
石膏	41 000	29.00	1 189 000	6.29
石鹽	14 000	140.00	1 960 000	10.36
石灰岩			100 000	0.53
水泥			400 000	2.11
煤	422 000	16.00	6 752 000	35.69

附註：一、本表根據《第五次中國礦業紀要》及《應城膏鹽概況》材料。

二、煤礦每噸價值係烟煤與無烟煤之估計平均價值。

二、各礦歷年產量

年別	鐵砂 （公噸）	石膏 （公噸）	石鹽 （公噸）	水泥 （桶）
十三	641 031	40 250	11 250	300 000
十四	529 681	47 075	13 500	120 000
十五	191 054	40 350	13 500	250 000
十六	321 761	40 350	15 000	200 000
十七	633 983	23 625	18 000	200 000
十八	507 133	29 590	16 500	200 000

續表

年別	鐵砂 （公噸）	石膏 （公噸）	石鹽 （公噸）	水泥 （桶）
十九	505 763	36 375	15.000	210 000
二十	397 524	26 900	11 250	164 000
廿一	516 556	54 172	11 250	160 000
廿二	439 323	56 490	11 250	160 000
廿三	452 800			
總計	**5 136 609**	**405 177**	**136 500**	**1 964 000**
平均	466 964	40 518	13 650	196 400

附註：一、本表根據《第四次及第五次中國礦業紀要》暨饒杰吾編《湖北之礦業》材料。

二、每桶等於 170 公斤强。

三、煤礦歷年產量

單位：公噸

礦區	平均	十四年	十五年	十六年	十七年	十八年
總計	421 619	376 512	313 529	397 792	495 899	497 339
武昌	11 583	21 337	13 209	13 209	13 209	13 209
嘉魚	5 994	6 096	6 096	6 096	8 128	8 128
咸寧 崇陽 通山	1 473	1 016	1 016	1 016	2 032	2 032
蒲圻	28 600	15 241	15 241	51 310	60 438	52 326
陽新	31 064	92 165	17 273	19 711	27 965	26 681
大冶	218 802	106 684	118 042	159 632	236 496	256 782
蘄春 廣濟	2 232	2 540	2 540	2 540	2 540	2 540
松滋 宜都	21 876	27 433	26 112	26 214	25 198	24 283
荊門 遠安 南漳 當陽	12 396	23 369	23 369	23 369	20 321	10 160
興山 秭歸	57 813	54 053	54 053	54 053	58 930	60 556
長陽	29 786	26 578	36 578	40 642	40 642	40 642

附註：本表係根據饒杰吾編《湖北之礦業》材料。

十九年	二十年	廿一年	廿二年	廿三年	平均	鑛區
457 110	**461 490**	**376 057**	**371 281**	**463 119**	**421 619**	**總計**
11 176	11 176	11 176	5 080	3 048	11 583	武昌
8 128	8 128	5 080	3 048	1 016	5 994	嘉魚
2 032	2 032	1 524	1 016	1 016	1 473	咸寧 崇陽 通山
40 642	35 561	8 128	5 080	2 032	28 600	蒲圻
12 591	11 385	11 502	25 078	66 292	31 064	陽新
254 011	269 251	233 690	237 690	315 747	218 802	大冶
2 540	1 016				2 232	蘄春 廣濟
22 963	21 845	17 273	15 241	12 193	21 876	松滋 宜都
5 080	4 572	4 572	4 572	4 572	12 396	荆門 遠安 南漳 當陽
61 369	66 043	62 791	59 235	47 043	57 813	興山 秭歸
36 578	30 481	20 321	15 241	10 160	29 786	長陽

柒、化　　驗

一、鐵鑛

甲、大冶鐵鑛

產地	鐵	硅酸	燐	硫
鐵門坎	65.80	3.92	0.10	0.06
獅子山	63.53	6.70	0.06	0.07
紗帽翅	65.40	4.10	0.58	0.12
籠洞	61.00	6.95	0.52	0.20
大石門	62.10	6.60	0.10	0.67
象鼻山	65.40	3.18	0.06	0.08

乙、鄂城鐵鑛

產地	鐵	矽酸	燐	硫
西山	51.40	24.71	0.092	微
雷山	53.00	22.99	0.021	″
靈鄉	60.65		0.031	

附註：上列兩表係根據饒杰吾編《湖北之鑛業》材料。

二、應城膏峒鹽水

次	氯化鈉	碳酸鎂	硫酸鎂	硫酸鈣	氯化鉀	溴化鈉	硝酸鈉	化驗者
一	74.27	0.139	2.061	6.055	0.111		0.017	武漢大學
二	72.91	0.091	0.995	3.000			0.012	〃
三	31.09	0.090	1.120	2.484	0.883	0.0154	0.111	〃

三、煤鑛

煤別	縣別	出產者	產地	水份	揮發份	固定炭	灰分	硫	發熱量 B.T.U	化驗者
半無煙	大冶	富華公司	石灰下窰黃思灣	0.80	11.10	72.20	14.30	1.60	12 474	地質研究所
無烟	〃	利華公司	石灰窰東	3.90	7.64	84.49	3.97	1.15	14 950	〃
			南黃荆山	6.35	7.84	74.11	11.70	1.96		
〃	〃	富源公司	石灰窰江邊	1.43	7.34	73.02	15.76	2.45		葉良輔等
烟煤	武昌		黃山菴（觀音閣）	2.69	18.66	59.39	19.26	7.94	11 311	舒文博
〃	蒲圻		桃花嶺	1.31	8.17	61.80	28.72	3.43	10 569	〃
〃	〃		仙人山	2.82	27.73	53.86	15.59	7.83	11 424	〃

續表

煤別	縣別	出產者	產地	水份	揮發份	固定炭	灰分	硫	發熱量 B.T.U	化驗者
烟煤	秭歸	正大公司	白馬灘	1.78	28.02	58.20	12.00	0.138	29 919	謝家榮等
〃	〃		〃	1.76	12.66	62.03	23.54	0.76	25 848	〃
〃	〃		喬家河	2.99	23.09	64.08	9.83	0.87	30 137	〃

捌、運　銷

一、概說

本省鑛產業已開採而著有成績者，有鐵、煤及石膏等鑛。鐵鑛因有債款及售砂合同等關係，加以本省原有銷費鑛砂之各冶煉廠，除六河溝鐵廠僅存外，餘均先後閉歇，故年產鑛砂祇對日輸出約三十餘萬至四十萬公噸之譜，已佔總產量百分之八十有奇。煤鑛爲本省巨大之銷量，其確數若干，尚未有可靠之統計數字，第①僅武漢一帶已達八十餘萬公噸以上，而本省年產總量僅及其銷量之半數，加以對滬粵閩一帶，年約輸出二十萬公噸左右，其供求之懸殊，自不待言。至於石膏之銷場，以漢口爲總匯，分銷湖南、廣東及日本等處，年僅百數十公噸而已。

二、運輸情形

甲、鐵鑛　本鑛位於大冶縣治西北約十八公里，東距長江邊之石灰

---

① "第"應为"年"之誤。

窰、黃石港約三十二至三十四公里，鑛區有二，簡稱爲大冶鐵鑛及象鼻山鐵鑛，前者爲漢冶萍公司開採，後者由建設廳設象鼻山鐵鑛管理處經營，均築有輕便鐵道運輸鑛石至江邊，分運日本及諶家磯六河溝鐵廠。

乙、石膏　本鑛位於應城縣治西北及西南一帶，其主要產地爲王家廟、潘家集及龍王集。應城石膏公司，分設膏廠於該縣灣上鎮及陳家河，囤積各處運來石膏轉載民船運抵漢口。自產地至該公司膏廠，除自王家廟至陂河坡船運達西河渡外，餘均用牲口馱運。

丙、石鹽　石鹽與石膏同一產地，皆在應城西北及西南一帶，年產約萬餘公噸。因限於法令，銷場僅及應城、京山、天門等三縣。其運輸概由商販肩挑或牲口馱運至各鄉鎮銷售。

丁、煤鑛　煤鑛主要產地，首推大冶，年產約二十萬公噸，次爲興山、秭歸，共計年約六萬公噸，再次爲蒲圻、陽新、長陽等各縣，產量每年均可達三萬公噸左右，至於武昌、嘉魚、廣濟、宜都及荊門等縣，每年僅各產萬數千公噸而已。本省河流縱橫，湖泊棋布，已開採之煤鑛，大抵交通便利，運輸暢達，茲略述大冶及香溪煤鑛之運輸情形於下：

子、大冶煤鑛　大冶煤田，位於縣北東西橫列山脈中，西自保安鎮，東訖潃源口，延長約百里，自李家坊以東，至石灰窰以下，凡在山北一帶，濱臨長江，交通便利，鑛業素稱發達，源華煤鑛公司（富源、富華兩公司合併組織），其最著者也。該鑛離江邊最遠之井口僅二公里許，築有運煤輕便鐵道直達江邊，轉運武漢及滬粵閩一帶。次爲利華公司煤鑛，位於石灰窰東南黃荊山之南坡，距石灰窰江邊約四公里，自鑛山至江邊裝設空中索道 4 500 公尺及井外輕便鐵道約一公里，煤鑛可自鑛山直運江邊分銷沿江各埠。

丑、香溪煤鑛　秭歸縣所屬之香溪煤鑛，位長江北岸，東距宜昌江邊約百二十餘公里，有正大、桂元、協成等公司用土法開採，產量悉由自備民船運銷長江上游一帶之宜昌及沙市等埠。

三、鐵鑛歷年對日輸出量

單位：公噸

年別	共計	大冶（漢冶萍公司）	象鼻山
十四	240 780	136 987	103 793
十五	196 783	117 862	78 921
十六	254 537	183 658	70 879
十七	601 773	380 796	220 977
十八	540 352	394 251	146 101
十九	467 527	401 896	65 631
二十	376 484	272 385	104 099
廿一	437 000	377 000	60 000
廿二	399 297	377 181	22 116
廿三	397 000	377 000	20 000
總計	**3 911 533**	**3 019 016**	**892 517**
平均	391 153	301 901	89 252

附註：本表係根據《第四次及第五次中國礦業紀要》材料。